怎么想，就怎么教

从默会知识到思维教学

丁际旺／著

教育科学出版社
·北京·

目　录

前　言

学生怎么学？　我们怎样教？
——默会认识论视野下课堂教学的新图景

2011 年，21 世纪教育研究院等多家机构联合发布了关于“教师对新课改的评价”的网络调查结果。调查涉及教师对新课改理念的认同度与十年课改效果的总体性评价。与对新课改理念和开展状况高度认同（约为 74%）形成鲜明对比的是，该调查显示，教师对课改效果的总体评价表示“很满意”的仅为 3.3%，“满意”的为 21.3%，也就是说，只有约 1/4 的教师表示满意。

人们不由会问，这是为什么？课改十多年来，上千万的一线教师，接受了大量的各种培训，听了无以计数的报告，尝试着做了各种探索和改变，为什么在效果层面，我们接受并认可的教育理念却迟迟难以落实到教学操作中呢？

从两类教育现象谈起

经过十多年的课程改革，广大的一线教师对于各种先进的教育理念渐渐不再陌生。十多年来，广大教育工作者撰写的教育理论理念方面的论文，为宣传和研究教育理论理念召开的各级研讨会、名师经验交流会、报告会等，可谓不计其数。然而，在教学实践中，先进的教育理念和实际的教学操作却是不统一的，甚至有时竟是互不相干的。很多教师能够条理清楚、逻辑严密地将先进的教育理论理念表述出来，但在实际的教学操作中，这些理论理念却被丢到了一边。人们习惯将这类现象称之为理论与实践的“两张皮”现象。

转向课堂教学层面，如果仔细观察我们学生的学习活动，我们又能看到另一种形式不同、本质却一致的现象：学生对教师教授的学科知识可能感到清楚明白，有的甚至可以流利地将之背诵，但在独立运用这些知识解决实际问题时，却总是感到十分困难；学生可能掌握了大量的学习方法，但他们却不知道在学习过程中该如何运用这些方法。

上述两类教育现象，一类发生在课程改革的过程中，发生在教育者身上，一类则发生在日常学习过程中，发生在学生身上；一类是践行教育理念的问题，关乎教师教育的问题，一类是运用知识的问题，关乎学生学习的问题。看起来它们表现形式不一样，但本质却是一样的。尽管教师对教育理念的践行，会受很多社会因素的影响，尽管学生对知识的运用也会受多种心理因素和社会因素的左右，但仅就教育而言，在我看来，上述两类现象本质上都源于一种重要的教育意识的缺失——我们只注重对可意识、可表达的明确知识内容的传授，而忽视了学习者（包括教师和学生）行为的改变。

缺失的教育意识与波兰尼的默会认识论

这一重要教育意识的缺失，目前看来，可能是中国教育正在面临的一个根本性问题。因为它在不同层面造成了各种问题：在学校层面，“你讲你的素质教育，我搞我的应试教育”，学校可以将教育的理论、理念天花乱坠般地宣传，但是骨子里还是要分数，甚至是分数第一、分数唯一；在教师层面，一线教师在接受培训时，对理论工作者提出的先进教育理论、理念、方法、要求极为赞同，并且也提不出什么不同的意见，但回到课堂后，却难以将其落实在具体的教学操作中；到了学生层面，当教师将学科知识清楚明白地讲给学生后，学生也感到“听懂了”，但如果没有现成的例题可以模仿，很多学生还是不能运用所学的知识和方法来解决问题。

我们知道，教育是促进学生行为持久改变的过程，如果我们只注重对可意识、可表达的明确知识的传授，而忽视了被教育者行为的改变，那么，我们的教育很可能就被扭曲了。对于教师为何不能将清楚明白的教育理念落实在教学操作中、学生为何不能将清楚明白的知识运用于解决问题的过程中，在了解了英国物理化学家、哲学家波兰尼（Michael Polanyi）提出的默会知识（Tacit Knowledge）及其相关理论（本书简称“默会认识论”）后，我们或许就恍然大悟了。

默会认识论告诉我们，人类的知识除了口头的和书面文字表达的明确知识（包括所有的公式、图表，等等）外，还有一种知识。这种知识可以意会，但不能被明确意识，不能被直接而充分地表达，所以也就不能被直接传授和传播。但是，它对于人的行为却起着直接的影响和支配作用。波兰尼将这种知识称为默会知识。默会知识又被称为“行动中的知识”，或者“内在于行动中的知识”。波兰尼说，只有获取了默会知识，才会影响到人的行为；教师在课堂上能直接传授给学生的只能是可意识的并可以充分表达的明确知识，而这些知识只是知识的外壳，默会知识才是其内核。为了说明明确知识和默会知识之间的关系，有人比喻说，人类的知识是一棵大树，我们能看到的暴露在外的部分（叶、茎、干）就是明确而外显的知识，而隐身于土壤中的庞大根系则是默会知识。如果教师只是知道了教育理念等明确的可以表达的知识，而缺乏相应的默会内容，那么，这对教师的教学操作不会起到任何作用；同样，如果只是对老师在课堂上明确表达出的学科知识感到“听懂了”，而缺乏相应的默会内容，那么，学生也是无法运用这些知识解决其他情境中的问题的。

或许有人会问，如此说来，我们能直接传授给学生的明确知识的价值又在什么地方呢？我们知道，科学、统一、规范、严格的明确知识，是可以明确意识和明确表达的；知识的接受者或是说学生，只要认真听讲，至少是能够知道老师所讲知识的内容是什么，能够对知识感到“听懂了”的。可见，明确知识是可以快速地传授和传播的。因而，我们可以说，明确知识是各学科知识得以传授和传播的“工具箱”。各学科知识借助它得到快速的传授和传播。但是，学生获取它后，只有将其内化为自己的默会知识，才可以对自己的行为起到影响和支配作用。否则，这种明确知识对于学生来说是没有价值的。由此，我们可以看到，明确知识还有一种工具价值，一种用来调动默会知识的“极为有效的工具”。也就是说，学生只有在学习明确知识时调动了自己的默会能力，获取了默会知识，才能体现其学习的真正价值。对此，波兰尼强调，如果剥去默会知识，“所有的口头的和书面的文字，所有的公式，所有的图表都将是毫无意义的”[①]。

---

① 郁振华．波兰尼的默会认识论［J］．自然辩证法研究，2001（8）：6.

默会认识论是波兰尼在1958年提出的，半个多世纪之后的今天，这一理论依旧具有强大的生命力。在这一理论的启示下，我们不难发现，无论在推行教育改革的过程中，还是在现实的课堂教学中，我们都更多注重了可意识的、可直接表达的明确知识的传授和传播，追求对这些明确知识的内容能够“听懂、明白”，但是，缺乏对学习者默会能力的调动，没有将知识的传授和传播落实到默会知识的获取上。因而这些明确知识对于学习者行为的改变没有发挥其应有的作用。表现正是前述的两类教育现象。

到这里，大家不免会产生一个疑问：从近些年来中国学生在PISA等一些世界性学业成就测试中的表现来看，他们足以称得上是世界上解题能力最强的学生，上述现象与此不是明显矛盾吗？怎样解释这个现象呢？这涉及我们的授课方法。我们讲解完知识后，学生对课的内容一般都感到清楚明白，为了使学生在课下能做出题目，我们一般会将学生要遇到的题目分门别类，选出有代表性和典型性的例题讲解给学生。这样，学生对于遇到的几乎每一道题目都有可模仿的对象，通过模仿，学生就可以做对题目。如果哪一类题目老师没有讲解过，学生面对这类题目时就可能会出问题，考试分数就可能会降低；反之，如果讲解过，学生就可以解决这类题目，就可以获得高分数。

在这种情况下，学生对问题的解决，就变成了对老师所给例题的模仿和套用，或者说，学生是通过“比着葫芦画瓢”的方式解决问题的！这种模仿和套用的问题解决方式，不会使学生养成一种健康的思维方式，对培养学生的思维能力负面影响很大。在这种情况下，即便学生做对了题目，也谈不上对问题的深入理解。做对题目的效果只是对套路的又一次强化而已。这导致了学习效率的极端低下，表现在：学生听老师讲解例题，只要知道了讲授的内容，就感到“听懂了”，一段时间后，可能又不会独立解决相同或类似的题目了；学生曾经做过的题目，如果不经过多次重复，一段时间后，在考试时可能又做不出来了。针对这样的现象，怎样使学生获得高分呢？答案是大量做题、不断重复。

引导学生通过模仿和套用来解决问题不是某一个教师、某一所学校、某一个地区的现象，甚至也不是最近几年才发展起来的，它几乎是恢复高考以来，许多学校、教师逐步形成的普遍做法。事实上，从某种程度上说，如果称其为基础教育的典型弊病，丝毫不为过。在我看来，造成这种现象和做法的原因，是因为我们对默会知识缺乏认识，单纯以学生对明确知识感到“听懂了”为追求目标。默会认识论对我们的教育是针砭时弊的，有效地运用这一理论，无疑将会弥补我们教育意识的缺失。

默会认识论与不利于教学的固有观念

因为教育意识的缺失，长期以来，我们形成了很多不利于课堂教学的固有观念。一般而言，老师们在教育工作过程中表现出的各种有目的的行为（包括课堂教学操作在内），都在受着固有观念的支配。尽管我们被这些固有观念所支配，但是，在多数情况下，由于这些观念多是在潜意识中对我们的行为起作用的，我们常常很难明确地意识到它们，更不要说将其明确地表达出来了。按照默会认识论，这样的固有观念实际上就是一种我们不能明确意识的、但却对我们的行为产生直接支配作用的默会知识。事实上，这对教育工作者而言，是一种有毒的默会知识（关于这一点在学生层面的表现，详见本书最后一章的相关分析）。这样，我们能表达出来的观念，或是我们从道理上认可的观念可能与实际支配我们行为的观念不一致甚至相反。由此，我们就不难理解前文提到的教师教育过程中理论与实践的“两张皮”现象了。

上述这类不利于教学的固有观念无疑是阻碍课堂教学改革的基础性障碍。一方面，它直接支配着教学操作，另一方面，它却处于潜意识中，难以被发现和改变。但是，受到默会认识论的启发，对于这样的障碍，我们却可以通过一些问题来尝试暴露一下。比如，对于下面一个问题，现实教学中，绝大多数老师都会给出肯定的答案——

学生从课堂教学中获得的知识，教师都可以通过各种手段清晰、明确、直接地表达出来吗？或者说，学生应该在课堂教学中学到的知识，在教师拥有足够的知识储备和表达手段的情况下，学生都可以从教师那里直接得来吗？

对于这个问题，可能很多老师并未有意识地考虑过，因为它处于我们的潜意识中，属于固有观念的一部分。但事实上，按照默会认识论，在我们的思想深处，每一位教育工作者无一例外地都对这个问题进行了回答。对这个问题的不同回答，决定着我们各自在教学操作方面截然不同的努力方向，而这种不同的努力方向对学生的影响是巨大的。具体地说，这种不同的努力方向对学生思维能力、发现意识和创新能力的影响是巨大的。

现实教学中，绝大部分一线教师——尽管其中不乏对先进的教育理念看起来理解透彻的人，在不了解默会知识的前提下，对上述问题的回答很可能是肯定的。但是，如果我们了解了默会认识论，就会发现，事实可能并非如此。在纠正不利于教学的固有观念方面，默会认识论具有重要的指导价值。

当下，许多教师之间、学校之间依旧进行着“不宣而战”的分数竞争，巨大的竞争洪流将众多教师与学生，乃至整个社会卷入其中。这使我们学生的得分能力在世界上首屈一指。然而，包括固有教学观念在内的许多教育的深层次问题却不会因此而得到解决。于是，这个有着世界上最大规模的教育体系①的国家，这个全民重教的国度，却难以培养出在创新方面的顶尖人才，我们似乎离“钱学森之问”的解答越来越远。

默会认识论启示下的更多教学问题

默会认识论不仅弥补了我们教育意识的缺失，冲击了很多不利于教学的固有观念，还启发了很多我们过去忽视了的教学问题。爱因斯坦说过，心目中有什么理论，就会关注到什么现象和问题。沿着默会认识论的轨迹，我们不难关注到以下若干问题。

问题一，关于知识理解的层次。根据默会认识论，学习明确知识时，如果不调动学生的默会能力获取默会知识，学习明确知识是没有意义的。所以，课堂教学中，如果学生学习知识后，对知识感到“听懂了”，甚至可以复述或是背诵，那么，到这个层次，只能说学生知道了明确知识的内容，还不能说学生获取了默会知识。但是，在现实的课堂教学中，我们是不是总在追求这一层次的教学呢？默会认识论告诉我们，这个努力并不能促使学生获取默会知识。直接

---

① 教育部2014年新闻发布会上，新闻发言人续梅称，截至2013年，全国有各级各类学校专任教师1476.82万人，他们工作在52万所学校，支撑起了2.57亿在校学生这个世界上最大规模的教育体系。参见：http：//edu. people. com. cn/n/2014/0902/cl006-25589260. html.

的表现是，学生不会运用自己感到“听懂了”的知识独立解决问题。这一点在教师作为学习者身上也有明显的表现：一线教师听的各类报告，总是要清晰、完整地罗列各种理念，并努力讲清楚这些理念之间的逻辑关系。听后没有老师感到不理解，甚至会觉得条理清楚、逻辑严密，但是它们与实际的教学操作却相去甚远。可见，默会认识论启发下的知识理解层次的问题，无论对当前课堂教学还是对一线教师的专业发展，都是一个重要的问题。

问题二，关于知识掌握的过程。课堂教学中，我们总在努力讲解清楚知识的内容，总是努力让学生掌握知识的脉络，以让学生清晰地感受到知识的结构。甚至有的老师这样认为，抓住这样的脉络结构，就会达到“一扎一大串，一扫一大片”的效果。果真是这样吗？默会认识论告诉我们，默会知识是以默会的方式获得的，是没有办法直接传授和传播的。在默会知识的获取上，波兰尼强调，“范例之于规则具有优先性”①，并说，默会知识的获得和应用是一个“从个别到个别、从特殊到特殊的思想过程”②。从这里可以看出，所谓脉络化地传授知识，只是让学生接受明确知识的手段，它没有办法使学生获取默会知识。学生对默会知识的获得是通过范例默会得到的，离开范例，学生难以获得默会知识。同样，落实教育理念的问题，也不是教育者对教育理念“知”和“不知”的问题；也不是教育者对教育理念接受和不接受的问题，而是要通过范例获取相应默会知识的问题。

关于通过范例掌握知识，对于我们一线教师而言并不新鲜。比如，老师们都听过很多报告，如果报告只是讲了些大道理，我们往往不会感到不理解但也不会感到有收获或是受启发，但是如果报告结合具体的事例讲解并不难懂的道理，我们则会感到深刻有回味。生活中也是如此，例如，我们对洗发液的使用说明看得很清楚，没有人不理解，但是，如果只是按洗发液的使用说明洗头，没有人会洗头，也没有人可以洗完头。这是说即便对洗发液使用说明这样简单东西的真正理解，也必须借助具体的洗头过程。所以，只有将抽象的规律放回到规律描述的范例中，人们才能真正体验它、理解它、把握它，获取默

① 郁振华．人类知识的默会维度［M］．北京：北京大学出版社，2012：214.

② 同①，第 228 页。

会知识；离开具体的范例，即便人们对规律虚心接受，感到理解透彻，甚至可以成系统地讲解，也不能真正运用规律，就像夸夸其谈的人难有真才实学一样。这就是为什么波兰尼在获取默会知识方面强调“范例之于规则具有优先性”的原因。

默会认识论告诉我们，默会知识是在范例的情境中默会得到的。或者说，默会知识是通过对范例的体验获得的。通过范例获取了默会知识，我们的行为就会改变。关于这一点，还是以听报告为例，如果报告结合具体的范例在范例情境中讲解具体问题，我们则会感到深刻有回味。甚至我们会本能地考虑，“要是我，我会……”，“某人应该怎么做”。这里我们要注意两点，第一，“要是我，我会……”，“某人应该怎么做”，这是形成思维预见的反映，并且这种思维预见不需要刻意记忆，在此后如果遇到相关问题，它就会自动起作用。第二，这种思维预见是在案例情境中默会的，不是理论推理的，不是道理可以直接说明白的，单纯的大道理只会使人感到枯燥和乏味，情境才是促使人默会的“温床”。

回到课堂教学层面，之所以在现实教学中，我们特别强调对学生传授知识的内容和知识脉络，是因为多少年来，我们总是“重普遍、一般，而轻特殊、个别”。这使得我们倾向于完整、条理清晰和富有逻辑地介绍一般性的知识，但却缺少了对范例的针对性。默会认识论，恰恰直接揭露了这种做法的不合理性。

问题三，关于关注学生。关于关注学生，这是一个古老的话题，没有人否认其重要性。还有人将关注学生发挥为“三关”，即关心、关注、关爱。但是这和学生学习知识一样，没有人对关注学生不同意，更没有人对关注学生不理解。但是，我们确实在关注学生方面存在着盲区——我们对学生身上存在的大量的学习现象视而不见！这其实和学生不能将自己感到“听懂了”的学科知识运用于问题解决的过程中是完全一样的。因为我们的视而不见，学习现象几乎成了一个陌生的名词。对于学习现象，我们可以这样定义，学生在学习过程中表现出的反映其认知特点和能力获取规律的现象。比如，几乎每个高中学生都有这样的经历，考试时遇到一道不会解决的题目，就越过去做后面的题目，在做后面题目的过程中，即便后面的题目和前面的题目没有内容上的联系，也会在做后面题目的过程中突然想到前面题目的解决方法。这就是学生的学习现象。当然，学生的学习现象大量存在，这些现象既反映学生的学习规律，也反映学生的学习问题。但在现实的教学过程中，我们却在众多的座谈会、名师经验交流会、教学年会上很少能看到对学生学习现象的总结和深入分析。

默会认识论告诉我们，落实教育理念必须关注学生的学习现象。因为在获取默会知识方面，存在“范例之于规则具有优先性”。离开学生的学习现象，我们就没有办法在学生学习的情境中理解、把握和体验教育理念；离开学生的学习现象，也就没有办法将先进的教育理念落实到具体的教学操作中去。所以，默会认识论启示了我们关注学生的新角度。

以上这些问题，都是默会认识论启示下的问题，为我们过去所忽视。作为一线教师，我深深感到，一方面，有效率的课堂教学不能离开对这些问题的合理回答；另一方面，我们却不能发现对这些具体问题的直接探讨，也不能发现对这些问题的现成答案。这也构成了我写作本书的一个初衷。

运用默会认识论重构课堂教学的新图景

上述列举的一些问题只是默会认识论带给我们的一部分启示。但是，可以肯定的是，解决这些问题并不能依靠逐一突破的思路。正如前面所分析的，当前我国基础教育方面存在的问题是教育意识的缺失，教育意识带有根本性，连同与其相关的教学操作构成一个系统。所以教育意识的转变绝不是割一块、补一块那样简单。这决定了解决这一问题，必须依靠系统性的思路。

我们知道，教学问题一般表现为教和学的过程中所涉关系的问题，系统性地解决教学问题的过程，是捋顺这些关系的过程。关于教学所涉关系，陶行知先生说过，做的法则决定学的法则，学的法则决定教的法则。依此，我认为，教学中的基本关系可以借助图 1 来表示：

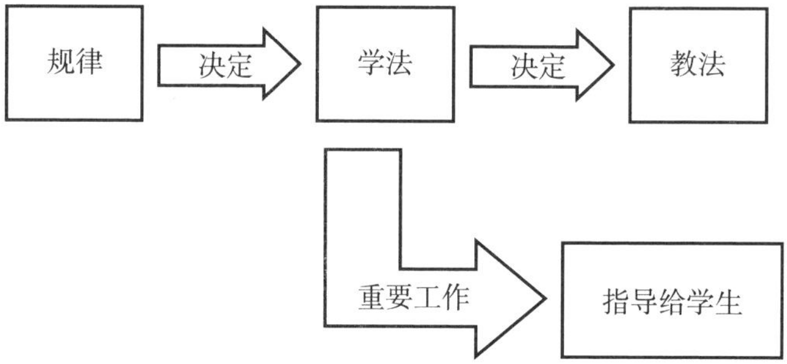

图 1　教学所涉关系示意

图 1 中揭示的教学关系可以这样描述：学生的思维能力、发现意识和创新能力的获取规律（做的法则），决定学生的学习方法（学的法则），学生的学习方法决定教师的教学方法（教的法则），并且教师要将规律决定的学习方法指导给学生。这里涉及三种关系。它们是规律和学法之间的关系、学法和教法之间的关系以及学法与学生之间的关系。所有的教学问题，都是因为这三种关系出现了问题，捋顺这三种关系是解决所有教学问题所需要的。

尽管陶行知先生在四分之三个世纪之前已经提出了这个关系的原始图形。但是，因为人们对学生的思维能力、发现意识和创新能力的获取规律还不够了解，致使这个框架一直处于理论层面，没有能很好地指导我们的教学。再加上其他一些因素，致使我们在教学上出现了各种问题。应对这种种问题，就需要拨乱反正、正本清源，捋顺上述三种关系，进而从根本上解决我们当前面临的教育问题。

默会认识论打开了人们的新视野，使我们从一个新的视角观察“知”与“行”的关系、“知识”与“思维”的关系。默会认识论结合经典的心理学实验和学生学习过程中表现出的各种学习现象，使我们深入认识了学生的思维能力、发现意识和创新能力的获取规律。这为在教学中落实这三种关系，进而逐步系统解决教学中各种繁杂的问题提供了可能。所以，正确运用默会认识论，将会为我们的课堂教学重构光辉的图景。

本书以默会认识论为基础，结合中国学者对默会知识的研究成果，借助经典的心理学实验和学生学习过程中表现出的各种学习现象，对教学所涉关系进行了具体和深入的探讨。概括来说，本书探讨的内容，集中在两个层面，一是透过学生的学习现象，帮助老师了解关于学生在学习过程中“怎么想”的问题；二是借助默会认识论的指导，具体讨论老师为此应当“怎样教”的问题。具体来说，全书共分四章，第一章讨论了默会知识及其价值、课堂教学中的三种默会知识。这三种默会知识分别是陈述性默会知识、程序性默会知识和策略性默会知识。[①] 它们分别对应思维过程中对信息的确认和选择、对信息进行组织的方式以及对信息组织方式的选择。接下来三章分别讨论陈述性默会知识的获取、程序性默会知识的获取和策略性默会知识的获取。后三章对问题的探讨都是围绕以下四点展开的：默会知识的获取过程和规律、获取过程和规律需要的学法和教法、教学过程中相关的不足和困难以及怎样指导学生获取默会知识。

本书对问题的探讨，都力求具体和深入。作为一名长期关注思维教学与教育改革的教学“老兵”，我深觉笼统和空泛的说教既无助于教育改革的深入推进，也很难有效指导课堂教学的改进，反而会使得更多人成为没有思想、只知服从的机器。只有具体和深入地探讨问题才能真正触动和影响人，而默会认识论同样告诉我们，笼统和空泛的理论不会影响人的具体行为。只有通过具体的范例，学习者才能获得默会知识，才能实现“从个别到个别、从特殊到特殊的思想过程”，进而影响自身的行为。

从改进教学操作的角度讲，深入地探讨具体问题，既要通过案例说清楚是什么，也要通过案例说清楚为什么。如果只说清楚是什么，而不说清楚为什么，就难以触动老师们的教学操作，也难以使老师们切实修正其教学操作。因为，在不知道为什么的情况下，人们所能做的只是形式上的模仿。在这种情况下，即便形式上相同的教学操作也会造成天壤之别的教学效果。这在教学中是屡见不鲜的。本书对问题探讨的具体和深入很多时候是超乎一般人的观念的，但我以为，这种具体和深入是课堂教学改革所需要的，也是修正笼统和空泛的说教

---

① 有关划分知识类型的这三种维度，本人参阅了认识心理学、普通心理学的相关研究成果，进而在总结分析学生思维特点与学习现象基础上，借用这些维度对默会知识进行了划分。

风气所需要的。本书所要探讨的内容，以及本书的写作特点，都在试图努力展示默会认识论所要重构的课堂教学新图景。

本书对很多问题的探讨并没有先例可借鉴，加之水平有限，错误之处难以避免，敬请方家斧正。

1 课堂教学的核心：默会知识

从本质上看，教育是知识传播、人才培养和文化传承的统一。通过前言中的简要分析，我们已经知道，默会知识事实上正是这一统一的教育过程中的核心内容。由此，如何使学生获取默会知识也就成为课堂教学的核心任务。然而，由于默会知识是“镶嵌”在行为中的知识，只可意会而难以明确言说。这使得人们对默会知识缺乏深入的认识，默会知识的获得似乎变得遥不可及。本章尝试在课堂教学的层面上分析默会知识及其价值，进而具体梳理出默会知识的三种主要类型，力图为读者揭开默会知识神秘的面纱。

默会知识及其价值

什么是默会知识

自近代科技革命以来，人们用客观主义的科学观和知识观来看待知识，认为知识都是明确的、可表达的。此外，为了厘清知识和思维能力的界限，人们认为知识是能明确意识的，是可以充分表达的，因而是可以直接传授和传播的；而思维能力是不能明确意识的，因而思维能力是不能表达的，也就不能直接传授和传播。但是，英国物理化学家、哲学家波兰尼的发现推翻了这种观点。波兰尼在对人类知识的哪些方面依赖于信仰的考查中，偶然地发现这样一个事实，即这种信仰的因素是知识的隐性部分所固有的。所以，波兰尼认为，“人类的知识有两种。通常被描述为知识的，即以书面文字、图表和数学公式加以表述的，只是一种类型的知识。而未被表述的知识，像我们在做某事的行动中所拥有的知识，是另一种知识”。他把前者称为“明确知识”，也称为“名言知识”（articulate knowledge）（本书统称为“明确知识”），而将后者称为“默会知识”（tacit knowledge），也称为“非名言知识”（inarticulate knowledge）（本书统称为“默会知识”）。①

默会知识是一种只可意会、不可言传的知识，它“镶嵌”于人的行为中，是一种经常使用却又不能通过语言文字符号予以清晰表达和直接传递的知识。比如，我们在用语言交流的过程中，无论在表达还是在倾听，我们不需要意识到我们是采用什么语法规则来理解这个词语和那个词语之间的修饰和说明关系的，也不需要思考我们为什么采用这个语法规则来理解这句话。我们所能意识的是语言表达的意义。没有学习过语法规则的人也可以熟练表达和倾听的事实，说明语法规则这种知识在支配人表达和倾听的时候，是内隐的，是默会知识，存在于我们表达、倾听包括阅读的行为中。

① 郁振华．波兰尼的默会认识论［J］．自然辩证法研究，2001（8）：5.

现实教学中，对于有一定难度的新问题，学生经过思考后对问题解决的方法往往是突然发现的，并且不能意识到自己发现这个方法时思维过程的合理性。如果问学生是怎样发现这个问题的解决方法的，学生往往会说，没有什么，很简单，就这样……心理学研究表明：困惑中发现问题解决的方法往往是以灵感和顿悟的形式突然出现的，自己感到“有了”、“突然通了”。这说明，直接支配学生运用明确知识，发现问题解决的方法的知识，也是学生不能意识的知识，是默会知识，存在于思考问题的思维操作（在某种意义上，亦可视为是一种行动）中。

此外，生活中的许多案例也向我们揭示了默会知识的存在。

——我国著名的肝胆外科医生吴孟超在做肝脏手术时，不依赖仪器，而是将手伸到病人肝脏下面，仅用手就可以将肿瘤分离出来。这在其他医生看来是不可思议的，但是他确实这样做。他说自己能这样做是凭手感，并且觉得这样做很简单。但当他将这样的方法教给他的学生时，他的很多学生却难以做到。支配吴孟超这样做的知识或许就是不能明确表达、不能直接传授的默会知识。

——对于不会骑自行车的人，无论学习多少物理上向心力、向心加速度的知识，即便他可以用这些知识解决物理题目，但如果不经过骑自行车的实际操作，保证他还是不会骑自行车；而对于会骑自行车的人，如果让他介绍自己到底是怎样保持平衡的，一般他是难以明确表达出来的，相反，他会感到这种技能没什么可说的、很简单。这说明，直接支配骑自行车的操作规则是很难言传的，或许也是一种默会知识，存在于骑自行车的行为操作中。

——一个登山爱好者，在平地上立定跳远可以跳三米。但在一次面对两米宽的山间狭缝时却不敢跳了。这时，队友从后面推了他一下，不跳就会掉进悬崖，没有办法，他纵身一跃，跳过去了！有了这次经历后，他又反复来回跳了好几回——之前不敢跳，之后却反复跳了好几次，支配他多次跳过去的因素是他对山间狭缝宽度精准的理性判断吗？显然不是，可以想见，支配他这种行为的，或许也是他在第一次跳的过程中获得的不明确的默会认识。

默会知识的作用

提到默会知识的作用，我们首先可以从其对思维的作用谈起。为此，我们有必要先明确一下何为思维。思维的含义，可以用严谨的文字来表述，然而，通过具体问题探讨思维，或许更贴近学生的学习。首先，我们不妨来分析一道物理学科中的简单题目：

京沪高铁的平均车速是时速300公里，如果北京和上海之间的高铁线路距离恰是1200公里。问从北京到上海需要多长时间？

要解决这道题目，学生根本不用关注是从北京到上海还是从上海到北京，也不需要关注乘坐的交通工具具体是什么，只需要关注距离和速度两个信息就可以了。这说明，要对问题正确分析和判断，首先就要选择信息，只选有用的，不管其他的。所以，思维能力的一个表现是对信息的自由选择。接下来，学生需要用距离除以速度得到时间，而不是用速度除以距离，也不是用距离乘以速度，这涉及信息的加工方式，也就是对信息的应用。所以，对信息的灵活应用是思维能力的另外一个表现。这样，可以得出以下结论：学生的思维能力，表现为学生对明确知识的自由选择和灵活应用能力。后面我们会谈到，这种能力是默会知识（包括陈述性默会知识和程序性默会知识）起作用的表现。

回过头来观察我们的学生，他们思考问题的过程，包括做题过程，不就是选择明确知识，以及运用这些知识的过程吗？“思维是对信息的操作，在广泛的看上去十分不同的任务中都会发生。”① 所以说，学生对所学知识的自由选择和灵活应用的过程，即学生对明确知识的操作过程，就是思维过程。

（一）有助于确认明确知识

对明确知识的操作首先需要确认明确知识，不确认就谈不上操作。默会知识对这一步起着直接的作用。对此，波兰尼表达了同样的观点。波兰尼说：“默会知识是自足的，而明确知识则必须依赖于被默会地理解和运用。”② 这告诉我们，学生学习各学科的明确知识时，必须获取相应的默会知识才能利用这些明确知识解决问题。即无论何种类型的明确知识，都要获取相应的默会知识；只有通过获取默会知识，才能使明确知识在另一个个体的头脑中复活，才能被自由地选择和应用。下面是关于一个大脑受损伤的人的案例，这个人的大脑受损，使她缺失了相关方面的默会知识，而这又恰恰说明了默会知识的作用。

① GALOTTI K M. 认知心理学［M］. 吴国宏，等，译. 3版. 西安：陕西师范大学出版社，2005：267.
② 郁振华. 波兰尼的默会认识论［J］. 自然辩证法研究，2001（8）：6.

因为大脑中某些部分受到了损伤，埃米莉（Emily）缺乏来自视觉这一主要感觉通道的信号（即她能看清楚面前的景象，但是对于视觉信号没有感受和体验），这使得她自己的脸、她丈夫的脸和自己孩子们的脸等所有视觉信息在她这里都缺乏相应的默会内容作基础。但是她的其他感觉通道比如听觉通道还是很好的。那么她面对视觉信息时，会有什么表现呢？

“我”将埃米莉领到一个大的平面镜前面。她注视着镜子里的这张脸，小心翼翼地说，“这一定是我，因为我就在这里”。

她的推测是合理的，因为只有她自己站在镜子前面，如果不是她还能是谁呢？需要注意的是，她无法从镜子中直接认出自己的脸，只能根据其他信息间接判断出这是自己的脸。与此形成鲜明对照的是，当“我”按下磁带录音机的放音键，让她听一段用磁带录制的她自己的声音时，她却毫无困难地认出了这是她的声音。同样，她认不出她丈夫的脸、她的孩子们的脸，或者其他亲戚、朋友和熟人的脸，但是，她却很容易地认出他们独特的声音。①

案例中，埃米莉的情况是由大脑受损伤引起的，但这一案例也正启示着我们，学生对明确知识难以确认时，很可能是因为其缺乏相应的默会知识。

（二）有助于思维策略的有效选择

思维是对信息的选择和应用，人们对信息的选择和应用的不同，也反映出其思维策略的不同。那么，如果学生确实缺乏相关默会知识，其对思维策略的选择又是怎样的呢？下面的神经心理学案例说明了这个问题。

让埃米莉看一系列很长的照片，当她看到一个女人的照片时，鼓起勇气说，她看起来像她的女儿。“我”问她：“为什么这是你的女儿？”“因为我知道朱莉有一颗上牙齿是黑的”，她说，“我敢打赌，这就是她”。其实，这个女人她并不相识。这反映了聪明的埃米莉判断面孔信息时使用的策略——当她不能直接从面孔获取应该的明确判断时，就寻求与此可能相关的其他信息，通过单个的其他信息做出判断。当然，这种根据单个信息的判断是很不准确的。为了核实这

---

① 改编自：达马西奥 A R. 感受发生的一切：意识产生中的身体和情绪［M］. 杨韶刚，译. 北京：教育科学出版社，2007：125-126.

一点，“我”变换了几张微笑的男人和女人的照片，照片上的人都显示出上门牙有点黑。“我”把这些照片随机地散落在其他照片中。她每当看到不是男人也不是年长的女人时，她都会说，这是她的女儿。①

这里，埃米莉对于“朱莉有一颗上牙齿是黑的”这个明确知识缺乏相应的默会内容，所以她不能将这一点和“女儿”的脸形、嘴形、牙齿形状等其他信息联系起来，更不能将这个信息和其他信息联系起来通盘判断问题。这造成了埃米莉在应用明确信息时的错误。作为教师会明显地注意到，埃米莉的情况和学生追星的情况形成了鲜明的对比：学生追星时，只要发生在自己崇拜的明星身上的一点小事情，他都印象深刻，不用有意识记忆也忘不了，并且能将这些“知识”熟练地和其他“知识”联系起来通盘判断问题。

思考问题时，将相关信息综合考虑整体加工，而不是分散地考虑，这是一种基本的思维策略。而缺乏默会知识时，人们却不能利用这个策略。上述案例中，埃米莉的错误判断启发我们教师，学生在缺乏默会知识的时候，也是不能将明确知识综合起来通盘考虑问题的。可见，缺乏默会知识，会阻碍人有效地选择思维策略。

① 改编自：达马西奥 A R. 感受发生的一切：意识产生中的身体和情绪［M］. 杨韶刚，译. 北京：教育科学出版社，2007：126-127 .

（三）有助于对明确知识进行组织

成功的思维需要对明确知识进行确认、对思维策略进行有效选择，在此基础上，还需要对明确知识进行组织。而后者，即对明确知识进行组织，则是默会知识对思维起直接支配作用的典型表现。默会知识的这一作用，则可以借助分析人们在听一段相声时的思维现象（这种思维现象取决于相声本身的内容，并非每次听相声时，人们都会产生类似的表现）来说明。有一段相声里，演员抖了这样一小段“包袱”——

有一个人非常喜欢跳伞，可是总担心跳伞后降落伞打不开。尽管有这个担心，但这个问题从来没有发生过。一次跳伞时，天气晴朗，他有意识地让飞机飞得很高很高。准备好降落伞后，他便从飞机上跳下。不巧的是，降落伞这次果真没有打开。他下落时，发现地面以及地面上的景物迅速放大，向他加速迎面而来。他担心、害怕、浑身战栗。正在危机时刻，一个妇女从他身边正急速往上蹿。两人擦肩而过时，跳伞人感到来了希望，马上问，你会修降落伞吗？那位妇女也紧接着问他，你会修煤气罐吗？

听到这个地方，人们笑声一片，相信妇女是因煤气罐爆炸后被巨大气流崩上天来的。分析人们为何会产生发笑的一致反应，不难发现，这是因为人们对“这个妇女因煤气罐爆炸后被巨大气流崩上天”的思维结论确信不疑。如果怀疑这样的思维结论，人们则会感到阻塞、困惑和模棱两可，自然也不会有愉悦的体验。

这里有关妇女的信息就两个：一个是妇女急速往上蹿，一个是询问“会修煤气罐吗”。只从这两个信息出发进行推断，能得到“这个妇女因煤气罐爆炸后被巨大气流崩上天”的结论吗？一般不能得到。退一步讲，即便能想到，也不敢确信。那么，听众为什么会得到并确信这个结论呢？细细想来，这是因为听众在加工前面有关跳伞人的境遇时的相关信息时获得了什么东西，而在加工这个妇女的信息时又应用了这个东西，正是在这个东西的支配下，听众得到了“这个妇女因煤气罐爆炸后被巨大气流崩上天”的结论，实现了思维路径的开通，确信结论并感到好笑。

这个东西是什么呢？听相声时，人们意识到自己得到的这个东西了吗？如果不研究，人们不会意识到。这个不能被意识、但却对人们的思维起着支配作用的东西，就是加工跳伞人的信息时获得的默会的信息。这个信息在前面的思维过程中获取，在后面的思维过程中应用。因为人们不能意识到它，也就没有人能直接表达出它。即便是相声表演者也是借助跳伞人的信息，使人们在无意识间获得这个默会内容，进而使人按它的要求进行思维并得到了怪诞的思维结论。它的作用是支配大脑选择、组织符合它的信息，以形成符合它的一段思维过程；没有它，大脑就不会完成这段思维过程。这就是我们后面要讨论的程序性默会知识。

现在回过头来看前面提到过的学习现象：现实教学中，对于有一定难度的新问题，学生经过思考后对问题解决的方法往往是突然发现的，并且不能意识到自己发现这个方法时思维过程的合理性。根据前面的分析，我们不难发现，这一学习现象的存在，就是因为支配学生发现这个方法的程序性默会知识是学生早已获得的、没有意识到的，是它支配学生形成了一段思维过程，发现了问题解决的方法。可以说，缺乏默会知识时，人们无法合理组织明确知识。这再一次说明了默会知识的作用。

（四）有助于借助情绪等直接影响人的行为（包括思维活动）

研究思维的学者普遍重视情绪对思维的影响。其实很多情绪都处于默会的状态，属于默会内容。① 在日常教学中，我们常常会发现，学生对某一学科或是某类型的题目感兴趣时，他就愿意思考相关问题，并且思路清晰、思有所获。关于情绪作为默会知识对思维和行为的影响，我们可以借助神经心理学实验简略体会一下。

一位年轻的妇女叫大S。她患有类脂蛋白沉淀症，导致大脑杏仁核几乎全部钙化，完全不能正常工作。这种疾病使她诸如恐惧和愤怒之类的消极情绪完全消失，即她缺乏了与恐惧和愤怒等相关的默会知识。因为没有相关默会知识，也就不能对诸如恐惧和愤怒的问题做出任何判断，也就不能有针对性地采取任何合理行为。但是大S的其他方面是完好的。她是一位高而苗条，非常招人喜欢的年轻女性。她学习新事实的能力一点问题也没有。但是，她在社交方面是异常的。她会以一种显著积极的态度接近人们和情境，让人感到她的接近有些过分而且很不恰当。临床和研究团队的成员感到，她的身上缺乏人们所期望的那种保留和沉默。这样，在介绍一个人后不久，大S不会羞于拥抱和触摸。她很容易交上朋友，毫不费力地形成浪漫的依恋关系。所以，她经常被她信任的人利用。她曾经是一位尽责的母亲，努力遵从社会规范。而且她的努力也得到了人们的赏识。她的社会行为表明她占优势的情绪状况一直有偏差。在大S身上，仿佛诸如恐惧和愤怒之类的消极情绪从她的情感词汇中去除掉了，从而使得积极情绪在她的生活中处于主导地位。大S一直不能判断他人脸上恐惧的表情。大S具有明显的绘画天赋和优秀的绘画技能，她可以画出表现其他情绪的脸，但却画不出一张表现恐惧的脸。在你我都能体验到恐惧的环境下，她却不能以同样的方式体验到恐惧。但是，在纯理智水平上，大S明白恐惧应当是什么样的，什么会引发它，甚至在恐惧的情况下，人们可能会做什么，她都明白。但是，在实际的恐惧的环境中，她却什么也不会做。即她知道的这些对于她真实的世界一点也不起作用。②

---

① 虽然人们一般不会将情绪视为默会知识，但是，从它对人的思维判断、对人行为的影响看，至少它的一部分内容是属于默会知识的。

② 案例讲到这里，作为教师，我总感到这非常像我们的很多学生——他们对某些知识概念的字面意思都懂得，甚至可以复述老师课堂上讲解过的知识内容，考试时，相关的题目也可以通过机械的推导计算得出答案并因此能获得一定分数，但是，他们对知识的理解也就只局限到字面意思上，对这些知识实际上一点感觉也没有，无所谓喜欢还是不喜欢，更不能将这类知识与其他知识以及问题联系起来思考。

她天性中的不畏惧，妨碍了她在年轻的生命中学会令人不愉快的情境的意义。给她100张人的照片，让她判断这些照片上人的面孔的可信赖度和可接近度。这100张面孔中，有50张面孔被我们正常人判断为可信赖和可接近的，50张面孔被我们正常人判断为不可信赖和不可接近的。让她回答，如果你需要帮助，你会寻求哪些人的帮助。尽管在做实验前，我们对实验的结果已经有所预期，但是，当大S看到你我都会觉得可疑，并尽量想躲避的面孔时，会把这些面孔判断为同样值得信赖的，实验的结果远比预期显著得多。①

案例中的大S不能区分不同面孔的可信赖度和可接近度，认为这些面孔都是可信赖和可接近的，而现实生活中的正常人可不这样。比如，我们第一次接触某人，对这个人总会有一点喜欢或是不喜欢、亲和或是排斥的感觉，感到这个人应该不错、那个人应该不怎么样，这个感觉是什么呢？就是一种作为默会知识的情绪。而大S完全缺乏这样一种情绪。

大S的情况和学生缺乏相关默会知识时在学习上的表现是一致的。即缺乏相关默会知识时，学生对知识、问题缺乏感受，对知识和问题的认识只停留在机械描述的层面，不能进行独立的判断。

综上所述，默会知识有助于确认明确知识、有助于思维策略的有效选择、有助于对明确知识进行组织，借助情绪，默会知识也有助于对认识产生深度影响，可见，默会知识对人的思维起着支配性的作用。

需要注意的是，上述有关默会知识作用的分析都只侧重于确认和应用明确知识方面。实际上，默会知识对思维的支配、决定作用还不止于此。关于这一点，波兰尼强调了“人类认识中默会维度的优先原则”，认为“默会认识是人类获得和持有知识的终极能力”②，并认为默会知识是“自足”的，不依赖于明确知识而独立存在。下面的案例便很好地说明了这一点。

戴维（以后简称D）是一位在学习和记忆方面有严重缺陷的人，他甚至完全不能学会任何新的事实。比如，他学不会任何一种新的外貌、声音、地点或词汇。结果，他不会根据相貌、声音或名字辨别任何一个陌生人，也不能记起

① 改编自：达马西奥 A R. 感受发生的一切：意识产生中的身体和情绪［M］. 杨韶刚，译. 北京：教育科学出版社，2007：50-53.

② 郁振华. 波兰尼的默会认识论［J］. 自然辩证法研究，2001（8）：6.

在哪里遇到过某个人或者他和这个人之间发生的任何事情。D的问题是由脑两侧颞叶的大范围损伤所引起的。

在一个星期的时间内，在完全控制的环境中，我们让D参与三种不同类型的人的相互作用，一种类型的相互作用就是和以下这种人交往，这种人特别令人愉快，受欢迎，无论他是否对D有所要求，都会奖赏D（这种人就是好人）。另一种人情绪上中立，并要D参与一些既不令人愉快，也不令人不愉快的活动（这种人是中立人）。第三种类型的相互作用涉及的是这种人，他们粗暴、无理，对任何要求都说不，并且让D参与一项就是圣人也会厌倦的、非常冗长乏味的心理任务（这种人是坏人）。

这项实验安排在不同房间，相应地，有一些助手分别扮演好人、中立人和坏人。一周后让D完成两项任务。一项是，让他观看几套每四张为一组的照片，这些照片包括了参与实验的三人中的一位的脸，接着问他："如果你需要帮助，会找谁?"并要他进一步澄清："在这一组照片中，你认为谁是你的朋友?"D有80%的概率选出那个好人，其他人也可能被选中，但是坏人基本上不会被选中。

另一项任务是，要求D看这三个人的脸，并要求他告诉我们，他对他们了解些什么。如往常一样，对他而言，他的心灵一片空白。D甚至想不起曾经遇到过他们，而且一点也不能回忆起和他们交往过程中发生的任何事。不用说，他也不能叫出他们中任何一位的名字。

D被带到遭遇坏人的情境中，看到那个坏人在几英尺之外正在等他，D退缩了一下，停顿了片刻，然后才让自己慢慢进入到测试室。我问他，是否有什么问题，是否有什么事情我可以帮他做。可是他说"不，一切都好"。①

D不能记住别人的模样，也不能回忆起和这些人交往过程中发生的任何事情。这说明他完全没有记住相关的明确信息。但是，在默会层面他还是对不同的人形成了不同的默会认识，这支配他在选择照片时采取了正确的行为。

案例中，D被带到遭遇坏人的情境中时退缩了一下。是什么因素支配他做出这个行为呢？当然是对坏人的默会认识。当问是否有什么事情需要帮助时，

① 达马西奥 A R. 感受发生的一切：意识产生中的身体和情绪［M］. 杨韶刚，译. 北京：教育科学出版社，2007：35-37.

这是研究者在明确信息层面追问他，他也只能利用明确信息回答，由于他的记忆是有缺陷的，他只能回答“不，一切都好”。

有关 D 的实验更直接地说明了默会认识对人行为的支配作用。D 完全缺乏了相关的明确知识，却保留了相关的默会认识，在这种情况下，D 做出了符合其默会认识的行为。这足以说明默会知识的“优先性”，也可以说明默会知识作为“人类获得和持有知识的终极能力”的价值。

与此相似的还有，医生科萨科夫（Korsakoff）报告说，在 1889 年时他记录了一个患遗忘症的病人的临床表现（现在这种疾病被称为科萨科夫综合征），这个病人曾经被科萨科夫电击过，但却不记得自己被电击了。不过，当病人看到电击过他的箱子时，他又告诉科萨科夫，担心科萨科夫可能会电死自己。可以想见，这个病人的担心只能是在默会认识支配下的行为，因为明确的理由早已忘记。①

默会知识是自足的，不依赖明确知识而存在。这在学生的学习中也有明显的表现。例如，学生在思考下面这道物理高考题目（略有改动）时的表现就说明了这一点。

下图为两个正在工作的皮带传动装置。此时，甲的下段皮带弯曲，乙的上段皮带弯曲。关于这个装置工作状态的描述可能正确的是：

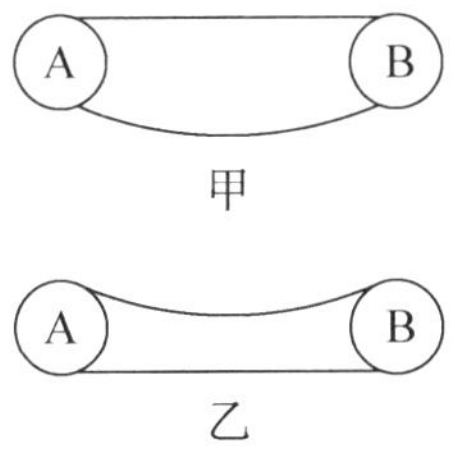

A. 甲图中 A 为主动轮，B 为从动轮，它们顺时针转动。

B. 乙图中 A 为主动轮，B 为从动轮，它们顺时针转动。

C. 甲图中 A 为从动轮，B 为主动轮，它们逆时针转动。

① GALOTTI K M. 认知心理学［M］. 吴国宏，等，译. 3 版. 西安：陕西师范大学出版社，2005：161.

D. 乙图中 A 为从动轮，B 为主动轮，它们逆时针转动。

这个题目，绝大多数高三学生都可以选出正确答案 B 和 D。但是，若让他们进行具体受力分析，画出受力图，即利用老师直接传授的明确的物理知识解释为什么 B 和 D 是对的。则他们一般都不能完成。尽管如此，绝大多数学生对于自己选出的答案非常自信。如果老师询问学生为什么 B 和 D 是对的，多数学生的回答是：感觉是这样。如果非要让他们说出理由，他们会牵强或是不牵强地说出一些相关和不相关的理由。这个时候，如果老师将受力图画出来，学生则表示完全没有想到会是这样分析。虽然都得到了正确答案，但学生所想和老师利用明确知识进行的推证完全不同。学生用到的是不能“言传”的默会知识！

在拥有相应默会知识的前提下，即便缺乏明确知识，人们也可以采取正确的行为。了解到这一点，就可以解释历史上及现实生活中很多人在明确知识不丰富的情况下（指读书不多，或是文化程度不高等），为什么却可以自信而坚定地采取正确的决策，发现并抓住机会，干出一番大事。

明确知识与默会知识之间的关系

默会认识论告诉我们，学生对明确知识的学习要落脚到默会知识的获取上。为此，我们还需要认清默会知识和明确知识的相互关系。

（一）默会知识反映了知识的默会本质

各学科传授给学生的明确知识，都是可以明确意识的，是规格化的，甚至被认为是规范的。但同时，这些知识却又都是非生命的，都是游离于个体生命之外的。默会知识是内在于个体生命的，本质上是一种理解力，是一种领会、把握和重组经验，以期达到对它理智的控制的能力。关于这一点，波兰尼说，“（数学上）没有人会信服一个他所不能理解的证明，而记住一个我们并不信服的数学证明不能给我们的数学知识增加任何东西”。只有理解进而信服了数学证明，才能说掌握了数学知识。这种理解就是一种默会认识。[①] 为进一步说明问

① 郁振华. 波兰尼的默会认识论［J］. 自然辩证法研究，2001（8）：6.

题，波兰尼又说，“各种名言符号（即明确知识，引者注）的意义是由认识者的默会认识所赋予的，如果剥去其默会的协同性因素，所有的口头的和书面的文字，所有的公式，所有的图表都将是毫无意义的”①。这说明，学生对明确的学科知识的真正理解必须落脚到对默会知识的获取上。离开默会知识，口头的和书面表达的明确知识是毫无意义的。另一方面，默会知识相对于明确知识，又具有明显的对人行为的支配和影响作用。所以，人们又将默会知识称作是行动中所拥有的知识，即“行动中的知识”，或者“内在于行动中的知识”。基于这些原因，波兰尼强调了“人类认识中默会维度的优先原则”，并说，“默会认识是人类获得和持有知识的终极能力”②。

郁振华教授也认为，心灵的默会能力在人类认识的各个层次上都起着主导性的、决定性的作用，即默会维度相对于明确知识具有理论上的优先性。“默会知识是自足的，而明确知识则必须依赖于被默会地理解和运用。因此，所有的知识不是默会知识就是植根于默会知识。”③这是说，各类符号表达的知识的意义都是由认知者的默会认识所赋予的。换言之，只有获得默会知识才意味着个体对知识的真正掌握。

无论从默会认识论的角度，还是从现实的教学实践的角度，学生在学习各学科的明确知识时都要获取相应的默会知识，或是说对学科知识的学习应该达到获取默会知识的程度。如下比喻恰当地说明了获取默会知识的重要性。如果说人类的知识是一棵大树，那么我们能看到的暴露在外的部分（叶、茎、干）就是明确而外显的知识，而隐身于土壤中的庞大根系则是默会知识。因此，一种完全明确的知识是不可思议的，正如一棵没有根的大树是无法生存的一样。所以，波兰尼说，“明确知识则必须依赖于被默会地理解和运用”④。这告诉我们，学生学习的所有明确的学科知识，都必须获取相应的默会知识，否则，完全明确的知识正如一棵没有根的树一样，是无法“生存”的。

①②③④ 郁振华．波兰尼的默会认识论［J］．自然辩证法研究，2001（8）：6.

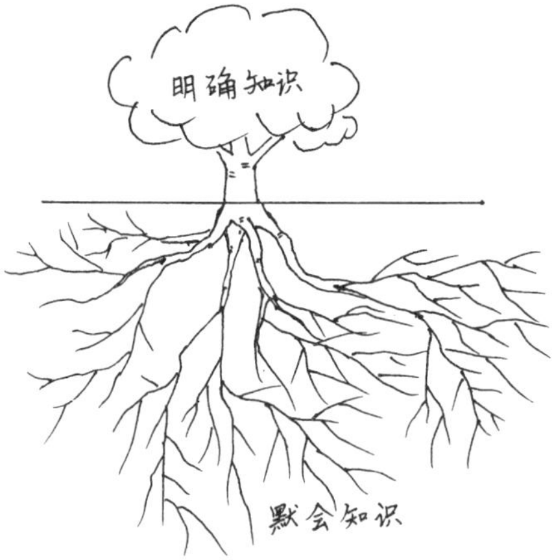

（二）明确知识是知识传播的工具

明确知识是可意识的、明确的、规格化的、没有生命的、可以表达的。正是因为这个原因，明确知识才得以快速地传授和传播。各学科知识都是借助明确知识得以直接传授和传播的。但是，明确知识在被传播时，传播的只是明确知识这个外壳，因为别人不能直接看到外壳内部的默会内核。明确知识的接受者，只有通过默会，使知识在自己的头脑中复活，才能填充这个外壳。

我们应该明确的是，传统的课堂教学中，我们在向学生直接传授正确的明确知识的时候，不管我们将知识讲解得多么细致和周到，不管我们感到自己将知识的内涵讲解得多么透彻，我们直接传达给学生的都只是明确知识的外壳。我们的作用只是帮助实现了明确知识的“传播工具的功能”。或者说，我们在这样做的时候，只是将自己定位在明确知识的传播工具功能的发挥者上。因为我们是将“客观明确的知识”、问题解决的“科学规范的模式”整齐划一地、规格化地传授给学生。

所以，课堂教学是明确知识传播的主渠道，更应该是默会知识的启发地。学生通过默会获取了默会知识，才能使学生的认识得到质的飞跃。这就使得以下修正很有必要：修正漠视默会知识的教学现状，修正忽视默会知识优先性的教学现状，修正仅仅关注脱离学生经验和理解的符号、公式、文字等明确知识传授的教学现状。

（三）明确知识是调动认识者（学生）默会能力的工具

正如前文所说，明确知识是可意识的、明确的、规格化的、可以表达的。各学科知识都是借助明确知识得以直接传授和传播的。但是，作为教师，无论我们将知识讲解得多么细致和周到，不管我们感到将知识的内涵讲解得多么透彻，我们传播的都只是明确知识这个外壳。学生，或是说知识的接受者，无论对我们表达的知识本身，还是对我们表达出的知识的内涵，需要也必须通过默会，才能建立知识之间、知识和我们表达的内涵之间、内涵的各部分之间联系。而这个过程就需要调动默会能力，使知识在自己的头脑中复活，利用默会知识填充这个外壳。在这里，明确知识的作用是学生默会能力的调动工具，也是相关默会知识萌发的种子。明确知识通过对认识者（学生）默会能力的调动，使认识者获取默会知识，进而使知识在一个新的头脑中复活。同时使默会知识具备了针对个体生命的特异性，具备了个性化的特征。

所以，明确知识发挥其传授和传播的功能后，还必须借助认识者的默会能力才能被真正掌握，才能在认识者这里扎根和复活。所以，课堂教学是发挥明确知识传播功能的地方，也应该是调动学生默会能力的地方。而且后者是主要的。但是，当前的课堂教学，在客观主义知识观、科学观的支配下，人们强调知识的客观性、非个体性、完全明确性等特点，对默会知识缺乏认识，对培养学生的默会能力缺乏认识。这是我们当前课堂教学最基础和最核心的问题。

三种默会知识

正如第一节介绍的，默会知识是一种只可意会、不可言传的知识。它“镶嵌”于人们的行为中，对人们的行为包括思维操作起着直接的影响和支配作用。但是，在思维的不同层面，默会知识也起着不同的作用。人们一般将知识（主要指明确知识）划分为陈述性知识、程序性知识和策略性知识。参照这个划分，相对应的，根据默会知识在思维中所起的不同作用，我们可以将学生在课堂教学中获取的默会知识划分为陈述性默会知识、程序性默会知识和策略性默会知识。陈述性默会知识直接与明确知识和情境相联系，它的作用是在思维的过程中确认和选择明确知识或情境；程序性默会知识直接与思维过程相联系，它的作用是在思维的过程中实现对信息的组织和运用，直接支配思维的推进；策略性默会知识与行为方式包括思维方式、思维角度相联系，它的作用是根据任务、问题选择相应的行为方式，包括思维方式和角度。

陈述性默会知识

陈述性默会知识直接与明确知识和情境相联系，它的作用是在思维的过程中确认和选择明确知识或是情境。为说明陈述性默会知识的这个作用，我们首先借助两则案例来说明缺乏和拥有相关陈述性默会知识时人们的不同表现。

[案例1]

明朝时，伴随新航路的开通，来中国的西洋人多了起来。西洋人惊奇地发现，中国人的相貌竟然完全相同。他们不禁疑惑中国人之间是如何相互辨识的。①

针对这个现象，我们不妨作如下的思考和分析：

（1）最初来中国的西洋人面对中国人的脸，难道看不到哪儿是鼻子、嘴巴和眼睛吗？

---

① 柏杨．中国人史纲［M］．太原：山西人民出版社，2008：34.

——当然是看得到的！

（2）难道这些西洋人看不到中国人的鼻子、嘴巴和眼睛在脸部的相对位置吗？

——当然是看得到的！

（3）他们最初来到中国时，面对中国人的脸（假设他们不近视，其实那个时候近视的人应该很少），他们感到自己看清楚中国人的脸了吗？

——当然是感到看清楚了！不然，他们会再多看几眼，直到认为看清楚为止。

（4）我们确切地知道不同中国人长相相差很多，为什么他们感到中国人长的模样都是一样的呢？

可以这样解释：尽管他们感到将中国人的脸看清楚了，但是，黄种人脸上的鼻子、嘴巴和眼睛的样子，对他们来讲因为见得少，缺乏陈述性默会内容的支撑。尽管知道它们是什么，知道鼻子是鼻子，嘴巴是嘴巴，但是不能区分不同的黄种人的鼻子、嘴巴和眼睛，即不能区分这个中国人的鼻子、嘴巴和眼睛与那个中国人的鼻子、嘴巴和眼睛的不同；中国人的鼻子、嘴巴和眼睛，在不同的中国人脸上组合到一块时，他们也不能区分不同中国人鼻子、嘴巴和眼睛的不同组合。中国人脸上的五官模样对于这些西方人来讲是明确知识，但是，他们普遍缺乏内在的陈述性默会知识，这使他们在利用这些知识做具体的判断时遇到了困难。表现为，他们难以区分不同信息，也难以区分信息的不同组合。

这个现象说明，在缺乏相关陈述性默会知识的情况下，学生对明确知识的确认、选择和应用同样是迟疑、困惑和模棱两可的，并容易感到阻塞和困顿。

接下来，我们再来对比分析另一则案例。

［**案例 2**］

课堂上，老师突然认真地说，教室中怎么会进来一只麻雀？学生会在第一时间不自觉地向上看；如果老师说，教室中怎么会进来一只老鼠，学生会在第一时间不自觉地向下看。

这个时候，每一个学生的大脑都经历了确认信息到应用信息的思维判断过程，所以才做出了正确的反应。

请考虑以下问题：

（1）有看麻雀向下看的吗，有看老鼠向上看的吗？

——一个也没有！这说明学生利用这些信息时反应准确。

（2）谁意识到自己的思维判断过程了？

——一个也没有！这说明学生利用这些信息时，反应快捷，没有感到自己付出了什么努力。

（3）有谁怀疑自己可能抬头抬错了，或是低头低错了？

——一个也没有！这说明每个学生都对利用这些信息得出的思维结论充分自信。

这说明，在具备相关陈述性默会知识（即麻雀一般是在天上飞的，老鼠是在地上跑的）的情况下，学生对明确知识的确认、选择和应用都是快捷、准确、自信的，并会感到畅通和轻松。

以上两则案例都说明，陈述性默会知识在学生确认和选择明确知识包括情境时的作用。那么，回到现实的课堂教学中，学生缺乏相关陈述性默会知识的具体表现是什么呢？

如果和学生深入交流并认真观察学生，就会发现，学生缺乏相关陈述性默会知识时，他们在加工明确知识方面有如下表现：

（1）对明确知识感到陌生和有距离。学生的学习离不开对明确知识的思维加工，面对明确知识时，如果缺乏相关的默会知识，就像隔着玻璃看东西，感到懂了、明白了，甚至能表达出它，但是不贴切，有距离感，不敢确认。

（2）不会利用明确知识思考问题。思考题目时，如果缺乏相关的默会知识，对明确知识反应迟钝，或是对相关明确知识视而不见，或是对这样的知识不能和不敢选择，或是在应用这个明确知识的时候表现迟疑。

（3）不会整体考虑问题。思考问题时，如果缺乏相关的默会知识，学生不能将明确知识和其他明确知识联系起来，在大脑中不能形成完整的问题情境。此时学生对问题只是感到不懂或是困难，但是学生自己不明确，也说不清楚自己的问题出在什么地方，说不清楚自己的疑问是什么。

这三种表现都说明，陈述性默会知识是学生高效率学习必须获取的默会知识。

程序性默会知识

程序性默会知识直接与思维过程相联系，它的作用是在思维过程中实现对信息的组织和运用，直接支配思维的推进。本章第一节中提到的那则关于人们听相声的案例就表明，尽管程序性默会知识常常不能被人们所意识到，但是，人们拥有它就可以恰当地组织和运用信息、推进思维，不拥有它就不会如此。从某种程度上讲，程序性默会知识就是皮亚杰所讲的心理结构。皮亚杰说：“人们生来就倾向于将他们的思维过程组织入心理结构。这些心理结构是我们理解世界和与世界互动的系统。”①

① WOOLFOLK A. 教育心理学［M］. 何先友，等，译. 10版. 北京：中国轻工业出版社，2008：31.

现实教学中，程序性默会知识主要有两种：一种是学科规律承载的程序性默会知识，一种是一般的程序性默会知识。

（一）学科规律承载的程序性默会知识

课堂教学中，学生学习的各种学科规律，包括各种公理、公式、定理、定律，都是在表达信息之间的关系。学生只有通过学习这些规律，获取了它们表达的信息之间的关系，其大脑才可以按这个关系加工相关的信息。如高中物理中的牛顿第二定律 $F=ma$，就表达了一个物体的加速度和质量、其所受外力的关系。学生获取了这个关系，就会知道，当物体所受外力增大时，其加速度也会正比例变大；如果学生没有获得这个关系，即便知道物体所受外力在增大，也不会自动联系到物体的加速度也会变大，甚至根本联系不到加速度这个概念。在现实的教学中，只要认真听讲，绝大多数学生都会对所学的学科规律感到“听懂了”、“明白了”。但是，在学生运用学科规律分析问题时，我们确实又注意到了以下现象。

现象一，有的学生面对需要利用学科规律解决的问题时，必须回忆起有关学科规律的具体内容才能用以解决问题。如果未曾有意识地回忆起有关学科规律的具体内容，就不能解决问题。表现是，学生必须将规律的表达式写下来比对着分析问题，或是在大脑中呈现着规律的表达式比对着分析问题。也即这些学生在解决问题时，不能离开规律的表达式。

现象二，有的学生面对问题，完全不需要去回忆学科规律的具体内容，而是直接应用学科规律所表达的关系解决问题。表现是，学生不需要将规律的表达式写下来，其大脑中也不需要呈现出规律的表达式，而是直接利用学科规律所表达的关系分析问题。即这些学生在学习完规律后，完全将规律的表达式丢到了一边。

这里，我们需要注意到，现象一中的学生，需要时刻有意识地提醒自己下一步应该做什么，他们解决起问题来迟疑缓慢，容易劳累，而且错误率较高；而现象二中的学生，不需要有意识地注意什么，他们解决起问题来快捷准确，自信心也高。为什么会出现这样的差别呢？这是因为现象一中的学生，只是在意识层面对规律感到“懂了”、“明白了”，没有将规律表达的信息之间的关系内化为支配思维的东西，即他们没有获取学科规律承载的程序性默会知识，难以实现大脑在这种默会知识的支配下对问题的自动加工。现象二中的学生，获取了学科规律承载的程序性默会知识，在这种默会知识的支配下，其大脑直接加工相关信息。因为程序性默会知识处于默会的状态，学生在思考问题时不需要有意识地注意什么，好像只是一瞬间的过程，快捷而准确。

如果学生没有获取这种默会知识，只是记住了规律的内容，那么学生利用该规律解决问题时，只能解决单个知识点的问题，或是公式指向非常明确的问题。对于稍微综合一点的新问题，学生便难以解决，表现为综合能力差。如果学生获取了这种默会知识，学生利用该规律解决问题便只是一瞬间的事情，他们并不感到解决综合一点的新问题会比解决单个知识点的问题更困难。

通过对规律的学习，将规律表达的信息之间的关系转化为直接支配思维的程序性默会知识，这是学生获取思维能力的必经之路。为叙述的方便，后文我们将这种程序性默会知识简称为学科规律承载的默会知识。而关于对学科规律承载的默会知识的具体内容及其作用，我们将在后续章节中更详细地讨论。

（二）一般程序性默会知识

现实的课堂教学中，学生获取的程序性默会知识绝不仅限于学科规律承载的默会知识，还有一般程序性默会知识。这种程序性默会知识是人们在一般的思维判断过程（相对于对规律的理解过程）中获取的，在认识论中，它又被称为非转译性理解①。

比如下面的排比句：

没有理想，人生就如荒漠，没有生气；

没有理想，人生就如黑夜，没有光明；

没有理想，人生就如迷宫，没有方向。

我们理解排比句时，是一句一句理解的，理解其中的每句，在大脑中都要经历一个思维过程。尽管排比句中每一句的意思都是不一样的，但是每一句中相邻的词语间的修饰和说明关系却是一样的，即意义背后的信息之间的关系是

---

① 郁振华．人类知识的默会维度［M］．北京：北京大学出版社，2012：32.

一样的。这种意义背后的信息之间的关系被学生获取后即是一般的程序性默会知识。这也是皮亚杰讲的“将思维过程组织入心理结构”。人们读第一个排比句时，获得了这种心理结构，这种心理结构在理解接下来的句子中得到了应用，同时也帮助人们进一步理解了接下来的句子。这使得人们感到整体句式有气势。这正是排比这种修辞手法受欢迎的原因。

现实教学中，除了类似排比句、对偶句等在利用一般程序性默会知识外，教师授课时经常采用的比喻、类比，其实也都是在利用一般程序性默会知识。当教师直接表达某关系不明了、不方便时，经常借助比喻、类比的方式来表达。这种方式实际是让学生获取一种程序性默会知识。学生获取这种程序性默会知识后，就会按它的要求去思维。这样教师就可以达到直接表达所不能达到的教学效果。除了排比、对偶以及比喻、类比外，一般程序性默会知识广泛存在于我们的思维过程中。关于这一点，我们也会在后续章节中进行详细讨论。

程序性默会知识，包括学科规律承载的默会知识和一般程序性默会知识，在学生思维的每一步都起着直接的支配作用。缺乏程序性默会知识，学生难以思维，难以实现思维的转换，这使得学生难以理解问题，也难以解决问题。关于这一点，可以从以下现象看出来。

现象一，缺乏程序性默会知识时，学生的听课过程只能是对老师所讲明确知识的表面意义的接受过程。这样，不管老师怎样讲，学生都感到“是、是、是”、“对、对、对”，感到“听懂了”和“明白了”。但是，学生不能产生疑问，不能提出问题，对老师所讲问题的条件和结论没有区分。如果课后问学生，老师为什么这样讲解问题，学生不能回答；再问老师是怎样讲解问题的，尽管学生感到自己似乎知道，但是难以准确表达出来。即知其然而不知其所以然。

现象二，缺乏程序性默会知识时，学生无法发现解决问题的切入点。即便解决问题的切入点摆在那儿，但因为缺乏程序性默会知识，学生也无法独立加工相关信息，也就无法对某个信息在问题中的作用做出判断，也就对解决问题需要的切入点视而不见。这种情况下，只有发现老师利用这个切入点讲解问题了，或是其他同学利用这个切入点解决了题目，才意识到它的存在，并且还会感到奇怪和自责——怎么当时自己没有想到呢？

现象三，由于缺乏程序性默会知识，学生解决新问题时就会眼高手低。听老师讲例题时感到自己“听懂了”，自己独立做题时，却又不会了；一看题目感到似乎自己会做，但真的独立做时就又不会了。为什么会这样呢？学生听课时感到懂，看题时感到会做，这里的“懂”和“会做”其实是学生对题目所显示的表面意义的感觉，至于解决问题时是否具备处于默会状态的、支配思维的程序性默会知识，学生是不能自主意识到的。如果没有，就会出现一听就懂、一看就会，但就是不能独立解决问题的现象。

现象四，缺乏程序性默会知识时，学生只能以回忆和回顾为基础，通过模仿和套用老师的方法解决问题。在缺乏程序性默会知识的情况下，学生面对问题的条件和要求就会长时间地不明确、拿不准，对条件和要求之间的关系也会长时间地不明确、拿不准。即缺乏默会知识时，学生审题总处于不明确、拿不准的状态。这个“不明确”、“拿不准”的结果是，学生不敢确认面对的信息，不知道选择哪些信息，也不知道怎样应用这些信息。这样，学生也就只能以回忆和回顾为基础，通过模仿和套用老师的方法来解决问题了，解决问题的过程，本应是培养学生分析和解决问题能力的过程，却变成了对老师解题方法的机械套用。这极大地影响了学生的学习效率。而如果学生对老师的方法记忆模糊，学生解决起问题来就更困难了。这也就是为什么在学生中间常会出现这类现象：老师讲过的例题，学生感到“听懂了”、“明白了”，一段时间后（时间稍长，影响这种机械的记忆），或是在考试中（考场心理紧张，影响记忆），自己又不会做类似的题目了。

策略性默会知识

策略性默会知识与行为方式包括思维方式、思维角度相联系，它的作用是根据任务、问题选择相应的行为方式。

比如，学生学习明确知识需要获取陈述性默会知识，而陈述性默会知识的获取需要构建知识情境。这正如我们所感受到的，学生学习的任何明确知识，包括数据、概念、名词、规律，离开它所描述的情境，都是干巴巴抽象的东西，单调而枯燥；但是，如果将这些放回到它们所描述的问题情境中，这些知识又都是鲜活的、意义丰富的，和其他知识联系密切。所以，构建知识情境是获取陈述性默会知识所需要的一个策略。同时，我们注意到，已经拥有这个策略的学生在学习新知识时不需要有意识地努力就会自动这样做。甚至在这样做的时候，自己都意识不到自己是怎样做的，只是感到这样做很简单。没有掌握这个策略的学生，在学习新知识时则不会有类似自动的行为方式。例如，教师在讲一个难度不大的新问题时，这些没有掌握这个策略的学生也在听课，也知道老师讲的内容是什么，但是表情木讷，不会随老师所讲授内容的变化而变化。此时，教师若提问记忆性内容，学生能回答，但若提问一些情境稍做变通的问题时，这些学生则难以回答。那些获取这个策略的学生在应用这一策略时貌似自动，不由意识支配。但实际上，他们在应用这一策略时，是受到另一种形式的默会知识支配的，这种默会知识，即策略性默会知识。

教学中，我们还会发现，学生在学习学科规律时，需要借助规律所描述的范例来掌握规律，即借助规律描述的范例获取我们前面提到的学科规律承载的默会知识。为什么要借助范例呢？在后续章节中将谈到，获取学科规律承载的默会知识不是通过对规律自身的学习过程获取的，而是通过对规律描述的范例的默会获取的。对此，波兰尼的解释是，“范例之于规则具有优先性”①，默会知识的获得和应用是一个“从个别到个别、从特殊到特殊的思想过程”②。所以，通过范例掌握规律，这是学生的一个学习策略。与前述主动构建知识情境的学习现象相似，拥有这个策略的学生，会不经意识控制地自动借助范例掌握规律，甚至自己也说不出自己是怎样做的；而不拥有这个策略的学生，则不会这样做，他们甚至很奇怪拥有这个策略的学生为什么将规律掌握得这么好。这里，支配拥有这一策略的学生采用这一策略的，仍然是相关的策略性默会知识。

现实的教学中，有一种很奇特的现象：有的学生做出了题目，却不理解题目。即解决问题了却不理解问题。这样的学生很难做到举一反三，题目稍变就难以应付。与此相反，有的学生解决了问题，就会理解问题，很容易做到举一反三，即便题目在形式上再发生较大变化，也能得心应手地应用过去的方法解决。两者的差别在于各自在解决问题时所采用的思维过程（或是思维方式）。如

---

① 郁振华．人类知识的默会维度［M］．北京：北京大学出版社，2012：214.

② 同①，第 228 页。

果其思维过程是肤浅的，没有涉及对问题本质原因的追问，那么学生即便解决了问题也不能理解问题；相反，如果其思维过程是深入的，涉及对问题本质原因的追问，那么解决问题之后学生就理解了问题。（本书后续章节中，将会对这两种思维方式做详细讨论。这里就不再赘述了）同样的，支配学生采用不同思维方式的，也是相关的策略性默会知识。

现实的教学中，学生的策略性默会知识对学生的影响是很大的，其学习表现也是明显不同的。

表现一，没有获取相应策略性默会知识的学生不能深入加工明确知识，也就难以获取相关的陈述性默会知识。一线教师会注意到这样的现象：几乎每个班都有一批这样的学生，听课时，老师讲的东西都必须记在笔记本上，如果哪一点没有记下来，就好像丢了什么似的。但是，对于课上的东西是否掌握了，他们却并不怎样关注。这样的学生往往整天疲于做题，老师布置的题目一个也不敢落下，但是一考试却成绩平平。其他学生做过的题目，他们必须全做，否则自己心里就像丢了东西，以至于这些学生每天学到很晚。如果和这些学生深入交流就会发现，在听讲时，他们都很轻易地接受了老师所讲的每一点内容，不会有半点儿迟疑和困惑，但是，他们独立思考问题时，在每一个步骤上都要花费较长的时间，表现得迟疑不决。或是说，在每一个步骤上都需要付出相当的努力，几乎是平均用力。比如，物理上常见的物体静止在斜面上（见下图），要表示物体受到的支持力和摩擦力时，表达式是 $F_f = mg\sin a$ 和 $F_N = mg\cos a$，这两个式子经常用到。课堂上，看到老师用得很顺畅，大量做题成绩平平的学生也感到分析起来很容易。但是课下，这些学生在应用这两个式子时，都要具体画图形，甚至哪个是正弦、哪个是余弦，都还要动一番脑筋，更何况对其他知识的应用。这样，一道题目解决下来步步困难，没有轻重缓急，非常劳累。

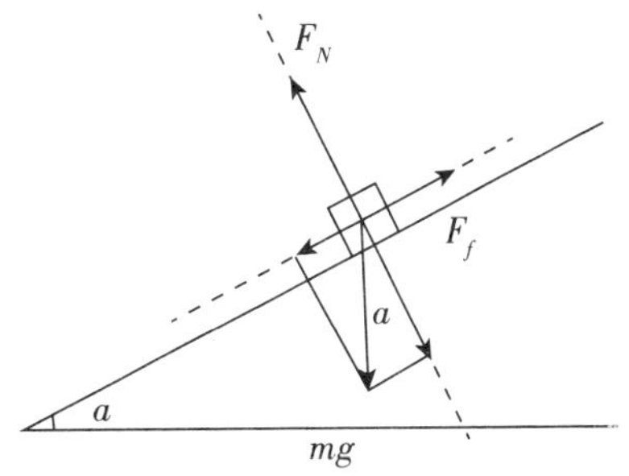

这和高效学习的学生形成了鲜明的对比。高效学习的学生，上课时容易抓住问题，不拘泥于细节，对老师讲的东西要做独立的判断，不会在不理解的情况下完全接受老师讲的东西。相应的，这些学生课后做题时的表现是这样的：在常见的步骤上，或是自己刚刚用过的步骤上，反应是很快的，也很准确和自信，只在自己生疏或是拿不准的地方才放慢脚步。放慢脚步的目的是将这个生疏的地方搞得清楚明白，以便再次接触到这个地方的时候，反应快捷、准确。这说明，高效学习的学生，无论听课还是做题时都会将更多的注意力集中到自己没有很好掌握的地方，这样使自己能将精力集中在最需要的地方。这也说明，大量做题成绩平平的学生学习过的大多数学科知识都缺乏相应的陈述性默会内容；而高效学习的学生学习过的大多数学科知识都获取了相应的陈述性默会知识，并时刻努力获取新的陈述性默会知识。

表现二，没有获取相应策略性默会知识的学生不能自动将题目当成自己获取程序性默会知识的范例。这会极大地影响学生的学习效率。这样的学生，不能形成完整的问题情境，不会在问题情境中体会学科规律，不会在问题解决的过程中体会学科规律的应用。相反，他们却非常注意将解题的过程写下来。做题时的表现为：看一步、回想一步、写一步、再看一步、回想一步、再写一步，名之曰“摸石头过河”。这实际是对问题的解决没有任何判断、以回忆和回顾为基础做题的表现。这样，即便做出了正确的结果，也谈不上完整的问题解决思路，更谈不上思路的清晰。往往是看着后面就忘了前面，看着结果就忘了得到结果的过程。这样的学生难以独立地发现问题的解决方法，也难以获取程序性默会知识，难以体验到独立发现方法的畅通和愉悦。

与此形成对比的是，另一些学生则能充分利用题目，获取程序性默会知识。他们倾向于对题目形成完整的问题情境，在问题情境中掌握规律，在问题情境中思考和判断问题。这样，他们容易发现独到的问题解决思路和方法。解决问题后，学生对问题和问题解决方法的印象深刻，并对问题的解决过程感到轻松、简单。对于稍难的问题，学生甚至长时间沉浸在问题中，对于问题和相关知识不感到排斥，愿意思考。这些学生对问题解决方法的发现往往是以“灵感”和“顿悟”的形式突然出现的，学生自己的感觉是“有了”、“突然通了”。即便问题稍难，问题解决后，问题解决方法在学生那里也是清晰和完整的，并感到愉悦和有成就感，这是获取程序性默会知识的表现。

表现三，没有获取相应策略性默会知识的学生，其对问题的思维判断只停留在表面意义上，难以对问题的本质原因进行追问。可以注意到，一些学生对问题的思考不是进行深入的分析，而是回忆和回顾老师讲过的相似例题，通过“比着葫芦画瓢”的方式解决。这样，他们对问题的解决便离开了独立的思维判断。在这种情况下，即便解决了问题，也谈不上理解，更谈不上举一反三。所以，题目稍变，或是一段时间后再次做这个题目，就会因为遗忘而难以解决。

与此形成对比的是，另一些学生对问题是深入理解的，总要多考虑一步“为什么”。这使得这些学生容易发现独到的问题解决方法。需要注意的是，学生发现的问题解决方法哪怕显得很笨拙，甚至被老师批评为“偏”和“怪”，但自己用得得心应手，甚至长时间后还会在相应的题目中自然而顺畅地应用。这与离开对问题的理解、通过模仿和套用来解决问题的情况是有明显不同的。在模仿和套用的情况下，很多老师讲授的“好”方法，学生感到“懂了”、“明白了”，甚至用它也解决了几道题目，但用起来往往不是很顺手，甚至时间稍长就会放弃不用。

凡问题都要多考虑一步“为什么”，这是一个深入思考问题的思维策略。拥有这个策略的学生在合适的时机会自动这样做，甚至自己也不会意识到自己是怎样做的，或是认为自己的做法是自然的。上述这些支配学生采用相应策略的知识都属于策略性默会知识。

陈述性默会知识、程序性默会知识和策略性默会知识是课堂教学中学生必须获取的三种默会知识。它们在不同的层面影响着学生的学习。关于对这三种默会知识具体内容的分析，后续章节中，我们会有更详尽的探讨。

2 知识教学的落脚点：陈述性默会知识

通过前面一章的分析，我们已经知道，作为默会知识的基本类型之一，陈述性默会知识直接决定了学生能否确认和选择学科知识，而确认和选择学科知识，又是学生思维能力、发现意识和创新精神培养的重要基础。大量的科学研究和教学实践证明，思维能力的培养不可能凭空产生，而是只能借助知识这一载体；同样，作为当前课程改革中学校教育的重要目标，发现意识和创新精神培养也必须借助具体的学科知识教学才能得以实现。因此，改进学科知识教学，促进学生高效获取陈述性默会知识，既是改革时代赋予学校教育的要求，也是学校课堂知识教学的落脚点。

陈述性默会知识的获取途径与环节

通过前文的分析，我们已经知道，在思维的整个过程中，默会知识都起着直接的影响和支配作用。作为默会知识的一种类型，陈述性默会知识直接与明确知识和情境相联系，它的作用是确认和选择明确知识或情境。离开陈述性默会知识，谈不上对明确知识或情境的确认和选择，也就谈不上对明确知识的组织和应用。所以，陈述性默会知识在思维的整个过程中起着先导和基础性作用。

陈述性默会知识获取的途径

关于默会知识获取的途径，人们提出了很多方法，比如，“学徒制传递”、“实践共同体”、“反复操练和训练”、“他人隐性知识外显化”，等等。虽然这些方法从不同的侧面反映了默会知识的获取规律。但是，它们都不免缺乏了与现实课堂教学的契合，其对陈述性默会知识的获取，也不够具有针对性。为了更好地指导教学，我们有必要讨论课堂教学环境中陈述性默会知识的获取规律。

学生的学习，首先是对各学科明确知识的掌握。对学科明确知识的掌握需要获取相关的默会知识，正如前文中分析的，这种默会知识属于陈述性默会知识。那么，获取陈述性默会知识的一般途径是怎样的呢？我们不妨从下面的理想实验开始分析。这一理想实验，是我为了说明陈述性默会知识的获取途径，结合学生的学习现状和心理学的图式理论构思而成的。实验虽然只是一种假设构想，但或许能为我们揭示课堂教学中学生获取陈述性默会知识的一般途径。

一位儿童因为生活在一个特殊的环境中，从来没有直接和间接地见过四足动物（有人可能认为这不可能，但实际上这是可能的，比如，光绪皇帝十几岁才见到羊）。一天，有人牵来一只狗，这是他第一次看见四足动物，很是新鲜。人们给他讲，狗有一张嘴、两只耳朵、两只眼睛、四条腿、一条尾巴。因为儿童对狗感到新鲜，听得也认真。关于狗的这些明确信息，使他形成了关于狗的一个整体概念。这些信息在他的大脑中，也被整合成了一个关于狗的概念的整体轮廓，心理学上叫图式。

在此基础上，我们不妨做如下两种假设。

假设一，人们把狗牵走，再抱来一只猫，让这位儿童观察很短时间。那么，这个儿童不需要付出多少努力，甚至在自己没有意识到的情况下，大脑会立即自动关注到猫有几张嘴、几只耳朵、几只眼睛、几条腿、几条尾巴。

假设二，如果当初介绍狗时，人们介绍的不只是狗有几张嘴、几只耳朵、几只眼睛、几条腿、几条尾巴，还讲了狗是看门的。那么这个儿童在观察猫时，大脑中自动考虑的问题中还会包含一项内容——猫是用来干什么的？

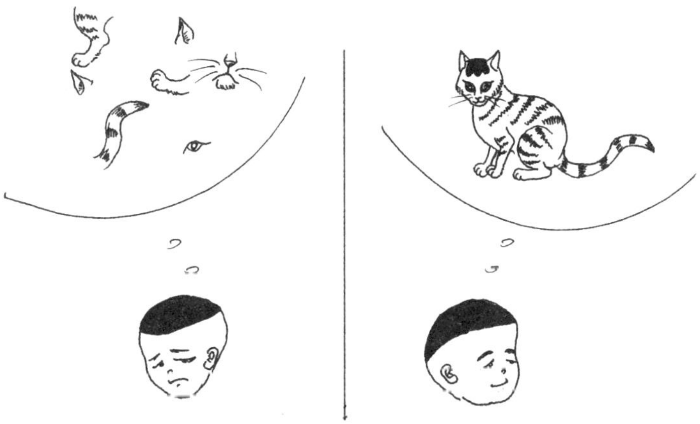

在两种假设情况下，这个儿童的用脑过程都是高效率的，是将相关的知识整合在了一块儿，构成了一个整体。结果是形成了关于狗的知识图式，并在这个图式的作用下，在猫的身上自动关注了这个图式所要求的信息，以填补这个图式。需要说明的是，儿童并没有明确意识到大脑中的这个图式，但是，这个图式在儿童后来的观察中却对儿童的思维判断起到了支配作用——一方面，儿童没有明确意识到获取了这个图式，这个图式在儿童这里属于“只可意会”的内容；另一方面，这个不明确的图式却在后面儿童对猫的观察中起到了支配作用。这一针对四足动物的支配性图式，属于我们所说的陈述性默会知识。

因为获取了陈述性默会知识，这个儿童对关于猫的信息把握得既快又准。

他不会在观察猫的时候，感到自己付出了多少努力。即不会因此感到任何的劳累。相反，他会感到这种关注是自然的，或是没有意识到自己努力关注了什么。这恰恰证明了波兰尼的观点——默会知识本质上是一种理解力、领悟力、判断力。所以，获取了默会知识意味着相关能力的提高。

基于上述理想实验，我们继续来假设——

假设三，假设这个儿童最初看狗时，对狗没有丝毫的兴趣，注意力根本不在这条狗身上，而人们硬拉着让他来看这只狗，给他讲狗有几张嘴、几只耳朵、几只眼睛、几条腿、几条尾巴。这个儿童在被动的情况下，根本不会将这些信息整合成一个关于狗的完整概念或整体轮廓，只会将其当成一个个孤立的、互不相关的单个信息，努力将其记忆。这就不能形成一个整体图式了。这时，如果要求孩子必须记忆并背诵出“狗有一张嘴、两只耳朵、两只眼睛、四条腿、一条尾巴”，也可能这个儿童经过努力记住了这段话，但是，这段话只是作为孤零零的记忆信息存在于儿童的大脑中，它们不会使儿童感到亲和，反而会使其感到不情愿甚至排斥。

这个时候，如果有人再抱来一只猫，由于关于狗的知识也不是以一个完整图式的状态存在于儿童大脑中的，儿童便不会激活原来不感到亲和的、关于狗的知识来帮助理解这只猫。即儿童不会去自动关注猫有几张嘴、几条尾巴等。与此形成对比的是，儿童有可能会去关注猫身上的花纹等其他一些信息，也不去关注简单的几张嘴、几条尾巴。

如果这时有人告诉他，他必须记下猫有几张嘴、几条尾巴等，那么，他就会像不得不完成一项艰难的任务一样，将简单的问题复杂化，将容易的问题困难化，努力地记忆猫有几张嘴、几条尾巴等，还怕记混了。这里，关于狗的知识的学习是不会对关于猫的知识的学习起到什么促进作用的。这就大大增加了学习新知识（即有关猫的知识）的困难。尽管这个儿童感到，自己在学习猫的知识时已经非常刻苦努力了，也感到劳累了，但是，学习效果却大不一样。

不难看出，对于假设三这种情况，儿童的思维加工过程是低效率的，它将知识看成一个个孤立的、互不联系的点，加工难度大，容易劳累，难以获取陈述性默会知识。

通过对比上述理想实验中的几种假设，我们不难看出获取陈述性默会知识的一般过程。在前两个假设中，有三点值得注意：第一，尽管有人引导，但总体上儿童是在自主关注各个单个信息的，儿童关注信息的状态是身临其境的；第二，儿童在关注信息的过程中，将这些单个信息自主整合为了一个整体；第三，儿童对整合后的整体有一个确认、判断和体验的过程，这使儿童获得了相应的图式。

这个过程，实际上与波兰尼谈及默会知识的获取过程时提到“寓居的隐喻”不谋而合。波兰尼从哲学的角度提出，为了把握某一对象（即获取默会知识），我们需要将有关的各种线索、细节、部分（本书统称为线索）整合为一个综合体加以认识。波兰尼将过程中对各种线索（几条腿，几条尾巴……）关注的意识称为辅助意识；将对对象（狗）的关注意识称为集中意识。并且说，“辅助意识、集中意识以及将这两项联结起来的认识者”，构成了默会认识的基本结构。波兰尼认为，对于对象的集中意识，必须依赖于与该对象有关的各种线索的辅助意识。波兰尼说：“我们已经看到，默会知识有三个中心，第一，辅助的诸细节；第二，集中目标；第三，将第一项和第二项联结起来的认识者。我们可以把这三者放在三角形的三个角上。或者，我们可以认为它们构成了一个三项组合，这个三项组合由某人即认识者所控制，他使得辅助物和他的注意中心相关联。”（关于波兰尼对默会知识获取过程的观点，限于篇幅，这里只利用其核心结论，其他就不再展开了）波兰尼的上述观点说明，对整体的关注不能离开对线索的辅助意识，即整体关注是对各线索整合后的整体关注，此时辅助意识不可缺少。

将相关线索关注到了，并整合为一个整体了，此时认识者（儿童）对线索以及整体的关注实际是一个默默领会的过程，简称“默会”。这个过程，意味着将认识者自己投注其上，设身处地，或者将自己变化为其中的一部分。这使得默会知识具有了针对个体的特异性。这一点，在我们的日常教学中也是显而易见的。观察不同学生应用同一定理、定律解决某个具体问题时的表现不难看出，同样是对该定理、定律正确理解了，但不同学生解决问题的方式方法却有所不同。这说明，学生对同一定理、定律的理解是不同的，是具有个性化差异的。

关于学习知识时将认识者自己投注其上获取默会知识的过程，波兰尼形象地称为“寓居 ”或“内化”。在波兰尼看来，“寓居”既是认识者的认识手段，也是他的存在方式①。波兰尼强调说：“所有的理解都是默会认识，所有的理解都是通过寓居实现的。”② 这足以说明，默会或是说寓居对知识学习的重要性。

按照波兰尼的理论，结合上述理想实验，我们可以这样描述陈述性默会知识的获取途径：自主关注相关线索、整合相关线索为一个整体，并对线索和整体默默领会。简而言之，即自主整合，情境默会。这一途径又包含了三个环节：一是对相关线索自主的思维加工；二是将相关线索自主整合成情境；三是对线索和情境的自主默会。

获取陈述性默会知识的三个环节

（一）自主加工

对相关线索的自主加工，是学生获取陈述性默会知识的第一个环节。

从观念上讲，作为教师，没有谁会反对学生对所学知识进行自主加工，但实际上，我们在教学操作过程中却难以落实这一点，甚至实际的教学行为与此观念截然相反。这明显地反映在学生的学习过程中。之所以会这样，是因为我们在教学实践中并没有很好地区分学生的自主加工和被动接受。那么，学生的自主加工与被动接受究竟有何不同？是什么阻碍了我们在教学实践中实现让学生自主加工？自主加工对于学生获取默会知识的价值又是什么？下面，我们不妨借助对学生学习过程的比喻和分析，以及相关的心理学实验，来尝试逐一解决上述这些问题。

1. 自主加工迥异于被动接受

教学实践中，教师经常为这样的现象所困惑：听课时，学生表示“懂了、明白了”，但课下就是不会独立、正确地解决题目。这是为什么呢？为了弄清楚这一点，我曾在课堂上借助如下的比喻向学生们提问：

老师在课堂上讲解知识和问题，就好像老师和你们大家都站在山头上，老

---

① 郁振华．人类知识的默会维度［M］．北京：北京大学出版社，2012：3.

② 郁振华．波兰尼的默会认识论［J］．自然辩证法研究，2001（8）：9.

师用手指示给你们看，到东边另外一个山头应该怎么走。从这儿下去，到那个大石头右拐，走到一棵大树再左拐，绕过水潭。直接上去就到了。你们顺老师手指的方向看过去，看到了大石头、大树、水潭、水潭上面的山头，感到自己应当能过去，感到自己“明白了、懂了、会了”。但是，如果让你们自己走一遍，你们能走过去吗？

听到这里，学生都一致回答：不一定！

为什么呢？仔细分析这一过程，我们会发现，学生感到“明白了”，是因为在高处看见了相关的大石头、大树、水潭和水潭上面的山头，这些在学习上是以明确知识的形式存在的。它们是明确的、是可意识的，是可以清晰表达的。而在具体的思维路径上，这些大石头、大树、水潭之间的具体联系，也就是包括明确知识之间的关系在内的诸多默会的内容，学生在高处是无法获取的。但恰恰这些才是学生在走到大石头、大树、水潭后决定下一步走向的关键。学生感到“明白了”的东西，恰恰是对可以意识的明确知识的感受，而支配大脑下一步思维判断的却不是这些明确知识。这就是课一听就懂、课下却不能独立、正确地解决题目的原因。若要进一步分析这种情况下学生的思维方式有什么问题，我们会发现，从学生的角度出发，由于其顺着老师手指的方向看到的实实在在的东西，如同在课堂上听到的老师讲解的明确知识一样，正确性不容怀疑，此时，学生只要搞清楚老师讲的东西是什么，便可直接接受。学生的思维主要关注的是老师讲的明确知识的客观内容，并且在知道了客观内容后就接受下来。

这一思维过程明显缺乏对明确知识的审视，也缺乏对明确知识间关系的判断。这种只关注明确知识的客观内容是什么，知道后就努力接受，不注重审视、批判与自主判断的思维方式，就是被动接受的思维方式。上述“课听懂了，就是不会做题”的现象，就是这一思维方式的表现。被动接受的思维方式，只是接受明确知识的内容，而真正支配学生解决问题的东西，却是默会知识。而后者则是需要学生通过自主加工、独立判断才能获得，在被动接受的学习过程中，它是不可能被获取的。所以，获取默会知识所需的自主加工，会使学生学会怎样思考问题，被动接受的思维方式只是使学生知道问题的内容。知道问题是什么和会思考问题，是完全不同的认知层次。这决就定了获取默会知识所需的自主加工，与被动接受的思维方式有本质的不同。

事实上，除了“课听懂了，就是不会做题”，在现实教学中，关于被动接受和自主加工在学习效果上的差别，还有很多的类似现象。例如，对于某一类型的题目，学生自己发现了某种问题解决方法，这种方法可能显得很笨拙，甚至被老师批评为“偏”和“怪”，但学生自己用得得心应手，甚至过了很长时间后，还能在解决相应题目时自然而顺畅地被运用；相反，这些学生对于老师讲授的解决同类题目的“更好”、“更正统”的方法，学生即便听“明白了”，也尝试用其快速地解决了问题，但总感觉用起来不是很顺手，甚至会很快将其放弃。若仔细分析，便可知道，前者是学生自己发现方法，当然属于自主加工的结果；后者显然是被动接受的。

自主加工和被动接受在学习效果上的差别，也为心理学实验所证实。美国心理学家请六七岁的儿童去完成某项记忆任务，结果发现，这些儿童在记忆成绩上发生了明显的分化。心理学家在研究这些儿童完成记忆任务中的表现后发现，成绩很好的这部分儿童是因为自己独立掌握了某记忆方法；另一部分儿童是因为没有掌握这个记忆方法。心理学家随后便教那些没有掌握这个记忆方法的儿童，帮助其掌握这个记忆方法，之后再让他们完成某项记忆任务，结果发现，被教会这个方法的儿童和自己独立掌握这个方法的儿童，记忆成绩基本是一样的。但是，一段时间以后，当不被要求必须使用这个记忆方法完成记忆任务时，那些被教会这个记忆方法的儿童还是放弃使用这个方法，记忆成绩陡然下降；自己独立发现这个记忆方法的儿童，则继续运用这一记忆方法，并保持了较好的记忆成绩。①

2. 外力约束限制了自主加工

现实的教学中，影响学生自主加工知识的因素很多。其中，不合理的外力约束是影响最大的。这些不合理的外力约束主要表现为以下三种：第一，教师要求学生必须怎样去学习以获得更高的分数，即将学生的问题加工方式限定起来，如果学生按照教师的要求来做，会得到教师的鼓励和表扬，反之，则会受到教师的抑制和批评；第二，教师要求学生为适应考试的时间要求必须在一定的时间内完成某项学习任务，这不合理地强化了学生的速度意识，继而影响了学生的自主加工；第三，教师要求学生必须提供按教师的要求学习的证明性材料，比如详细的笔记说明了学生的认真听讲。这些外力约束直接影响了学生对知识的自主加工，对学生的负面影响极大。因为，教师做出的种种外部要求，学生只能被动地迎合与满足，从而束缚了内在的自主加工。比如，为应付教师的检查，学生做题时会把更多的注意力放在能让教师看到的地方，至于完成这项任务的内在的思维判断过程，教师没有办法检查，在学生这里也就被弱化了。

关于这一点，我们通过回顾一则大家都比较熟知的趣闻，也许能看得更清楚些：

一位老人在一个小乡村里休养，但附近却住着一些十分顽皮的孩子，他们天天互相追逐打闹，喧哗的吵闹声使老人无法好好休息。在屡禁不止的情况下，老人想出了一个办法——他把孩子们都叫到一起，告诉他们谁吵的声音越大，谁将得到的奖励就越多，他每次都根据孩子们吵闹的情况给予不同的奖励。到孩子们已经习惯于获取奖励的时候，老人开始逐渐减少所给的奖励，最后无论孩子们怎么吵，老人一点奖励都不给。结果，孩子们认为受到的待遇越来越不公正，认为“不给钱了谁还给你叫”，他们就再也不到老人所住的房子附近大声吵闹了。②

老人为什么会达到目的呢？一开始，孩子们的吵闹是出于天性，充分自主，他们感到这样好玩、有意思。但是，当老人将他们的活动和获得外在奖励联系

① GALOTTI K M. 认知心理学［M］. 吴国宏，等，译. 3 版. 西安：陕西师范大学出版社，2005：335.

② 佚名. 家长必须知道的几个心理效应［EB/OL］.（2012-05-10）［2015-01-12］. http：//blog. sina. com. cn/s/blog_ 4a1631200102eccy. html.

在一起时，他们便有意识地展示自己的吵闹以获得奖励。这个时候，他们吵闹的目的，不是为了好玩，而是为了向老人展示。当老人不出现时，他们也就失去了展示的动力了，也就不吵了。这里要注意的是，儿童本来是为了获取愉悦才尽心地玩耍，动力来源于自身天性，而当这种行为需要被展示的时候，玩耍的最初动力就被削弱了。同样地，当学生的学习受到外在的强力约束时，学习过程中大脑思维应该有的内在动力也就被削弱了。比如，学生如果将完成老师布置的作业视为自己的任务，并且有被检查的外在压力，学生会将更多的注意力放在可被检查的外在形式上。这样一来，完成作业应该有的内在的心理过程，则往往是不能保证的，事实上，这样甚至会扭曲本应该有的高效率思维。

现实教学中，无论为获取高分而限定学生的问题加工方式，为满足考试的时间要求而限定完成某项学习任务的时间，还是要求学生必须提供按教师的要求学习的证明性材料，都极大限制和扭曲了学生的自主加工。特别在“严师出高徒”的普遍信条支配下，整个社会都非常相信老师对学生“管教”的作用。如果老师对哪个学生“不管”了，在家长和学生这里，那将是“灭顶之灾”。殊不知，这种“管教”很多时候对学生的自主加工只起着限制和扭曲的作用。在“严师”的“管教”下，学生会表现得特别听话，学生的作业会完成得非常“好”，这些现象使得“严师出高徒”的信条得到了强化。同时，这也使得人们对外力约束所造成的严重后果视而不见，难以认识到自主加工对学习的宝贵价值。

3. 心理学实验对自主加工价值的具体说明

既然外力约束限制了自主加工，相应的，要想自主加工知识，就必然要减小外力约束。对此，很多老师或许马上会追问，减小外力约束后会不会影响学生的考试分数？实际上，分数并不能准确体现自主加工的价值，也不能完全说明外力约束造成的不良教学效果。但是，借助心理学实验，通过展示外力约束对思维的负面影响，我们是可以清楚地看到自主加工的价值的——

雷伯（Reber）在主持关于内隐学习①的研究时做了一个实验。他让一部分被试（我们可以称之为甲类）首先学习有一定构成规则的字母串，另一部分（相应的称之为乙类）首先学习随机抽取的字母串，这些字母串没有任何规律可言。学习后，让他们都去记忆另外的字母串，类似于 TPPTXVS、TTXXVS、VXXXVS、VXXVPS 等。其中一部分被试（既有甲类也有乙类）被告知，这些字母串并非随机抽取，而是按照一种构成规则生成的；另一部分被试（既有甲类也有乙类）没有被告知这些字母串是否是有规律的。实验的结果是甲类所犯的错误，与乙类相比较少。这说明甲类学习前面有一定构成规则的字母串时，获得了一定的对字母串记忆加工的方法。这符合人们的预期。出人意料的是第二点，那些被告知字母串包含了某种构成规则的被试，比没有被告知的被试，记忆成绩反而较差。②

怎样解释第二点呢？因为当被告知所要记忆的字母串中有规律时，大脑不是自由地分析所发现的信息，而是将更多的精力投向寻找所谓的规律，他们的大脑受到干涉了，思维不再是自主的了，影响了记忆成绩；而没有被告知这一点的人，其大脑没有受到干涉，其思维是相对自主的，可以根据自己对信息的分析做出自己的价值判断，记忆成绩反而相对更好。

与此相似的还有原西南师范大学（现改名为“西南大学”）的张庆林教授

---

① 内隐学习是认知心理学的一个概念，指在不知不觉中获得某种知识，掌握某种规则。这种学习效果可以通过某种测试表现出来，但是在意识层面却无法觉知这种知识和规则。

② 改编自：GALOTTI K M. 认知心理学［M］. 吴国宏，等，译. 3 版. 西安：陕西师范大学出版社，2005：179-180.

做的实验。张教授通过研究“九点四划问题”① 研究顿悟现象。因为问题稍难，他让被试在解决问题之前先研究有助于问题解决的提示图样。其中，一些被试被告知这些图样对于解决接下来的问题有帮助，另一些被试没有被告知这些图样对于解决接下来的问题有帮助。实验得出的数据如下：被告知提示图样对于解决接下来的问题有帮助的被试平均尝试 3.69 次才可以解决问题；而没有被告知提示图样对于解决接下来的问题有帮助的被试只平均尝试了 2.81 次就解决了问题。② 这两个实验都说明，外力约束，即便是微弱的外力约束，都有可能会对学生思维产生负面影响，同样，这也反映出学生学习过程中自主加工所具有的重要价值。

（二）整合线索

经过了前面对自主加工环节的分析，对于之前提到的有关陈述性默会知识获取途径的理想实验，或许会有人说，之所以各种假设中儿童的学习效果不同，是因为前两种假设中，儿童主动思考关于狗的知识，这决定了他也会主动思考关于猫的知识；第三种假设中儿童被动思考关于狗的知识，因而决定了他也只能被动地思考关于猫的知识。这种判断是有道理的，但是，在获取陈述性默会知识的过程中，自主加工并不是最核心的环节。就上述理想实验而言，最核心的是在前两种假设中，儿童将相关信息整合为了一个整体，这是可以整体加工和获取相关图式的重要前提。第三种假设中，儿童将相关信息视为互不联系的、孤零零的单个信息，没有将它们整合在一起。而只要没有将这些单个信息整合到一起，以后无论采用怎样主动的思维加工都不可能使他们获取相关图式，学习效果也就只会大打折扣了。

关于整合的重要性，郁振华教授说，“在默会认识中，我们不仅要依赖于来自对象的信息……依赖于作为背景知识的各种以往的经验和理论，只有整合了各方面的辅助意识，才能对研究对象达成集中的认识”③。如同波兰尼讲到的，

① 见张庆林等人主编的《思维心理学》一书，西南师范大学出版社 2007 年出版。

② 张庆林．顿悟与源事件中启发信息的激活［J］．心理科学，2005（1）：7.

③ 郁振华．波兰尼的默会认识论［J］．自然辩证法研究，2001（8）：7.

这里的辅助意识指各个线索。这说明，对线索的整合是获取陈述性默会知识过程中必不可少的重要环节。

1. 整合不是堆砌，它需要“理由”

郁振华教授说：“默会认知本质上是一种整合活动，默会能力本质上是一种整合能力。”① 从这里，我们可以看出，整合是一种能力。整合不是堆砌。对此，郁教授接着举例说，“在局部解剖学中，把握一系列的骨骼、动脉、神经、内脏等不算太困难，困难的是要把握它们相互的空间关系。要完成对诸细节的整合，需要‘想象力’、‘理解力’、‘洞察力’等。在此，这些能力及其运用是不可言语的”②。这给予我们的启示是，将线索整合到一块儿，是需要“理由”的。我们的“想象力”、“理解力”、“洞察力”实际是对理由选择和运用的能力。一般而言，我们在认识“事物”或是在问题的各线索之间总是能发现相应联系的，也即在整合线索时是可以找到“理由”的。对此，不妨看看下面这个案例——

有一个耍猴的艺人，他农忙时种地，农闲时赶集耍猴。一天他赶着驴车去集市上耍猴，回来路上顺便买了一个小猪崽。此时他的驴车上有酥棒（耍猴时给猴子吃的一种将玉米面膨化后的棒状食品）、猴子、猪崽、铁锹（当时乡间都是土路，车拉不过去时填土用）。这本是平常的一幕，但是换一个角度看就不一样了。比如，将这四样看成孙悟空扛着金箍棒（酥棒），猪八戒扛着九尺钉耙（铁锹）。如果再将拉车的驴看成白龙马，将耍猴人看成唐僧。这不就是玄奘西天取经的场景吗？

这里，我们用唐僧西天取经的“理由”整合了耍猴人回来时的场景（其中包含多个线索），值得注意的是，这种整合不是对相关线索的简单堆砌，而是在运用了想象、理解、洞察等多种能力之后做出的。当然，我们也可以运用其他“理由”来整合这个场景，这里就不再列举了。整合线索的“理由”是因人而异的。不仅“理由”因人而异，而且“理由”一般也是不需要明确出来的。这是因为很多“理由”是处于默会状态的。那么，怎么判断“理由”的合理性呢？以我们平时的经验，如果自己的“理由”是“合理”的，即便不明确这个“理

---

① 郁振华. 人类知识的默会维度［M］. 北京：北京大学出版社，2012：5.

② 同①，第65页。

由”是什么，自己会感到挺“舒服”、“合适”、“就这样”；如果整合得不“合理”时，尽管没有意识到不合理在什么地方，但自己总感到挺“别扭”、“不合适”、“不到位”。所以，整合线索的“理由”是否合理，可以根据自己的感受来判断。正是因为这个特点，我们说，整合的“理由”能反映一个人的认知特点，也能发展一个人的认知特点。这使得不同人的陈述性默会知识具有个性化的差异。

2. 要强化整合意识

现实教学中，学生缺乏整合线索的意识是普遍存在的。很多学生在学习时，总是孤立地加工线索，而不是整合线索、整体加工。这使学生将相关的线索割裂开来，不能发现线索间的联系。教学实践告诉我们，在学困生中，这种现象更严重、更普遍。

现实教学中，学困生缺乏整合意识有很多表现。和这类学生交流，会发现其中相当一部分学生存在这样的现象：一种是学生在上课时，眼睛看着黑板上老师的板书，就知道老师讲的内容是什么，眼睛离开黑板上的板书，就马上忘掉了老师所讲的内容。这说明，学生听课时只是关注单个的线索，尽管学生感到“明白了”，但是这只是对单个线索的感受，没有关注线索之间的联系，即缺乏整合意识。这样，当眼睛离开黑板后，回忆缺乏联系的“孤零零”的线索就会很困难。另一种是学生在做题时，看到一个条件，就写下相应解题步骤，即看一步写一步，名之曰“摸着石头过河”。这实际上是没有将这些线索整合在一块，不能形成对题目所设整体情境的反映。这样一来，学生即便最后做出了题目，即便结果是正确的，如果此时要他们不看题目，不要说讲出这一道题目和过去题目的区别与联系在什么地方，就连这道题目本身的内容学生都难以完整讲出。出现这种现象的原因，也仍然是题目中的各个线索在学生大脑中是孤立的、未被整合的，学生因而难以回忆起缺乏联系的孤立线索的内容。

学困生缺乏将线索整合的意识，这一点在其试卷上也有具体表现。以物理试卷为例，如果试卷中出现了难度并不大，但是情境稍复杂的物理题目，就会发现一些学生密密麻麻写了很多，甚至写满了，但是得分很少。询问他做这道题目用了多长时间，他会说，在这个题目上耽误了很长时间，没有时间做后面的题目了。这里，值得注意的有三点：一是学生写了很多；二是学生在这道题目上耽误了很长时间；三是学生在这道题目上得分很少。这三点说明了什么呢？我们不难推断，这三点说明，这些学困生多数都是有点思路就一头扎了进去，无方向、无头绪地乱扎、乱做一阵后，发现自己还是不能解决问题，而宝贵的考试时间也就慢慢被消耗、浪费掉了。究其背后的原因，也依然是因为这类学生在解答试题的过程中，缺乏将题目所给线索整合在一起的意识。

（三）默会

1. 什么是默会？

关于默会知识的获取，我们前面曾经引述过波兰尼的分析："我们已经看到，默会知识有三个中心：第一，辅助的诸细节；第二，集中目标；第三，将第一项和第二项联结起来的认识者。我们可以把这三者放在三角形的三个角上。或者，我们可以认为它们构成了一个三项组合，这个三项组合由某人即认识者所控制，他使得辅助物和他的注意中心相关联。"① 一句话，认识者把诸细节、线索作为辅助物整合进集中对象，在辅助意识和集中意识之间建立起"from-to"的动态关系，这就是波兰尼所讲的默会认识的基本结构②。那么，怎样理解在"辅助意识和集中意识之间建立起'from-to'的动态关系"呢？

这句话强调了认识者在各线索和"整体"之间的能动作用，这个作用就是默会作用。波兰尼说："在默会认识中，我们不仅要依赖于来自对象的信息，还要依赖于我们的身体的诸项机能，依赖于作为背景知识的各种以往的经验和理论，只有整合了各方面的辅助意识，才能对研究对象达成集中的认识。"③这是说，默会需要认识者将自己（包括自己的已知经验和知识）参与到默会的过程之中。波兰尼认为，这同时也是我们参与、介入世界的过程。所有的理解都建立在我们寓居于我们所把握对象的诸细节的基础上。心灵寓居于身体之中，我们的身体对认识外部对象具有工具作用，但同时我们又通过身体的感知和行动意识到自己的存在，意识到自己是一个主动的认知者。

为了简单说明波兰尼有关默会的思想，可以这样理解默会过程：不仅将自己（包括自己的整个身体，各个感官，已知的相关知识，文化背景）整合为知

①②③ 郁振华．波兰尼的默会认识论［J］．自然辩证法研究，2001（8）：8.

识情境的一部分，还要使自己的心灵游走在各个构成要素之中和跳出整体情境之外，从而获取对这种特定问题或任务情境的一种直觉综合和把握。最终便获得了默会知识。从这里可以看出，默会知识不可避免地带有亲和、排斥等情绪和情感因素，不可避免地与个人的喜好、需要、知识背景、文化环境有关。总之，默会知识的获得，前提必须是将认识者置于与认识对象有关的具体情境中，包括对象本身的具体细节以及对象所存在于其中的文化实践情境，同时要使认识者自己的存在与对象的情境融为一体。默会认识就发生于这个过程中，而这个过程正是默会过程。

2. *如何在学习过程中达到默会？*

结合学生的学习实际，我们认为，默会过程需要做好以下几方面工作。

（1）默会依赖知识情境的构建。默会是在知识情境中的默会，它依赖知识情境的构建。关于这一点，也可以借助学生的学习过程来理解。学生学习的任何明确知识，包括数据、概念、名词、规律等，离开它所描述的情境，都是干巴巴抽象的东西，单调而枯燥。但是，如果将这些放回到它们所描述的问题情境中，这些知识又都是鲜活的、意义丰富的，并且是和其他知识联系密切的。可见，要想在学习过程中达到默会，或者说，要想获取陈述性默会知识，构建情境是必不可少的。

在和老师同行们的交流中发现，提到知识情境的构建，一些老师常常会想到化学、物理学科，认为这些学科中的实验就是帮助学生理解知识的情境，但事实上，学生可以构建的知识情境的内容，远不止动手操作的实验，任何与知识相关的，属于学生自身的经历、经验、表象、感受等，都可以在学生学习新知识时被构建到情境中来，甚至要将自己也构建于情境之中，也即“设身处地”地构建情境。因为这样构建的知识情境才可以引导学生在知识所描述的情境中考虑问题和体验问题。如果仔细观察学生的学习过程，我们会发现，多数学生已经将构建知识情境作为他们的一个学习策略了。这表现为他们不需要有意识地努力就会自动运用这一策略（尽管他们一般并没有意识到这个策略）来学习新知识。但是，需要注意的是，即便对于这些已经获取构建知识情境策略的学生，其对这一策略的运用实际并不充分，常常处于浅层次。和学生交流发现，这类学生之所以对策略运用得不充分，原因有两个。一是尽管学生获取了这一策略，但因不能自觉意识到其存在，从而缺乏对这一策略本身及其作用的完整认识，以致其对情境的构建不过是蜻蜓点水、浅尝辄止。这种情况下，学生对该策略的无意识运用，所能达到的效果只是强化了一下对知识的印象而已，虽然这样做相对有助于学生学习新知识，但显然并没有达到这一策略的应有效果，学生学习新知识的效率自然也是低下的。二是在课堂教学中，学生事实上并没有充分运用这个策略的时间。在一些教师主导的课堂中，学生常常只能跟着教师的思路往前赶，如果在一个教学环节使用这一策略、花费一定时间，就不能跟着教师快速进入到下一个环节。

针对上述现象，对于拥有这一策略的学生，教师需要做两方面的工作，一是通过案例让学生认识到构建知识情境的重要性，使学生能主动、充分地运用这一策略。要让学生了解到，掌握这一策略，将会决定其对知识把握的层次，这一策略的掌握程度没有最好，只有更好。二是授课过程中，特别是在讲授新知识的过程中，尽量留出让学生构建知识情境的时间，并有意识地引导学生这样做。即便课上没有时间进行相应的练习，课下也要鼓励学生尝试这样做。

同样值得注意的是，课堂上还有一些学生并没有获取这个策略，他们不知道也不会自动运用这一策略来学习新知识。例如，教师在讲授某难度不大的新知识时，这类学生似乎也在认真听讲，并且知道老师讲的内容是什么。但是，其表情漠然，不会随教师所讲授内容的变化而变化。此时，教师若提问记忆性内容，这类学生一般都能回答，但若提一些情境稍加变通的同类问题时，这些学生则难以回答。

对于这类没有获取构建知识情境的策略的学生，教师要通过案例来引导学生了解这一策略的价值，进而帮助其获取这一策略。为什么要通过案例呢？道理是一样的，因为构建知识情境这一策略本身也是一种抽象的知识，只是告诉学生这一抽象的知识是什么，学生是难以领会到的，学生难以构建起理解这一策略的情境。通过案例引导学生获取这一策略，这本身就是帮助学生构建了一个情境，学生可以利用这个情境理解这一策略，这本身就是对构建知识情境策略的应用。

此外，对于还没有拥有这一策略的学生，教师还可以引导学生将知识放回到知识描述的情境中去主动考虑，或是引导学生主动去发现知识的背景。这也是一个构建知识情境的实用方法。关于这一点，可以以我自己生活中的一则真实的案例来说明——

2005 年，我带孩子去济南动物园。其中，大象园里有两头大象，一头是亚洲象，一头是非洲象。两头大象从外形上看有不少细微的差别。我便问孩子，两头大象哪里不一样？孩子说，一头大象在往身上撒土，而另一头没有往身上撒土。我又问，撒土的是哪头大象？孩子看了看标识牌，说是亚洲象。我便继续追问，为什么亚洲象往自己身上撒土，而非洲象不这样做呢？

孩子沉默不语，我便向她解释说，撒土是因为亚洲象怕太阳晒，非洲象不往自己身上撒土，说明不怕太阳晒。（此时，孩子注意到了两头大象正处于烈日下）

我又说，那么，为什么亚洲象怕晒，而非洲象不怕晒呢？因为，亚洲象终生生活在南亚热带茂密的森林中，接受太阳的照射少；而非洲象终生生活在非洲沙漠和大草原上，暴露在日光中。现在它们来到同一个地方，阳光直射，当然亚洲象不太适应，要撒一些土来遮蔽阳光了。

孩子感到“明白了”。（此时，可以预见，孩子开始通过考虑大象的生活环境来思考问题了）

接着，我又继续问她，两头大象还有什么区别？孩子说，非洲象耳朵大！我问，为什么非洲象耳朵大？孩子答不出来。

我试探着说：大象的耳朵像扇子，是用来乘凉的，非洲象暴露在炽热的阳光中，需要更大的“扇子”，而亚洲象在森林的阴凉处，就不需要那么大的“扇子”了，所以非洲象耳朵大，而亚洲象耳朵小。从孩子的表情看，她理解了。（孩子在我的引导下，继续通过考虑大象的生活环境来思考问题）

我又问，非洲象没有房子，暴露在外，接受风吹雨打日晒，而亚洲象却躲在森林的阴凉处，谁的皮肤会更粗糙？孩子说，非洲象！我又问，两头大象的尾巴有区别吗？孩子说，亚洲象尾巴大！

我问，为什么呢？她说，是不是因为亚洲象生活在森林里，蚊子和其他飞虫多，大象需要用尾巴驱赶，所以尾巴大？（当时正是夏天最热的时候，孩子对蚊子叮咬的印象深刻，她的回答说明，孩子已经是自动地将问题放在情境中考虑了，不仅如此，孩子在建构知识情境的过程中，已经将自己投入其中了）

此后，我们又发现了两头大象的其他区别，如非洲象的眉骨高而亚洲象的眉骨低，非洲象的眼窝深，而亚洲象的眼窝没有这么深。我又接着引导孩子说，非洲象生活在非洲大草原上，阳光直射，需要保护眼睛；而亚洲象生活在森林里，没有阳光直射，所以眉骨没有那么高，眼窝也没有那么深。①

这里，引导孩子从大象的生活环境中考虑问题，实际是在培养孩子利用自己的相关知识和经验主动构建知识情境，并将自己投入其中主动默会。需要说明的是，知识情境的构建要尽可能完备，要调动尽可能多的相关知识和经验。针对当前学生课业负担重、学习紧张的教学现状，还需要强调的是，平和的心境是必需的，足够的默会时间也是不可缺少的。在这种情况下，知识情境一旦构建起来，就会使孩子对相关知识保持长久的记忆。多年之后我再一次问起孩子这回事，她还清楚地记得两头大象在外观上的区别，可见，这样引导的效果很好。

（2）默会需要用心（包括用心评价和体验）。按照波兰尼的理论，默会需要认识者将自己的“心灵”作为知识情境的一部分，并且使心灵游走在各个构成要素之中和跳出知识情境之外，从而获取“对这种特定问题或任务情境的一种直觉综合或把握”。尽管这种要求符合多数人的切身体会，但对于学生来说，却是难以实际操作的。这就需要一个切入点。我个人的经验是，引导学生评价和体验知识是一个可行的切入方法。评价和体验的过程是调动学生情绪体验的过程，也是促使学生“设身处地”于情境中的过程。因为在这个过程中，学生要做出或喜欢或不喜欢，亲和或排斥，知识或有用或无用的价值判断。这正是调动学生的默会能力、将自身“寓居”于问题中进行默会的过程。下面一个实验说明了这种评价的效果。

美国研究人员曾经做过一个实验：给一群大学生每人两百张陌生男女的单身照片，在限定的时间内（比如两分钟）让他们看完，事先告诉他们看完后要进行测验，但不告知具体的测验内容。而后进行测验，即让这些大学生看电脑屏幕，屏幕上出现陌生男女青年的单身照片，让他们判断是否之前看到过这些

① 需要说明的是，我对大象没有专门研究，只能从当时观察到的两头大象的个体差别来讨论，至于是否具有共性，当时没有考虑。

照片，将看到过的照片记录下来。结果大学生们的成绩普遍不太理想。

之后，研究人员进行了第二次实验，这一次他们让这些大学生看另外一组陌生男女照片，同时增加一个要求：看照片时，要将照片分成漂亮、一般、不漂亮（或帅气、一般、不帅气）三种类型，并要求分得尽量准确。结果，在相同的时间内，这些大学生辨认电脑屏幕上的照片的成绩大大提高了！

根据波兰尼的观点，在后一次实验中，大学生对照片中男女青年相貌的判断主要依据默会认识。男女大学生评价陌生男女青年的照片是否漂亮，这是对他们情绪体验的调动；在调动了相应的情绪体验后，他们才可以将照片按要求区分开来。这个实验说明了评价在调动情绪体验方面的作用，当然也说明了评价在获取陈述性默会知识方面的作用。

在教学的过程中，不论哪一学科，有意识引导学生对知识评价一下、感受一下，让学生评价一下这个知识的重要性，或是有意识地将知识进行简单区分，分为有意思的、没有意思的，喜欢的、不喜欢的。这都是调动学生情绪体验、帮助其获取陈述性默会知识的好方法。特别是对于那些距离学生的经验相对比较远的新知识，评价知识更是学生进行默会的切入点。

学生在每一学科上，都会学习大量新知识。抓住学习新知识的机会，引导学生构建尽可能精准的知识情境，引导学生评价、体验，这也是使学生质疑问题和知识、提出自己观点的好方法。一旦将新知识切入情境之中，认识者就可以使“自己的存在与对象的境脉融为一体”，就可以达到更高层次的默会了。这个过程是用心体验、评判以建立线索之间以及线索与知识情境之间默会联系的过程，用通俗的话说是“找感觉”的过程。

多年的教学实践使我明显感受到，引导学生评价体验过的知识，学生普遍不会感到排斥，而是感到亲切和贴切。这与学习缺乏陈述性默会知识支撑的明确知识时的感受，即“像隔着玻璃看东西，不贴切、有距离感”形成了鲜明的对比。

（3）默会需要确认线索和情境。评价、体验各线索和情境后，会形成“对这种特定问题或任务情境的一种直觉综合或把握”。这说明学习者已经初步获取了默会知识。但到这一步，我们绝不能说获取默会知识的任务就完成了，事实上，这时获取的默会知识还是比较单调和脆弱的。比如，我们面对一个烦琐的问题时，越是理不出头绪，就会越感到烦琐。感到烦琐是因为与问题相关的各个信息杂乱地在大脑中占据着位置。当我们考虑了方方面面的信息后，从中或许会理出一个头绪（即主要的信息），这个头绪对其他信息起到了引领作用，这时我们往往会感到问题变得稍清晰了。感到问题变得稍清晰了，是因为大脑中凸显的是这个头绪，其他信息在这个头绪的引领下处于相对隐没的状态。到这个时候，我们还不能说对这个烦琐的问题就把握住了，还需要将问题重新审视一下，将这个头绪和其引领的各个线索再确认一下。确信无疑后，我们才感到自己把握住了这个问题。获取默会知识也是同样的道理，尽管获取“直觉综合或把握”后，各个线索处于隐没状态，实现了波兰尼所说的“显性知识及其辩护理由的自然遗忘”，但即便到这个时候，默会知识也还是单调和脆弱的，需要通过重新确认线索、细节以及知识情境来巩固。对此，我们可以做一个比喻，确认过程就好比是在装满货物的马车上系上缆绳，只有喝醉酒的马车夫才会忘了这一环。

之所以强调确认的重要性，是因为在现实的教学中，很多学生对知识缺乏确认意识，表现为只要暂时理解了知识就放过去；教师在这一环上也普遍缺乏相关引导。比如，现实教学中，听老师讲解完新知识后，学生一般对知识都会感到“明白了”。此后，为使学生掌握新知识，老师一般都要立即给学生讲解典型的例题。但这种做法其实就漠视了学生确认新知识的环节，因为这样做并没有给学生留出足够的确认时间。而老师们之所以习惯这样做，是因为在他们看来，新知识的内容刚刚讲完，学生印象深刻，因此要趁热打铁，立即讲解典型的例题。有的老师甚至还认为，此时布置一些练习题目，可以马上检测出学生对知识和方法的掌握程度。到了学生这里，同样也是这样，绝大多数学生课下一般都不会有意识地对课上知识和方法进行回顾和确认，而是立即做老师布置的题目。理由同样是听完课应当趁热打铁，这样容易做出题目；如果不立即做题，就很可能做不出题目——这里又缺失了对课上知识和方法的确认环节！

应该明确的是，教师向学生传授的明确的知识和方法，都是学生解决问题时用以思维判断的工具。学生对它们的自由选择和灵活应用是以这些知识在大脑中的牢固存在为前提的。即学生必须在获取相关陈述性默会知识的前提下，才能实现对这些知识和方法的自由选择和灵活应用。而获取陈述性默会知识需要对知识进行确认。所以，实际上，在获取陈述性默会知识方面，趁热打铁的想法是错误的。

我注意到，尽管现实的课堂教学在引导学生确认知识方面缺乏指导。但是，教师自己在确认知识方面做得普遍是很好的。比如，教学过程中，教师也经常遇到比较难的、自己一时也难以解决的问题。当听到了其他老师介绍的有效的解决方法，并感到“明白了”这个方法后，没有教师会直接运用这个方法解决问题，而是都要回头经过自己独立辨析和确认，才敢踏实地接受并运用这个方法。他们绝不会只是根据其他老师的讲解，就直接效法。关于这一点，我观察过很多老师，大多数都是这样。需要说明的是，尽管教师自己是这样做的，但是他们中的大多数并没有意识到自己的这种做法。当这种做法被他人指出后，他们又普遍感到“这很简单”、“没什么可说的”。为什么呢？因为这种做法对多数人而言都属于不自觉选择的行为，属于后面要讲到的策略性默会知识，处于默会状态。因为处于默会状态，教师自己没有意识到，也就难以对学生的学习进行相应的指导了。

那么，怎样指导学生确认线索和知识情境呢？关于这一点，我们可以从上述教师对新知识和方法的确认中得到启发。当教师获得他人指导的有关困难问题的解决方法后，他会根据自己的理解确认这种方法和这个问题内在的相关性，以便日后再次遇到类似问题的时候可以运用这个方法。需要注意的是，即便对同一问题，不同教师确认的方法和问题内在的相关性是不一样的，每个教师都是根据自己的理解确定这个相关性的。

相应的，怎样指导学生确认呢？在我看来，一是给学生学习指导，以使学生了解对知识和方法的确认是需要的、重要的，是不可缺少的；二是给学生创造确认的条件，比如讲授新知识和新问题后，留出确认时间。

到这里，还有一个问题，任何一种知识，在确认的时候，都可以从多个角度和方面展开，甚至这些角度和方面不能明确列举出来。那么，指导学生确认知识时，应当要求他们确认知识的哪一个方面呢？确认哪一个方面更有利于学生对知识的掌握呢？关于这一点是很难讲的。实际上，不同学生所确认的知识是不一样的，而且他们一般也不关注自己确认的知识属于哪些方面，一般也不去关注除了自己确认的知识外还有哪些其他方面的知识。那么，怎样指导学生确认知识呢？波兰尼认为，默会认识是认识者自身积极主动发挥默会能力的过程。所以，我建议，教师不妨让学生发挥自己的认知个性，根据自己构建的情境，在他自己认识到的那些方面和认为重要的那些方面去确认。即不管怎样，重要的是先进行确认。只要在确认后学生感到印象深刻了，就达到确认的目的了。下面是一个有关确认的案例，大家不妨参考。

小A是我们学校一位生物老师的女儿。三岁时被送入幼儿园。她所在的幼儿园里，小朋友们都习惯从家带一点儿水果在幼儿园里吃。一次，小A带的是黄瓜，其他小朋友则都带来了苹果、香蕉、橘子等水果。老师为了便于管理，便要求说，以后大家不要带水果了，我会给大家发水果。

小A马上说，我带的是黄瓜，不是水果是蔬菜。

老师对孩子快速的反应感到惊讶，只好又说，以后大家不要带水果，也不要带蔬菜。

小A紧接着又问，那我下次带葡萄干可以吗？

案例中的小A才三岁，很天真，自然不存在故意和老师捣乱、难为老师的意思。既然如此，为什么她对老师的这个问题反应得那么快呢？是因为她天资聪颖吗？如果只是认为她天生聪明，似乎掩盖了问题的本质。这里不妨稍作分析，从孩子的步步应答来看，孩子针对相关情境的大脑活动，不是围绕对问题的探讨，也没有坚持某一个主题（如果认为她此时有主题，那只能认定她在有意识地难为老师），而是由一个综合一点的概念联系到一个单一的概念。即由水果联系到黄瓜不是水果，由蔬菜联系到葡萄干不属于蔬菜。她的反应是在不同类别或是不同属性的概念之间的直接反应。所以，探讨她反应之所以迅速的原因，应该从这些概念（包括综合概念和单一概念）在她大脑中的储备方式上找原因。探讨她大脑中概念的储备方式，要从她学习这些概念时对这些概念的加工方式上找原因。对于三岁的孩子，我们有理由做出这样的判断：小A加工这四个概念（即黄瓜、水果、蔬菜、葡萄干）时，是在自觉不自觉中将这四个概念按自己的理解，和过去自己掌握的相关的概念进行比较和分类，从比较和分类的角度确认这四个概念。这使得她掌握的这四个概念在她的知识储备中，是以清晰分类的形式存在的。这就可以解释，即便对于三岁的孩子，对这四个不同概念的反应也能够迅速、快捷和准确。同样，如果没有这样的清晰分类，即便对于成年人，对概念的反应也不会这样迅速、快捷和准确。这里，我们可以将这种确认方式称作知识的归类策略。

三岁孩子对水果、蔬菜这些概念的确认，可能上升不到她妈妈的生物学的高度，也不能从价格、产地、季节、生产方式、营养含量等角度来确认，但是，可以肯定的是，孩子只从自己有限知识的角度进行确认就达到了这样的反应速度。三岁孩子学习新知识时对这个策略的运用，或许只是一瞬间，但是这一瞬间的大脑加工，却达到了很好的学习效果。甚至孩子还没有意识到这个策略，这个策略就成为孩子熟练的学习技巧了。

上述案例着实启发了我们，或许我们难以把握学生在学习新知识后应该对新知识的哪些方面进行确认，但只要鼓励学生根据自己的理解，在自己构建的情境中确认了新知识，哪怕用时很短，效果也是很好的。学生对这个策略的运用，一旦体会到好处（用通俗的话讲，即一旦“尝到甜头”），就会多次运用。此后，对这个策略的运用就会成为自动的、不受意识控制的习惯性行为。

（4）默会需要必要的重复学习。学生学习的明确知识，是学生思维和判断的工具。要获得对这些知识自由选择和灵活应用的能力，获取相应的陈述性默会知识是必要的。但是学生掌握的陈述性默会知识也有牢固和脆弱之分、精准和粗放之分、丰富和单调之分。很难想象学生对陈述性默会知识的获取是一次到位的。很多研究者在谈到默会知识的获取过程时都强调，要进行必要的重复学习。特别是对于生疏和难以理解的问题，更需要一定的重复学习，在重复学习的过程中逐步丰富默会知识，理解问题。波兰尼也说，默会知识的获取要在辅助意识和集中意识之间建立起“from-to”的动态关系。这里的动态关系也强调了在诸线索和整体情境之间多次重复学习的必要性。

“重学节省”现象明确说明了重复学习的必要性。“重学节省”是德国心理学家艾宾浩斯在1885年发现的。这一现象是指比起先前的学习，后继学习在达到相同的学习程度上可以用更少的时间或次数，也就是说，达到相同学习程度的后继学习更节省时间。比如，人们虽然觉得对某些学过的内容已经回忆不起来了，或是当时就没有掌握，但是会发现，对这些内容的重新学习往往比开始时学习要快。这说明个体对先前的学习拥有某种程度的记忆[①]，也说明获取陈述性默会知识需要一定的重复学习。

---

① 王新．默会知识的结构及获得［J］．许昌学院学报，2009（6）：154.

关于重复学习的作用，神经心理学的研究也给出了证明：

当一个给定的信息，或者思想，或者重新激活的记忆在脑细胞之间传递时，就建立了一个生化电磁通道。这些神经细胞通道就叫“记忆痕迹”。

当每次产生一个想法，带有这个想法的神经通道中的生化电磁阻力就会减少。这就像在丛林之中清出一条小路来一样……第一次要费些劲，因为你必须清除掉一路的杂草缠藤。第二次就容易多了……你从这里经过的次数越多，存在的阻力就越小，直到重复很多次以后，这条小路变得又宽又平。

你能走过的通道越多，思路就会更清晰、更快、更有效率。人类的智慧的边界，在许多方面都可以与大脑摸索和使用这种模式的能力有关。①

重复学习能清除“杂草缠藤”，使“这条小路变得又宽又平”。我们需要注意的是，这里是从人类智慧获取的角度谈重复学习。这从另一个角度说明重复学习对获取陈述性默会知识的价值。

一个默会案例

根据上面的讨论，获取陈述性默会知识需要学生对相关线索自主进行思维加工，再将相关线索自主整合成情境，最后还要对线索和情境进行自主默会。这种自主内在的加工过程，难以被直接明确地说明，要引导学生获取默会知识，需要贴近学习生活的可借鉴案例。下面这则反映林彪用脑习惯的案例，可以有效帮助学生体会对知识的默会过程。

林彪被称为汉朝的韩信，解放战争时他横扫半个中国。他对战情分析得全面准确，措施恰到好处。在他这里基本不存在什么问题被遗漏了、失误了的情况。他的下属都很佩服他。他考虑问题时有一个习惯：在做重大决策之前，他总是在一张纸上写几个关键的大字，而后将纸丢在地上，背手在屋内一圈一圈地转，想到什么时便停下再写几个关键的大字，丢在地上，继续背手转圈。直到在地上丢了很多纸，考虑周全后，才叫下属来口述部署自己的决策。

为引导学生体会这个默会过程，我们有必要对林彪上述用脑习惯做如下分析：

---

① 博赞，等. 思维导图［M］. 叶刚，译. 北京：中信出版社，2009：25.

第一，他自主辨析、权衡了每一个相关的线索，并尽可能将线索搜集周全；

第二，他不是孤立地看待任何一个线索，而是将线索放在一起综合考虑，或是说他是将线索“整合”在了一起，形成了一个情境；

第三，每条线索在他构建的情境中的重要性可能与其他人的判断不一样，对其的评价是基于他自己的判断，或是说反映着他自己的认知特点；

第四，情境中对每条线索的价值判断，以及对线索之间关系的判断，是经过多方多次判断和准确确认的；

第五，包括最后决策在内的整个情境不是瞬间形成的，应该经过了一定的反复或重复；

第六，最后的情境在林彪这里绝不是很复杂的，而是很简单的，尽管他口述的决策在别人看来可能有很多条；

第七，林彪对下属提问的任何一个相关问题都能直接迅速给出准确的答案，并对自己的回答确信正确，不需要面对下属的提问再次进行分析、判断和权衡，这一点正是判断是否获取了丰富而精准的陈述性默会知识的标准；

第八，在整个过程中，林彪是“置身于其境”的，其心灵是游走于各线索之间，沉浸于情境之中并可以跳出情境之外的，最终，他对情境的感受不是排斥感而是亲近感，不是模糊一团，而是简单清澈。

指导学生获取陈述性默会知识

学生学习学科知识时要获取相关陈述性默会知识，这一点毋庸置疑。一般而言，在课堂教学中，学生主要从两个方面获取陈述性默会知识：一是通过对学科明确知识的学习，获取陈述性默会知识，简称明确知识的默会化；二是通过现实情境获取陈述性默会知识，即学习者置身某个现实的情境中获取陈述性默会知识，简称现实情境的默会化。相对应的，教师也主要是在这两个方面给学生予以指导。下面我们分别来讨论教师在这两个方面可做何种指导。

明确知识的默会化

课堂教学中，学生直接学习的知识都是明确知识，依靠这些标准、规范、统一的明确知识，各学科知识得以传承和传播。但是，也正如波兰尼所说，这些明确知识“仅仅是一个工具箱，一种用来调动我们的非名言能力的极为有效的工具”①。波兰尼讲的非名言能力即获取默会知识的默会能力，调动默会能力的过程即获取默会知识的过程。获取默会知识代表了一个人对知识的真正理解，明确知识必须依赖被默会才能被学生理解；默会知识直接影响和支配学生的行为。所以，所谓明确知识的默会化，即是通过对明确知识的学习，获取相应的默会知识，这是学科学习中学生获取陈述性默会知识的一个主要渠道。

前面我们讨论了陈述性默会知识的获取途径是自主整合、情境默会。这需要整合线索形成知识情境，需要默会线索和情境以获取默会知识。基于这个途径，针对实际的课堂教学，我们有必要强调两点：线索的来源问题和丰富度问题。针对这两点，现实的教学中，要做好以下工作。

---

① 郁振华．波兰尼的默会认识论［J］．自然辩证法研究，2001（8）：6.

（一）明确知识的默会化要重视学习新知识的时机

1. 获取新的默会知识需要激活已有相关默会知识

关于默会知识的获得机制，有三个隐喻，它们分别是波兰尼的“寓居”、莱夫（Lave）的“合法的边缘参与”和布朗（Brown）的“偷窃知识”。“寓居”的隐喻，我们前面已经介绍过，这里我们讨论后两种。莱夫说，世代传承的从业知识是如何传递的？比如，在助产士案例中，既没有明确表述的文本，连口头的知识传递也鲜见，助产士在身临其境中默默领会了助产知识。布朗深受印度诗人、音乐家泰戈尔的一段话的启发。泰戈尔对雇来教他学习音乐的教师的作用，曾经这样描述过：“一位伟大的音乐家来了，他就住在我家。他犯了一个大错……决定要教我音乐，而最终，学习并没有发生。不过，我倒是确实从他那里不经意地随手拈来了一些偷来的知识。”也就是说，泰戈尔面对这个自己崇拜的伟大“音乐家”时，受到了感染，进而获得了对于音乐的一些“认识”。

我们注意到，莱夫强调的是身临其境，在实践情境中获取默会知识；布朗强调的是“音乐家”的感染，从“音乐家”的表情、动作、言语等获取默会知识。相对于现实的教学，人们一般的解释是，在外显的明确知识的教学中，很少能反映出真实世界中网络般的复杂关系，而大量的知识必然内隐于实践本身之中，只有那些进入其中的人方可在需要的时候“偷到”这些知识。针对这种解释，我们要注意的是，这种解释是站在哲学意义的角度，从外在的环境，或者说是从教学的条件等外在因素出发的，我们不妨换一个角度，从认识者自身出发来解释这个问题。认识者之所以能获得默会知识，一定是有其基础的。这个基础是认识者已经拥有了相关的更基础层面的默会知识。关于这一点，波兰尼说，“每当我们试图理解世界的时候，我们都得依赖于我们关于世界对我们身体的影响以及我们身体对这些影响的复杂反应的默会知识”①。尽管“我们身体对这些影响的复杂反应的默会知识”可能是零散的，或是低一个层次的。但是，正是这些默会知识的整合或重构帮助认识者获取了新的默会知识。如果没有这些已有默会知识作为基础，谈不上理解，谈不上悟性，谈不上受启发。一句话，

---

① 郁振华. 人类知识的默会维度［M］. 北京：北京大学出版社，2012：128.

谈不上新的默会知识的获得。所以，无论是莱夫强调的身临其境，还是布朗强调的“音乐家”的感染，其实质都是在外界条件的影响下，自身已经拥有的相关的更基础层面的默会知识被激活，在此基础上，认识者整合或重构了新的默会知识。否则，获取新的默会知识是不可能的。

由此，我们可以得到结论，新的默会知识的获得要以已有相关的更基础层面的默会知识的激活为前提。

2. 学习新知识是学生获取新的默会知识的好时机

关于这一点，我自己的一段学习经历便是很好的证明：

我在上高一的时候，学习了物理上的自由落体运动。老师说，无论铁片、木屑，还是羽毛，如果没有空气阻力，其下落的速度一样快。这和自己当时的生活经验完全不一样。

注意，如果不学习自由落体运动，我自己不会主动考虑这些生活经验，这些生活经验尽管存在于大脑之中，但却是存在于意识之外的。当出现了与这些经验相矛盾的新知识时，这些经验就被激活了。这说明，这些经验在这之前是以默会知识的形态存在于我们身上的。这里，对新知识的学习激活了已有相关默会知识。

当时，自己就想象、感受和体验这个过程。为什么它们下落得会一样快呢？这时又想，做自由落体运动的物体，其速度为什么均匀增加，为什么不瞬间增大到无穷大呢？

需要注意的是，之所以产生这些疑问，是因为已有相关默会知识和自由下落的明确知识之间不统一而造成的。

当时考虑这个问题，尽管考虑不出科学的结果，但是，为了解释这个现象，自己提出了一个设想。后来又发现，如果这个设想是正确的话，就可以据此发现宇宙的中心……

从这里，我们可以体会到，学习新知识时，因为和自己的经验对比强烈、体验深刻，容易激活已有相关更基础的默会知识。尽管这些更基础的默会知识处于潜意识中，被激活后它们却能和新知识相互印证、说明、补充或是否定，这对提高认识、获取新的默会知识是不可缺少的。由此可以看出，对新知识的学习容易激活已有相关更基础的默会知识。

当教师后，我把自己学习自由落体运动的这段经历讲给了一位在物理教学方面颇有造诣的老师。这位老师说，学生应该有预习的习惯，如果你带着疑问学习后面的牛顿第二定律，学习后面的万有引力定律，你将接受得很好，就会感觉学到的知识是顺理成章的了。

这不禁令我产生了一个问题，在第一次学习自由落体运动后，学生应该体验感知它，调动相关的默会知识进行足够的联系和追问，还是应该尽快学习后面的知识，以感到知识之间是“顺理成章”的呢？

我认为应该是前者。理由是，很快地学习后面的知识后，前面的问题、困惑、设想和推论就都不可能形成；学习后面的知识后，就感到前面的知识是“顺理成章”的了。什么叫“顺理成章”？就是不去激活相关默会知识，不能产生疑问，也不能启发思考，感到就应该是这个样子。学习了后面的知识，就不可能使学生在学习前面的知识时形成一个独自开发的思维空间。这样对新知识的学习，既没有已有相关默会知识的激活，也没有新的默会知识的获得，对新知识的学习也就只能停留在明确知识的层面，失去了获取新的默会知识的机会。用日常生活中的话讲就是“过了这个村，就没有这个店了”。这当然不利于学生获取新的默会知识，不利于培养学生独立的思维判断能力。

有人认为，上面那位老师的建议也是很好的，有助于尽可能快和尽可能多地学习明确知识。这又涉及一个基本问题，离开默会知识的获得，学习这些“空壳”的明确知识，有什么价值呢？事实上，我们可以这样说，在基础教育中，明确知识的价值主要体现在它的工具价值上，即通过对这些知识的学习，激活学生的相关默会知识，形成新的默会知识，在这个过程中启发学生的思维，培养学生的发现意识和创新能力。正如大教育家杜威讲的——“除了探究，知识没有别的意义”。这里的知识实际上是明确知识。换句话说，如果学生学习了这么多的明确知识，而这些明确知识却没有激活相关的默会知识，没有启发学生的思维的话，学习这些明确知识的价值就是值得质疑的。

之所以要重视学生学习新知识的机会，是因为在这个机会中，新知识和学生已有相关的默会知识对比明显、学生体验深刻，容易激活相关默会知识，在已有相关默会知识的作用下，容易形成认知冲突，诱发求知欲。“心灵的默会能力在人类认识的各个层次上都起着主导性的作用”①，所以，教学过程中，不要放过任何一个激活学生已有相关默会知识的机会，教师要格外珍视学生学习新知识的机会。

新知识激活相关默会知识，在相关默会知识的作用下，形成了认知冲突，诱发了求知欲，而认知冲突和求知欲的直接结果是指示了一个新的思维方向，这个方向上注定有一个待开发的思维空间。需要注意的是，新的思维方向以及这个方向上的任何思维判断都是获取新的默会知识的难得的认知线索。这对丰富默会线索来说，几乎是无可替代的。

由此可见，教师在教授新知识时，应当注重引导学生形成知识对比强烈、明确的疑问，以引导学生发现新的线索，而不是努力让学生感到清楚明白和没有疑问。

3. 现实教学在传授新知识方面的不足

在实际的教学实践中，我们可以注意到，很多老师的努力方向是力争将知识讲得清楚明白，如果产生了疑问、引进了困惑，那是没有将知识讲清楚，是不可以的。怎么才能让学生清楚明白呢？一个重要的方法就是，抹杀疑问甚至绕过疑问，努力不使学生产生困惑。这实际是努力让学生“接受”的教育意识在起作用。在“接受”的教育意识下，教师不会去调动学生的默会能力，也不会去激活学生已有相关更基础层面的默会知识。因为只要调动了学生的已有相

① 郁振华．波兰尼的默会认识论［J］．自然辩证法研究，2001（8）：6.

关默会知识，产生疑问和困惑是必然的。一堂课如果不能让学生感到清楚明白，相反还形成了原来没有的疑问和困惑，这不就是“不讲还清楚，越讲越糊涂”了吗？这种“接受”的意识不只在教师这里，在学生这里同样很有市场——现在的很多学生从小学开始就倾向于接受老师交给的、不容怀疑的、绝对正确的知识，不喜欢探究和独立思考，却喜欢老师一步到位地给出放之四海而皆准的、万古不变的真理。这些学生认为，面对“科学”了几百年的东西，怀疑和审视是不会出结果的。即便偶尔探究和独立判断了，自己探究和独立判断的东西也是不敢确信的；而老师交给的东西是保真和让人放心的。长时间在这种氛围下，如果教师努力在某个地方形成了一个知识对比强烈、明确的疑问，学生反倒不适应了。他们喜欢教师将问题清楚明白地讲解后自己放心地接受，如果形成或是引起了疑问，他们倒感到无所适从了。

关于这一点，我曾经利用一节课的时间请学生探讨了两个话题：一是“地球上的石油会用完吗”；二是“我们应该欢迎所有新的发明创造吗”。作为教师，只是提示相关的正反方的素材，让学生判断。尽管这种讨论对学生的影响很大，其中有的问题他们可能终生都不会忘记，但是，学生感到没有获得确信的、自己能踏实接受的沉甸甸的结论，相反倒造成了模棱两可的感觉——这太不适应了！我问学生：如果整个高中都这样上课，可以吗？学生回答很一致：肯定不行。理由是，这样学不着东西！

在这种情况下，致力于让学生对明确知识全盘接受，授课时明确表达没有疑问的知识就成了很多教师的教学追求。因而教师力求将知识讲清楚、说明白、不产生疑问、不引进困惑。在这种情况下，学生的学习就谈不上独立地发现和搜集线索，也谈不上独立地整合线索形成情境。因此，要获取牢固深厚的陈述性默会知识就变得很困难。

然而，明确知识都是可表达的，可以表达的东西都是可以广泛传播的，这与默会知识是截然不同的。波兰尼说，默会知识“其内容，就其是不确定的而言，只能默会地加以认识”①。波兰尼又说，“各种名言符号的意义是由认识者的默会认识所赋予的，如果剥去其默会的协同性因素，所有的口头的和书面的文

① 郁振华．波兰尼的默会认识论［J］．自然辩证法研究，2001（8）：5.

字，所有的公式，所有的图表都将是毫无意义的”①。这是说，如果只是清楚了明确知识的内容是什么，感到“明白了”，没有协同性的困惑和疑问，这种学习是没有意义的。

那么，怎样促使学生利用默会的协同性因素呢？一句话，发挥学生的默会能力，激活学生已有相关默会知识。波兰尼认为，“科学发现只能由思想的默会能力来达到”②。波兰尼讲的科学发现当然包括疑问的发现。教学的过程中，引导学生形成知识对比强烈、明确的疑问，这是发挥学生的默会能力、引导学生获取新的默会知识的好方法。

我们的结论是，任何学习新知识的时机，都是发挥学生默会能力的好机会。在学习新知识时如果没有疑问和困惑的形成和解决，没有默会过程和默会知识的获取，就匆匆学习后面的知识，这就白白丧失了绝好的学习机会！

（二）明确知识的默会化要正确处理疑问

正如前面分析的，发现疑问和解决疑问都是发挥默会能力的过程，这对于获取默会知识极为重要。现实教学中，学生经常面对各种疑问，而其中很多疑问一时难以解决。面对这种情况，应该怎么办呢？怎样做更有利于获取默会知识呢？解决这类问题，在我看来，需要老师们做到以下两点。

1. 引导学生酝酿疑问

一位老师带着一群没有见过老虎的儿童，到动物园去看老虎。这群儿童看着老虎，都以为自己看清楚老虎的模样了。此时老师让他们转过身子并提问，老虎的额头上有几道条纹呀？没有儿童能回答出。如果此时老师给学生讲，老虎的背上有几道条纹，尾巴上有几道纹，腿上有几道纹，额头上有几道纹。尽管多数儿童会暂时记住这几个数字，但是不经过多次强化，时间稍长，多数儿童又会忘掉。这些信息都不会成为儿童牢固的明确信息。但是，如果在领儿童去看老虎之前，老师讲一讲老虎的勇猛，并问学生：老虎是兽中之王，难道它的头上写着“王”字吗？而后再去看老虎。在这个疑问的启示下，学生会独立

① 郁振华．波兰尼的默会认识论［J］．自然辩证法研究，2001（8）：6.
② 同①，第5页。

关注老虎头上有几道条纹。不管他观察到三道、四道还是五道，只要是独立关注到了，不用有意识记忆，多少年后，他还会准确地记着，而且在应该运用的地方，他都会自由和灵活地运用这个信息。

这后一种情况下的信息，已经成为儿童牢固的明确信息了。为什么呢？在看老虎之前，老师讲老虎的勇猛并向儿童提出问题，这正是对儿童已有的关于老虎的默会知识的激活和调动。在这个疑问解决之前，儿童在相关默会知识的作用下，会对相关信息保持敏感。当儿童观察到了这个信息，这个信息就会和包括默会知识在内的相关知识共同形成更综合的知识（包括新的默会知识）。正是因为这个原因，儿童会对这个信息印象深刻、记忆牢固。学生带着疑问在相关默会知识的作用下对相关信息的关注是极为高效的。这是因为，从疑问形成后到关注了相关信息的时间内，大脑的加工过程为对相关明确知识的关注创造了条件。我们将这个加工过程称为酝酿疑问的过程。

酝酿疑问的过程也是波兰尼讲的“寓居”过程。因为这既是一个“寓居于我们所把握对象的诸细节的基础上”的过程，也是一个“将自己投注其上，寓居于其中”的过程。只不过是认识者带着疑问“寓居”于问题中的。需要说明的是，这里的疑问是和已有相关默会知识联系在一起的，疑问扮演了思维方向指示器的作用，在它的指示下，人们容易沉浸于问题中，从而实现更好地“寓居”。在这种情况下，相关信息出现时，关注并深刻加工这个信息就成为必然的了。

教学现实也说明酝酿疑问的好处。和学生交流时，我们会注意到学生身上经常有这样的现象，如我们常会听到学生反映说，“后来学习了某某知识，才对前面的某个问题理解了”。这里学生所说的“前面的问题”，就是存在于大脑中的酝酿过的疑问。这个疑问被学生酝酿后，经过一段时间，可能在大脑的意识层面已经被遗忘了。但在后来接触相关的明确知识时，这个明确知识还会激活前面的疑问。需要说明的是，这里激活的不仅仅是疑问自身，还包括酝酿过程中所激活的包括默会知识在内的相关知识，在这些因素的共同作用下，学生关注了这个知识，进而形成更综合的知识（包括新的默会知识）。这使学生对这一知识记忆牢固，难以忘记，并且，这一知识是和精准的默会知识相联系的。在生活中也有这样的现象，比如，我们会听到身边有人这样说，因为了解到某种情况，自己多年前的一个困惑被解决了。这个人在了解到某情况前，可能早已在意识层面把多年前的困惑遗忘了，但当与疑问相关的信息出现时，这个疑问又再次被激活，在酝酿过的包括默会知识在内的相关知识的共同作用下，困惑得以解决，相关的新认识变得牢固。

酝酿疑问的价值不只是能让人关注相关知识，更核心的作用是能引导人深入认识问题。人类历史上，很多的发明创造都是在酝酿疑问的过程中实现的。比如，苯环结构的发现者，就是将疑问储存于大脑中，在他思考其他事情的时候，将座椅移到炉火边，在炉火的烘烤下进入到半睡眠状态。这时的他，进入到（关注到）了一个“多条蛇咬住尾巴”的梦境。在这个梦境的启示下，其灵感被激发，进而发现了苯环的结构。

学生在学习过程中，要完成教师布置的很多作业，不像苯环结构的发现者这样从容，但是，酝酿疑问也是一个有效地加工问题的方式。现实的教学中，学生的课业负担重，难以做到在一个问题上长期酝酿。但是，这并不意味着学生就没有酝酿疑问的机会了。那么，学生怎样才能实现对疑问的有效酝酿呢？我的经验是，引导学生在日常生活中，比如刷牙时、散步时、睡觉前有意识地使思绪停留在某个问题上一段时间，或是不时地回想一下这个问题。这里不需要绞尽脑汁地深入思考，只需要思绪驻足于问题本身，效果就很好。再比如，引导学生静坐也是调节学生思维的好方式，这实际上也是酝酿的好方式，有静坐习惯的学生在静坐前或是静坐将要结束的时候，有意识地回想一下自己不懂的问题，这样的效果很好。凡是这样处理过的问题，学生一般都会印象深刻。

需要注意的是，并不是只要有了疑问并在这个疑问的引导下，人们就可以实现“寓居”，即一些疑问是不能实现有效酝酿的。比如，稍纵即逝的疑问，就难以达到这个效果。学生突然有了一个想法，立即关注某个信息，想法过后，这个信息就淡化了，这不会引起“寓居”；老师上课过程中，自问自答时的很多疑问都不能使学生实现有效的酝酿。那么，这些与有效酝酿的区别在什么地方呢？区别就在于疑问是否被持续关注了。只要疑问被持续关注了，就可以称作是酝酿疑问了。

这些讨论给予我们的启发是，对于一时不能解决的问题或是疑问，引导学生有意识地记忆一下，将其储存于大脑中酝酿一下，这既会为疑问的解决创造条件，也会为获取新的默会知识创造条件，从而大大提高学习的效率。相反，老师们要注意到，学生一产生疑问，便立即从老师那里得到正确答案的做法，其学习效果是不佳的。

教学过程中，对于大多数学生而言，其一时不能理解和解决的问题是很多的，酝酿相关疑问的机会不可谓不多，但是，我们同时也注意到，他们酝酿疑问的效率却是很低的，或是说他们没有实现很好的酝酿。为什么呢？这是因为问题在学生大脑中的存在方式不利于学生的酝酿。要实现更好的酝酿，还需要学生进一步分解问题。

2. 引导学生分解问题

酝酿疑问需要学生明确出疑问，即学生应该知道自己的疑问是什么。疑问明确了，在疑问的指示下，学生就会酝酿相关的问题和关注相关的信息。现实教学中学生酝酿效率低的主要原因是学生面对自己不能解决的问题，不能明确出自己的疑问，或是说不知道自己的疑问到底是什么。这一点看似费解，但却是当前教学中普遍存在的问题。几乎每个老师都有如下经历：学生问问题时，往往这样表达：“老师，这个题目不会做。”言外之意是想请老师把它给自己讲解清楚。如果老师此时问学生：“这是一道什么题呀，你告诉我？”学生一般会说，“我再看看”。这说明，学生在问问题时，把这个问题本身是什么都忘记了，或是有可能压根儿就没有搞清问题是什么。如果这时我们对学生说：“我不看题，把你的疑问告诉我，我再给你解释。”这时学生很可能都表达不出自己的疑问。他们甚至说：“我就是不明白，您自己看。”这说明，学生自己除了感到题目不会做之外，没有更具体的疑问，就等着老师的讲解。这种疑问是模糊的，它不能起到启示思维的作用，也就不能实现对疑问有效的酝酿。事实上，这种情况不只出现在学困生身上，即便考试分数看上去不低的学生，也会时常出现这种情况。出现这种情况，不是学生学习不够努力，而是其对问题的思考方式存在问题，甚至可以说，学生在思考方式上存在的这种问题，是当前我们课堂教学中的一个普遍性的问题。也正是这个问题，大大影响了学生酝酿疑问的效率。它会使学生特别是学困生感到大量的困惑与疑问，但又不知道自己困惑与疑问是什么。久而久之，就会形成学生对整个学科的排斥情绪，形成学习障碍。

针对这种情况，我们应该怎么办呢？这里提出一个方法：引导学生分解问题。怎样分解问题呢？面对一个问题，如果一时没有解决思路，就将问题分解成已知的方面是什么、解决这个问题还需要什么条件等部分。这是第一级分解。其实学生学习中的很多问题在这种分解的过程中，就已经可以发现思路了。如果还不能发现问题的解决思路，就进行第二级分解——以自己的经验，已知条件还会隐含什么条件，解决问题所需要的条件可能从什么地方得出。对于一般的学生，进行这种分解会解决大部分问题。如果还不能解决，怎么办？明确出自己的疑问是什么，即确认出自己不懂、不会的地方在哪里，这是自己不能解决这个问题的关键所在。这就是明确出疑问了。此后，将这个疑问有意识地记忆一下并在大脑中保持一段时间，这就是酝酿疑问了。

这两级分解的过程其实是努力扩大问题的已知方面的过程，或是说是明确出已知方面、发掘已知方面、扩大已知方面的过程。当学生的未知方面缩小到零的时候，问题就解决了。有经验的老师一般都有这样的经历，当学生带着问题问自己的时候，自己只需要提示关键的一个点，学生就可以恍然大悟地理解这个问题，而事实上，多数情况下，这个关键点看起来其实很简单。这个提示，实际就是通过引导使学生明确和扩大已知的方面，从而理解和缩小未知的方面，直至最后解决问题。有一位物理老教师曾经这样说过，对于过半数的问题，在学生提问的时候，只需要重复三个字（“还有呢?”），至多重复五个字（“还有呢？再看!”），就可以让学生搞清楚问题。重复这些字的目的，是让学生不断思考和讲出问题的已知方面，学生讲的过程中，就达到了扩大已知方面和缩小未知方面的目的了。加两个字“再看”，意思是让学生再审视题目给的条件和要求，在这个过程中，学生形成了完整的问题情境，最后解决了问题。

事实上，将问题进行这样的两级分解，也是帮助学生发掘和丰富问题解决线索的过程，问题解决线索的丰富有助于形成完整的问题情境。无论问题是否能最后解决，这种做法都有利于获取默会知识。下面，我们讨论如何指导学生进一步丰富默会线索。

（三）明确知识的默会化要力求线索的多角度

在帮助学生实现明确知识的默会化的过程中，除了要重视学习新知识的时机与正确处理疑问外，还有一点很关键，就是要尽可能地帮助学生多角度地把握线索。郁振华教授说：“在默会认识中，我们不仅要依赖于来自对象的信息，还要依赖于我们的身体的诸项机能，依赖于作为背景知识的各种以往的经验和理论，只有整合了各方面的辅助意识，才能对研究对象达成集中的认识。”① 这说明，为获取默会知识，我们对线索的把握要力求丰富，要尽可能从更多的角度把握更多的线索，这是学生应有的学习意识。

为说明这种学习意识的重要性，我们不妨对比分析以下现象。

我上大学的时候有一个同学，他为了能通过英语六级考试，为提高阅读能力，抱着一本单词词典记单词。在付出很多很多努力后，他把词典上的单词全记住了。提问单个单词的话，他对释义记得很清楚。但是，他的阅读能力却并没有相应地得到提高。反而发生这样的现象：当时已经记住的单词，在文章中出现时又不认得了，以为是个生词，等查了词典或是通过文章的上下文搞清楚意思后才知道，这个单词原来已经记过了——敢情之前的单词白记了。

与我这位大学同学的做法形成鲜明对比的是达·芬奇的做法。意大利文艺复兴时的艺术家达·芬奇，是一个非凡的人物，其贡献不只在绘画上，在机械

---

① 郁振华．波兰尼的默会认识论［J］．自然辩证法研究，2001（8）：7.

上（包括对飞行器的设计）、在物理上贡献都很大。我们现在学习的物理学知识，有一些还得益于达·芬奇的研究。心理学家研究达·芬奇的学习特点后总结说："达·芬奇学习时，其大脑使用到了词汇、符号、顺序、列表、线性感、分析、联想、视觉节奏、数字、图像、角度、整体观念。"① 这是什么意思？这就是说，达·芬奇学习时，都是从多个角度、利用多种感官和多种方法学习知识的。

对比以上两个现象可以看出，我的大学同学对单词的学习，只是形成了对知识的单线联系，缺乏丰富的意义；而达·芬奇却是多线联系一点，甚至是尽可能利用多个感官学习一点。他们的学习效果是明显不同的。为什么这两种学习达到的效果差距这么大呢？原因是，在大脑中，任何知识都不是和其他知识单线联系的，联系的角度越多，这一知识越牢固，在思维时越容易提取。也就是说，获取默会知识时，线索越丰富越好。达·芬奇的学习方法，符合了这个特点，而我的大学同学的学习方法不符合这个特点，这造成了截然不同的学习效果。

为更明确地说明这个特点，神经心理学家将多线联系的知识称为中心球体，他们是这样描述的：

每一种感觉、记忆或者思想（包括每一个词汇、数字、代码、事物、香味、线条、色彩、图像、节拍、音符和纹路）都可以作为一个中心球体表现出来，从这个中心球体可以放射出几十、几百、几千、几百万只钩子。每只钩子代表一个联想，每个联想都有其无限多的连接及联系。②

这里，这么多"钩子"，就对应着这么多关于这个知识的线索。这说明了对知识形成多线索联系的重要性，也说明学习任何一个知识点都应当搜集尽可能多的相关线索。

从上面的分析可以看出，神经心理学的研究证实了默会认识论对多线索学习知识的要求。我们在学习明确知识时，为获取默会知识，就要学会运用整个身体的感官来学习，包括用意义的、形象的、动作的、情感的、直觉的方式，

---

① 博赞，等. 思维导图［M］. 叶刚，译. 北京：中信出版社，2009：31.
② 同①，第 38 页。

也即通过多线索的学习和加工明确知识来获取默会知识。

为让学生体会多角度加工知识的重要性，我曾多次给学生讲过一段话，他们对这段话记忆深刻，多年后，还清楚地记得：

旧中国真是灾难深重，总受日本的侵略。为什么总受日本的侵略呢？有人给出了这样的解释：因为从地图上看，旧中国的版图包括外蒙古，样子就像一片桑叶，而日本的版图就像一只蚕，蚕想吃桑叶是自然的；后来，外蒙古脱离中国，新中国成立，新的版图像一只雄鸡，而日本依旧像一只蚕，所以，中国不会再受日本侵略了。

我们暂且不讨论这个观点的合理性，如果是第一次听到这个说法，一定是感到新鲜，听一次就忘不了了。为什么？因为它涉及的线索太多了：和中国受侵略的历史相联系；和自己的民族情感相联系；和中国版图的历史变化相联系；和日本的版图形状相联系；和蚕吃桑叶的自然现象相联系；和中日关系的未来相联系……这里既联系到了理性的知识，也联系到了鲜明的表象，还联系到了民族情感。因为线索多，所以印象深刻，经久不忘。

其实，不用这么多线索，如果大家都习惯了从一个线索上考虑某问题，而有人再提出一个新的线索时，我们都会感到眼前一亮，印象深刻。比如：

魏晋竹林七贤之一的阮籍，曾在司马昭手下做过官。一次，听说有个人杀了自己的母亲（这在现在也是万恶不赦的事情，更何况在讲究孝道的古代社会）。当所有人都义愤填膺、纷纷骂这个凶手是禽兽时，阮籍却说：杀他父亲还就罢了，怎么还杀他母亲呢？这话一出口，举座皆惊。人们纷纷怪他失言，当时司马昭也在场，在以孝道为名、实则想窃取国家的司马家族那里，对这件事的处理正是表明自己重视孝道、提高自己威望的好机会。于是，司马昭冷冷说道："难道他父亲就该杀吗？"阮籍面临杀头之祸，怎么办？阮籍很快便应答说："禽兽只知其母，不知其父，所以有可能杀其父亲；现在这个人连自己的母亲都杀了，所以禽兽不如。"听到这，司马昭也只能无奈地一笑。

在一个角度上或凭着一种线索不能解释的问题，往往换一个角度或线索解释就可以了。阮籍转换了角度，将在孝道中的问题，转化到了自然界中，从而使自己摆脱了困境，避免了灾祸。

不过，在那些盯着高考考试说明确定知识讲授范围的老师们看来，多线索地学习知识只会浪费宝贵的教学时间，是没有用的。持有这种观点的老师，恐怕不在少数。但是，针对这个观点，我们要说，指导学生学习知识时，没有角度和线索是多余的！只要是能引导学生高效思考，花费一点时间是值得的，也是有很大效用的！庄子在两千多年前就已经讲过：人立于地上，脚踏的地方不过两尺。设想，如果将两尺之外的地面立削千仞，人还能立于这两尺之地吗？多角度、多线索地学习知识，正如那两尺之外的地面，若不经历这样的思考和学习，学生所学的知识是难以称得上扎实和有效的。因此，我们的结论是，在教学中要引导学生利用尽可能多的线索学习任何一个明确知识，即使在当时看来多余的线索，都是很有价值的。

（四）明确知识默会化的案例及其启示

根据前面的讨论，课堂教学中，明确知识的默会化应注意以下三个方面：一是抓住学习新知识的机会，因为新知识具有新鲜感，容易激活学生已有相关默会知识；二是应该明确疑问、酝酿疑问，酝酿过程即波兰尼所说的“寓居”过程；三是多线索学习明确知识。下面，我们通过分析王羲之练习书法的案例，体会一下这些要求。

王羲之被称为书圣，可以说，在他之后，没有人的书法水平可以赶上他。他是怎样练习书法的呢？练习书法的过程其实也是获取相关默会知识的过程。“默会知识镶嵌于行动中”，书法作为民族文化的精髓之一，需要极高的理解力、领悟力、技巧和创造力。那么，王羲之在练习书法的过程中是怎样获得相关默会知识的呢？王羲之的老师卫夫人教他练字时，对他说，点一个点，要像“高峰坠石”。高空坠落的石头是什么样子？第一次听说，一定会感到新鲜。这需要调动自己的经验储备，体会和想象。这个体会和想象的过程就是“寓居”于其中的过程。高空坠落的石头可能是方的，也可能是扁的，还可能是圆的。高空坠落的石头，坠落在山坡上，坠落到平地上，那是不一样的。王羲之经过这样的想象和体验，将“高峰坠石”这一明确知识转化为自己的默会知识，并在练习的时候将这一默会知识表达在自己的书法里。

那么，卫夫人这是要求王羲之去模仿吗？显然不是！这是要求他从“高峰坠石”这一明确知识中获得相应的默会知识。并且这一默会知识还是与多线索相联系的，即这个点要和一个字的其他笔画联系起来，要考虑是坠落在山坡上还是坠落在平地上。甚至这个点还要和文章的意境联系起来。这是要求要将字写得有神有韵，有思想有气势。

同样的，卫夫人教王羲之写横，要求写出“千里震云”的气势，写竖要写出“万岁枯藤”的苍劲。这里，无论写横要求“千里震云”，还是写竖要求“万岁枯藤”，都是要借助这样的明确知识，通过王羲之的多线索体验想象等寓居过程获取背后的陈述性默会知识，实现明确知识的默会化，并经过反复练习将这些默会知识表达在书法中。这样，王羲之的书法，既磅礴大气又苍劲有力，达到极致。需要说明的是，像王羲之练习书法这种学习是一种综合能力的学习，不只是陈述性默会知识的获取。即便如此，我们也可以体会到王羲之从“高峰坠石”、“万岁枯藤”、“千里震云”等明确知识中获取的陈述性默会知识的重要性，这种重要性本身就说明了明确知识默会化的价值。

王羲之的书法水平达到了极致。但是，正如常识告诉我们的那样，王羲之不能表达出自己是具体怎样写字的。即直接支配王羲之写字的默会知识是他自己不能充分表达的。所以，相对于“高峰坠石”、“千里震云”、“万岁枯藤”这些明确的要求，那些不能表达的默会知识才是学习最终需要得到的东西。这就是波兰尼所讲的“默会认识是人类获得和持有知识的终极能力”。这给予我们的启示是，如果离开了默会知识的获得，“所有的口头的和书面的文字，所有的公式，所有的图表都将是毫无意义的”。所以，针对现实教学中学生缺乏默会知识的现状，引导学生学会通过明确知识获取陈述性默会知识是当下最紧迫、最需要的工作。

另一方面，王羲之在体验、想象、默会“高峰坠石”、“千里震云”、“万岁枯藤”这种明确要求的时候，在力求将从中获取的默会知识表达在书法中的时候，他是在进行着类似“头悬梁锥刺股”般痛苦的坚持吗？绝不是！如果是那样，他感受到的是疲惫和痛苦，他表达在书法中的情感将不会是积极向上的。相反，王羲之练习书法的时候，他调动了“身体的诸项机能”，调动了“作为背景知识的各种以往的经验和理论”，并加以整合。这个时候，他感受到的是精神力量、心灵的愉悦和成就感。在这种默会知识支配下，王羲之才能写出给人以极大美感的伟大书法。这是在痛苦的坚持中所不能达到的。

这对很多国人的学习意识是一个冲击。对长久以来，我们崇信“学海无涯苦作舟”、“头悬梁锥刺股”的学习。这种在“痛苦中坚持”的学习意识是不利于我们获取健康的默会知识的。因为它不能实现“心灵潇洒地游走”，也不能实现“和谐地寓居”。所以，指导学生学出愉悦、学出快乐、学出享受、学出成就感，这倒是最需要的。

现实情境的默会化

学习者置身某个现实的情境中，通过对情境的理解、体验和感知获取陈述性默会知识，是现实情境的默会化。和明确知识的默会化一样，现实情境的默会化也是学生获取陈述性默会知识的重要渠道；和明确知识的默会化一样，现实情境的默会化同样需要调动相关已有默会知识，需要整合线索形成知识情境（相对现实的外在情境，这里指的是内在的知识情境），需要默会线索和情境以获取默会知识。但是现实情境的默会化，更依赖于外显的情境。关于情境教学，现实课堂教学中，人们是有所认识的，比如人们普遍地认为情境教学的效果非常好。但是，对情境教学的认识，往往没有上升到获取陈述性默会知识的层次。为了说明现实情境默会化的巨大价值，下面我们结合案例，一步步说明。

（一）现实情境的默会化无可替代

莱夫的“合法的边缘参与”的隐喻和布朗的“偷窃知识”的隐喻，都通过隐喻从不同方面说明了默会知识的获取机制。前面提到过，莱夫的“合法的边缘参与”的隐喻是说，一个人置身于实践的情境中，用心默会，就会获取相应的默会知识；布朗的“偷窃知识”的隐喻是说，一个人面对自己崇拜的人，尽管崇拜的人没有说话，也可以从崇拜的人身上获得默会知识。人们对这两个隐喻的解释是，世界是一个复杂的网络，人们任何明确的语言、图表、公式等只能描述其一部分或是说极小的一部分，其他都是内隐的。当置身于其间时，或是面对实际情境时，用心默会，就会依靠内隐的网络获取个体所需的默会知识。这个过程即现实情境的默会化。

现实情境的默会化是获取肢体技能的常用手段。比如，舞蹈教师就很注意引导学生通过现实情境找到动作的感觉。如演示某旋转动作时，老师会强调好像在自己的两臂上各托着一个很轻的圆盘，里面盛有水，水平旋转的时候，水不会溅出来。而后让学生练习。这就是利用现实情境调动学生相关的默会知识，而后使学生获得新的默会知识。再比如，乒乓球爱好者在看高水平乒乓球比赛的时候，往往手会模仿打球者的动作。为什么要模仿呢？这种模仿，是调动自身的已有相关默会知识以获取新的默会知识所需要的。这也是现实情境的默会化。

现实的教学中，除了肢体技能的学习外，学生会从各种实验现象中获得相应的默会知识，会从教师的演示实验中获取默会知识，同样还会从教师的语言、动作、语气、语调中获取默会知识。校园文化以及班级文化对学生的影响也主要是通过现实情境的默会化实现的。现实情境的默会化很多时候是不可替代的，就像我们到某个未知的环境中感受一下气氛，就会有很多发现一样。

很多默会知识必须从对现实情境的默会中获得，除此之外没有途径。比如，切脉是中医主要的诊断手段。学习切脉时，离开对病人实际脉搏的体验，读多少书都是没有用的。反之，不去读那么多书，给病人切脉的同时接受老中医的直接指点，却很容易找到感觉。这里的感觉就是对默会知识的感受。学生的学习也是这样，很多默会知识只有通过对现实情境的默会才能获得，离开现实情境，则不能获得。

（二）现实情境的默会化可以达到很高的学习效果

1. 现实情境可以调动人们的想象和情感

关于现实情境调动人们的想象和情感这一点，我们不妨借助一个历史故事来说明。

北宋有一个才子，叫司马才仲。他被历史名媛苏小小的才气、美貌与身姿，以及大胆、开放而有度的思想深深吸引。苏小小深深触动了他文人面罩掩盖着的年轻、浪漫、纯洁而又自然的少年情怀。司马才仲虽被触动，但没有直接表现出来，形成一种强烈的情感深深埋在心底。在一次洛阳赏牡丹花的时候，娇艳欲滴又热情奔放的牡丹花多么像内心不能忘掉的苏小小呀！看着看着，苏小小好像从花里走了出来，他们便有了一段表意清楚、婉转含蓄、极富情感又很有分寸的爱情对白。正当司马才仲沉浸在这情境中时，忽然一阵风吹过来，苏小小飘然离开。

这是司马才仲赏花后在“昼寐”中的梦境。需要注意的是，正是因为“娇艳欲滴又热情奔放的牡丹花”这个现实情境触动了司马才仲，才使他在“昼寐”中“遇到”苏小小的。也是受这个情境的激发，司马才仲写下了金元十大名曲之一的《黄金缕》，给我们留下了宝贵的文学财富。

同样，还是一个宋代文人，春天的夜晚里，月光被薄云遮住，他在自家的小院里，摆一盆鲜艳的海棠花于石桌上，旁边点上蜡烛，自己则坐在椅子上休息。在这样的情境中，他写下了如下诗句：

只恐夜深花睡去，故烧高烛照红妆。

这，是多么美和感人的意境！由此可见，现实情境容易调动人们的情感，激活相关默会知识，使人见景生情。

2. 现实情境可以充分激活人们的求知欲，达到很好的学习效果

现实情境提供的信息，如果和人们内在的观念不一致，会使人产生困惑，激发求知欲。

我出生在农村，小的时候，村里有一位老爷爷对我讲，他年轻的时候（大约 20 世纪 40 年代），有人“赶来”一辆自行车。那是我们小村庄的第一辆自行车，之前没有人见过。第一次见自行车，村里人都感到很奇怪：两个轮子，为什么不歪倒呢？为什么一蹬就向前跑呢？据说，当时是冬季农闲，人们没有其他事情可做，便都聚集到村口，你一言我一语，讨论这个问题。有时还争论起来，甚至争得面红耳赤，但讨论了好几天，也没有讨论出个结果。他说，他们争论的场景现在还记着，就好像就发生在眼前一样。

需要注意的是，老爷爷他们第一次看到自行车时形成的对自行车的讨论，

就是现实情境默会化的表现。他们之所以讨论，是因为眼前不容怀疑的现实情境和自己内在的默会知识是有矛盾的，为给出合理的解释，进而达到内外的统一，人们纷纷讨论甚至争论起来。为说明现实情境默会化的学习效果，我们不妨对比这群农民和我们的学生之间的不同表现。学生们几乎每天都骑自行车上学，在物理上学习摩擦力、向心力、向心加速度时，老师几句话直奔主题，结论的正确性不容怀疑，并且可以保证这些知识是明确的、严谨的、科学的、规范的。当然，我们不能断定每个学生对自行车都没有困惑和疑问，也不能断定每个学生都不会由物理知识联系到自行车。但是，在多年的教学实践中，我确实没有发现过学生表达自己的困惑和疑问，更没有发现学生就农民们争论过的问题进行过讨论。相反，我询问了很多学生，却没有发现有哪一个学生在学习完这些物理知识后，对自行车两轮着地而不歪的现象进行过解释。而那群农民，可能最终也不能正确解释自行车两轮着地而不歪掉的现象，可能到最后谁也不能说服谁，可能到最后谁也想不到向心力、向心加速度的问题。但是，那群农民争论的效果和现在学生学习的效果是很不一样的。

为说明效果的不同，以我个人多年的教学实践和对当下学生学习现象的观察和把握，可以对比性地作如下一般判断：第一，经过比较长的时间后，我们的学生可能早已忘掉了正确答案，而那群农民一般还会记得他们的一些猜测和假设（否则，我就听不到老爷爷的讲述了）；第二，遇到相近的问题，那群农民会和自行车问题联系起来通盘考虑，而我们的学生一般可能联系不上，而是只能就事论事；第三，可以肯定地说，日后，我们的学生再也不会就这个问题进行争论了——疑问没了，新鲜感没了；而对那群农民来说，若再告诉他们正确的结论，他们便会结合以前的疑问、判断、猜测，哪怕不正确的结论、观点、看法，通盘联系起来进行充分地辨别和审视，明确当时自己观点的不足，并对自己的错误判断进行修正；第四，再遇到相近的问题，那群农民思维快而深刻，问题会在大脑中有意或是无意地加工较长的时间，而我们学生可能强迫自己做出答案，并且懒得再作深入考虑。

课堂上，我多次将这四条判断讲给不同的学生听，他们大都深有同感。这里，我显然不是要论证那群农民比我们的学生更聪明，而是要说明，对现实情境充分的默会化相对于只是学习明确规范的学科知识，会更好地激活人们求知欲，学习效果要好得多。

（三）现实情境的默会化可以促成新发现

还是以我的亲身经历说明这个问题。中国的青藏铁路建在多年冻土的青藏高原上。建这条铁路，必须保证铁轨下的多年冻土在铁路开通后，在火车的巨大压力下基本不融化。如果冻土在火车运行时产生的巨大压力作用下融化，那么铁轨将下陷，甚至使铁路不能使用。苏联时期通车的西伯利亚大铁路，尽管建在高纬度地区，但还是因为冻土融化而造成了铁轨的严重下陷。要保证铁轨下的冻土不融化，就要保证铁轨下冻土的低温状态。保证低温状态，就要保证夏天高温气体难以下渗，冬天低温气体容易下渗。这就是铁路建设中的冻土问题，是当时的一个世界性难题。我们国家是怎样解决这个难题的呢？我们的科研人员在一篇美国人写的论文中发现，在夏天，在一定厚度的石子下面的泥土的温度，要比同厚度的泥土下面的泥土的温度低，并且这个温差与厚度的关系可以测算清楚。研究者们以此为线索开始实验，摸索用多大的石子、堆积多厚的石子在夏天会保持几度的低温，并且实验了在青藏高原上修建铁路时需要使冻土保持几度的低温就可以满足要求。得到数据后，世界性难题就解决了。修建青藏铁路时，工人们就利用石子做路基，这条计划于20世纪50年代就修建的铁路，终于在半个多世纪后完工并投入运营。

我了解到这个难题的解决过程后，儿时的一幕呈现在了眼前：我小的时候，和父亲住在一个钢铁厂里，因为还不到上学的年龄，便整天在外玩耍。春日里，我整天拿一个铁铲，要么铲土，要么铲石子，忙得不亦乐乎。一次，在我铲除一堆石子的时候，发现石子下面的土还被冻着，还没有融化，铲子铲到上面，发出刺耳的声音，而石堆外面松软的泥土上已经长出了花草。这个强烈的对比，使当时我就感到，石子底下的泥土，温度竟然那么低！我用手摸了摸冻土里面的冰碴。啊，比铁铲的手柄凉多了！这给了我深刻的印象。

这个印象是什么呢？这个印象就是对当时现实情境的感觉，这个感觉以默会的形式存在下来。需要说明的是，当时也没有任何的理性推断，也不可能意识到石子保持低温的性能。但是，这个感觉却以默会的形式被记忆了下来。

为说明问题，我们不得不做几个假设：

假设一，五六十年代研究青藏铁路冻土问题的人，如果和我小时候一样用铁铲铲过那堆石子，青藏铁路还要等到21世纪才能修通吗？

假设二，研究青藏铁路冻土问题的人，若和我小时候一样用铁铲铲过那堆石子，还会在读到美国人的论文后才能发现解决问题的正确思路吗？

这个事实告诉我们，即便一个人在儿时玩耍时通过现实情境的默会化获取的默会知识，其价值也是巨大的。它在日后面对具体问题时，也可以支配人做出超出当时逻辑和理性推理范围的思维判断，进而形成新发现。当然，我们不能祈求学生学习过程中进行的现实情境的默会化会形成科学发现。但是，学生学习时，面对现实的情境，调动了已有相关的默会知识，从而加深对学科知识的理解，这是有可能使学生得到相对他自己的新发现的。作为教育者，需要注意的是，学生发现了相对于他自己没有发现过的东西，和科学家发现人类没有发现过的东西，其教育价值其实是等价的。

还需要说明的是，现实情境的默会化是设身处地于现实情境中获取陈述性默会知识。在前面的案例中，无论是文人的文学创作，还是关于自行车问题的讨论，以及下面孔子学琴时的表现，都不只是现实情境默会化这一个过程，还包含了将默会的内容表达出来的过程。否则，我们就不知道他们实现了现实情境的默会化。将默会的内容表达出来的过程在本书第四章第五节被称为默会认识的明确化，届时我们有专门的探讨。在这里，我们重点要讨论的是现实情境的默会化。

（四）现实情境默会化的案例

孔子向师襄子学琴，学习了一首曲子。孔子练了十多天后，师襄子说，这首曲子你已经练得很熟练了，再学一首曲子吧！孔子说，不行，我还没有发现这首曲子的规律。又过了一段时间，师襄子变得很着急了，对孔子说，你已经发现这首曲子的规律了，该换一首曲子了吧？孔子说，还不行，我还没有掌握这首曲子的情感。又过了一段时间，师襄子又说，现在你已经掌握了这首曲子的情感了，该学另一首曲子了吧？孔子说，还不行，我还不知道这首曲子的作者是谁呢！练习一段时间后，孔子练琴时，有一个形象浮现在眼前：高高的、瘦瘦的、皮肤黝黑、眼睛忧郁，好像担当着天下的苦难。他说，这个人应该是周文王。师襄子听了后，对孔子无比佩服，他说，我的老师教我的时候说，这首曲子叫《文王操》。

这是古代流传下来的学习故事，实为我们难得的学习案例。我们注意到，孔子学琴不是只为会弹某首曲子，他不仅要将这首曲子练熟，还要从曲子中发现其中的“规律”，发现曲子蕴含的“感情”。我们可以想象孔子沉醉于曲子中体会“规律”和“感情”的情形。这个过程就是现实情境的默会化，尽管这个默会的内容是用“规律”和“感情”描述的。接下来，孔子练琴时有一个形象浮现在眼前：高高的、瘦瘦的、皮肤黝黑、眼睛忧郁，好像担当着天下的苦难。这是现实情境默会化的结果。所以，可以说，孔子学琴的故事直接而准确地说明了现实情境默会化的重要价值。

陈述性默会知识直接与明确知识和情境相联系，它的作用是确认和选择明确知识或是情境。拥有丰富而精准的陈述性默会知识，学生很容易就可以实现对相关明确知识或情境的确认和选择。但是，这只是思维的第一步，接下来需要按程序性默会知识的要求组织和运用信息。下一章，我们将讨论程序性默会知识及其获取规律。

3 思维教学的落脚点：程序性默会知识

陈述性默会知识直接与明确知识和情境相联系，是针对某一认识对象的，其作用是在此后的思维过程中，帮助学习者确认、选择和应用知识。相比而言，程序性默会知识与思维教学的关系更加密切，其本质是一种信息间的关系，或者说是一种思维所遵循的规则。其作用则是直接支配思维的推进过程，拥有某程序性默会知识的人，能够恰当地组织和运用信息、推进相关思维。如果把作为思维规则的程序性默会知识看成一个需要填充信息的序列的话，陈述性默会知识既是帮助信息在序列上找到位置的向导，也是帮助序列寻找到所需信息的向导。在正常的思维中，两种默会知识都是不可缺少的。

培养学生的思维能力，本是课堂教学的应有之义，但现实的课堂教学中，学生的思维发展，却常常成了“教学的荒地”。要改变这个教学现状，必须改变我们老师的课堂教学操作，其中，将思维教学落脚于程序性默会知识或许是解决问题的关键所在。本章继续以波兰尼默会认识论为基础，具体分析程序性默会知识的种类、不同种类的程序性默会知识的获取过程，在此基础上，结合课堂教学实践与学生实际学习现象，讨论落实思维教学的问题。

程序性默会知识的种类及其获取过程

默会知识是一种可意会但不能直接充分表达，只能“镶嵌”在行为中的知识。波兰尼认为，“默会认识本质上是一种理解力，是一种领会、把握经验，重组经验，以期实现对它的理智控制的能力”。这种“领会、把握经验，重组经验”，描述的正是程序性默会知识。作为一种思维规则，程序性默会知识直接支配思维的进程。因此，在课堂教学中，培养学生良好的思维能力，离不开对程序性默会知识的获取。

两种不同的程序性默会知识

观察现实的教学，我们发现，有两种类型的程序性默会知识高度影响着学生的思维能力。一种是学科规律承载的程序性默会知识，其作用是使学生按照学科规律的要求去思考和判断相关信息，简称“规律承载默会知识”；另一种是一般程序性默会知识（在认识论中被称之为“非转译性理解”，下文有探讨），它影响和支配学生在一般性的思维过程中对各种明确知识、方法等信息进行选择和应用。

（一）规律承载默会知识

课堂教学中，特别是在理科教学中，学生会学习大量规律。这些包括各种公理、公式、定理、定律等在内的规律，其实质都是在表达信息之间的关系。学生在学习这些规律时，只有获取了它们所代表的信息间的关系，其大脑才可以按这个关系加工相关的信息。例如，高中物理中的牛顿第二定律 $F=ma$，就表达了一个物体的加速度和物体的质量及其所受外力的关系。学生获取了这个关系，就会知道当物体所受外力增大时，其加速度也会正比例变大；如果学生没有获取这个关系，即便知道物体所受外力在增大，也不会自动联系到其产生的加速度也会变大，甚至根本联系不到加速度这个概念。这种由学科规律承载着的、直接支配学生大脑对信息进行思维加工的信息间的关系，即规律承载的程序性默会知识，简称规律承载默会知识。

同其他类型的默会知识一样，规律承载默会知识是一种难以言说的知识，其在支配认识者的思维时，常常不能够被其有意识地认识到。教学过程中，支配学生思维的规律承载默会知识同样具有这种“内隐性”。为了明确这一点，我曾尝试让我的学生做如下这样一道题目：

从甲地到乙地的距离 s 是 1000 米，一辆车的速度 v 是 20 米/秒，问这辆车从甲地到乙地所用的时间 t 是多少？如果速度分别变为原来的一半、两倍，那么这辆车从甲地到乙地所用的时间 t 又分别是多少？

这个问题对高中生来说，实在太简单，他们不用动笔，在大脑中直接用距离 1000 除以速度 20 就得到结果了，答案是 50 秒。如果速度分别变为原来的一半、两倍时，高中生就直接得到时间分别是原来的两倍和一半，即分别是 100 秒和 25 秒。

题目做出之后，我随即提问学生：

(1) 解决这个问题的时候，大家有没有有意识地考虑过要用哪个公式呢？

(2) 解决这个问题的时候，大家有没有有意识地回忆所用公式的具体表达式是什么呢？

(3) 当得到答案，即速度变为原来的一半、两倍，时间就分别是两倍和一半时，大家的大脑中会有意识地考虑如下关系——距离一定时，时间与速度成反比吗？

学生对三个问题的回答无一例外——没有！

学生做这道简单的题目的反应，和对我提出的三个问题的回答，究竟说明了什么呢？我们不难发现，高中生在解决这道题目时的思维过程是这样的：他既没有有意识地思考用什么公式来解决这个问题，没有有意识地回忆公式的具体表达式是什么样的，也不曾有意识地考虑过信息之间存在什么正比或反比的关系，而是直接按信息间的关系的要求，用距离 1000 除以速度 20。这说明，高中生可以直接利用这个公式所代表的、当时大脑中没有意识到的信息间的关系加工信息。这个信息间的关系已经被学生内化为直接支配其思维的规律承载默会知识了。

为了更清楚地看到规律承载默会知识在支配学生思维时的这种内隐性，同样是这道题目，如果让小学生来做，其表现会是怎样的呢？

可以想见，一般的小学生在学习了“路程、时间和速度”之间的关系及相应的除法知识后，面对这道题，大都需要拿出笔来具体算一下。经过思考，他们一般可能会列出下面这样的式子：

（1）$v=20$ 米/秒时，$t=s/v=50$（秒）

（2）$v=10$ 米/秒时，$t=s/v=100$（秒）

（3）$v=40$ 米/秒时，$t=s/v=25$（秒）

经过一番列式、计算，一般的小学生也能得到正确的答案。若是对比高中生的思维过程，我们不难分析一般的小学生在解决这道题目时的思维过程：小学生通过先前的学习，记住了公式的表达式，解决这道题目时，需要先写出相关的具体表达式，借助具体的表达式，才能具体处理信息。这说明，一般而言，小学生还没有从公式中获取公式代表的信息间的关系，没有获得相应的规律承载默会知识，所以，他们对相关问题的解决不能离开公式的表达式，如果不列出表达式，他们恐怕很难正确解答这道题目。

至此，我们已经可以比较清晰地感受到规律承载默会知识的内隐性，但事实上，如果不经过这样的分析对比，我们很难在教学过程中认识到规律承载默会知识，甚至常常会把规律的表达式等同于规律承载默会知识。这种错误的认识极大地影响了课堂教学的效率，影响了对学生思维能力的培养。正是因为对规律承载默会知识缺乏足够的认识，这一类型的默会知识的获取并没有得到师生们的普遍重视，而有意识地引导学生获取这一类型的默会知识，也就无从谈起了。关于这些问题，我们还会在下文中陆续展开更为细致的分析。

（二）一般程序性默会知识

一般的程序性默会知识是相对于规律承载默会知识而言的，它是人们在一般的思维过程中获取的。在认识论中，这种程序性默会知识也被称为“非转译性理解”。关于这种程序性默会知识，我们可以通过分析下面的案例来理解：

有一位汽车销售商，发现坐地铁的人很多，为了提高汽车的销售量，他在地铁的进站口附近打起了广告，广告语写道：

坐地铁挤吗？买辆车吧！

地铁公司运营商看到后很生气，于是在拥挤的交通路口也打起了广告，上面写道：

开汽车堵吗？坐地铁吧！

单纯看第一句广告语，我们未必觉得有趣，单纯看第二句广告语，我们也不会感到有什么特别的，但当我们把两句广告语放到一块儿看，就感到有点儿意思了。为什么呢？我们注意到，理解第一句广告语的过程实际上是一个思维过程，理解了这句话即获取了这句话中词语之间的关系，即信息间的关系。尽管获取了这个关系，我们并没有意识到自己获取了什么。获取了这个信息间的关系后，在听下一句广告语时，下一句广告语正好满足人们已经获取的信息间的关系，实现了这个信息间的关系的另一种表达。尽管两句广告语在意义和主旨上不是相辅相成的，而是相反的、相对立的，但因为两句的信息间的关系是相同的，我们也会感到有趣。

这种在理解前一段信息的过程中获取的、自己没有意识到的，但是在理解后一段信息时起了作用的信息间的关系，就属于一般程序性默会知识。日常生活里，人们在交流和思维过程中，经常会获取和应用大量的一般程序性默会知识；甚至可以说，人们正常的交流和思维过程从来都离不开一般程序性默会知识。比如，我们平时听别人讲话时，当听完“第一，……”、“第二，……”之后，大脑中就会产生“第三，……”的预期；幼儿听到别人描述爸爸正处于怎样的状态后，转瞬便会问“妈妈呢？”……这些，都是人们获取和应用一般程序性默会知识的显著反映。

还记得本书第一章中所举的那个人们听相声的案例吗？人们之所以会对“妇女因煤气罐爆炸后被巨大气流崩上天”这个思维结论深信不疑，并有愉悦的感受，是因为人们在之前加工跳伞人的境遇这一信息时，获取了自己不能意识到的默会认识，在这一默会认识的支配下，人们加工后续信息时便得到了怪诞的结论。这里，人们获取和应用的默会认识，就属于一般程序性默会知识。

从这里可以看出，一般程序性默会知识是在一般的思维过程（相对于理解规律的思维过程）中获得的。它“镶嵌”于思维过程之中，一旦被获取，它便支配人们的大脑选择和应用符合它的信息，以形成符合它的一段思维过程。一般程序性默会知识在认识论中又被称为“非转译性理解”，关于“非转移性理解”，郁振华教授在《人类知识的默会纬度》（北京大学出版社 2012 年出版）一书中有大量的论证，这里就不再赘述了。

（三）两种程序性默会知识的相同之处和差异所在

作为两种不同类型的程序性默会知识，规律承载默会知识和一般程序性默会知识既有相似之处，也有不同差异，通过比较，我们至少可以发现二者存在如下相同之处和差异。

1. 二者本质上都属于信息间的关系，都是在思维过程中被认识者内化了的信息间的关系，都是一种思维规则

规律承载默会知识是在理解规律的过程中获得的，是对规律所代表的信息间的关系的内化。内化后，这种知识不经意识控制自动支配认识者的大脑，使其按这个关系选择加工相关信息。一般程序性默会知识则是在对理解规律之外的一般思维过程中获得的，其本质同样也是对思维过程中信息间的关系的内化。内化后，这种知识不经意识控制，自动支配认识者的大脑做出相应的思维判断。这种对信息间的关系的内化，是人类所共有的思维特点。瑞士心理学家皮亚杰对此特点做了概括性的描述：“人们生来就倾向于将他们的思维过程组织入心理结构。这些心理结构是我们理解世界和与世界互动的系统。”① 从这里，我们可以清晰地看到，无论是规律承载默会知识，还是一般程序性默会知识，都是大脑在思维过程中获取的代表信息间关系的某一心理结构或者说是思维规则。此后，在这个心理结构的支配下，大脑做出相关的思维判断。比如，在上述听相声的案例中，人们将跳伞人境遇所反映的信息间关系组织为一个心理结构，这个心理结构帮助我们理解了妇女的境遇，实现了和信息的互动。两种程序性默会知识的作用，其实可以借用如下比喻说明。

比喻一：两种程序性默会知识都像是恰巧低于水平面的铁轨，平视的情况下，铁轨是不能被看到的，但是铁轨上面行进的火车却是可以被看到的。即程序性默会知识是不能被人们明确意识到的，但是，按它的要求选择的信息是可

---

① WOOLFOLK A. 教育心理学［M］. 何先友，等，译. 10 版. 北京：中国轻工业出版社，2008：31.

以被意识到的。大脑按程序性默会知识的要求选择相应的信息，形成了一段思维过程，就像水平面以下的铁轨决定了火车行进的轨迹一样。

比喻二：如果人的大脑是计算机的硬件，各种程序性默会知识，包括规律承载默会知识和一般程序性默会知识，就是计算机的软件。大脑完成任务，是按“软件”的程序和要求工作的。因此，“软件”也就决定了大脑能完成什么样的任务以及怎样完成任务。

2. 二者都具有内隐性

前面介绍了规律承载默会知识的内隐性，事实上，一般程序性默会知识同样具有这一特点。并且，相对而言，一般程序性默会知识的内隐性更容易被认识者所察觉。例如，前面提到的听相声的人所获取的一般程序性默会知识，如果不去有意识地研究，几乎没有人能意识到它的存在；但是，若是有人指出这种默会知识后，又没有人能否认其确实存在并在人的思维过程中发挥了作用。

而对于规律承载默会知识而言，其内隐性相对则更为隐蔽，不宜被人们所察觉和理解，以至于认识者会错将规律所反映的、尚未被内化的信息间的关系视为支配其思维的东西。例如，在教学过程中，老师在向学生讲授学科规律时，是围绕规律所代表的信息间的关系进行的，讲授的目的也是让学生获取其信息间的关系。大多数老师都可以将学科规律代表的信息间的关系清楚地表达给学生，并且绝大多数学生也都会感到“懂了”、“明白了”，老师们由此便误认为自己表达出来的信息间的关系，就是支配学生思维的东西。正是这个原因，即便是一些教学质量较好的学校中的学优生，也普遍存在没有将信息间的关系内化为支配思维的程序性默会知识的问题，而这些，又会进一步影响学生对学科规律的正确理解和运用。从根本上讲，出现这些问题的原因，都是由于人们对规律承载默会知识的内隐性缺乏认识而造成的。

通过进一步分析，我们会发现，两种程序性默会知识所具有的这种内隐性，包括两个方面的内容：一是指其在支配思维方面的内隐性；二是指它们不能通过明确的表达而被他人直接接受。两种程序性默会知识的这种内隐性，使得人们总是将自己感到能够明确表达的东西，误认为是直接支配思维的东西，这就阻碍了人们进一步获取这两类程序性默会知识。关于在教学过程中，未能获取程序性默会知识造成的危害和影响，以及通过何种途径方能获取这类默会知识，我们将会在下文中详细分析。

3. 规律承载默会知识倾向于“总是正确”，一般程序性默会知识则会表现得“即生即灭”或是“与时俱进”

规律承载默会知识是通过对学科规律的理解获取的，是对规律所代表的信息间的关系的提取。尽管这种默会知识具有针对个体的差异性，但学科规律却是被证明了的“科学”的东西，其代表的信息间的关系“总是正确”的。也就是说，只要学科规律不被推翻，其承载的默会知识就是“正确”的。再加上学生常常是重复利用学科规律解决问题，所以，这种默会知识会表现出一定的恒常性，一旦获取，终生受用。比如牛顿第二定律，只要这个定律不被推翻，学生从这个定律中获取的规律承载默会知识一般就是正确的，可以在对相关问题的思考中放心地重复使用。

相比较而言，一般程序性默会知识，是在一般的思维过程中获取的，其来源具有随机性和即时性，也会因问题情境的改变而变得不再适用，表现得“即生即灭”；或是随着认识的深入，需要不断变迁和被修正，表现得“与时俱进”。比如，在上述那个听相声的案例中，听相声的人加工跳伞人的境遇时获得了一般程序性默会知识，在加工“妇女的境遇”信息过程中运用后，就有可能永久性地不再运用了。当然，写作和研究相声的人，或许会受此启发，又编写出很多个相似的相声段子，还有可能在此基础上对原有相声作品进行改进，编写出更有趣的“包袱”，但相应地，加工理解这些段子、“包袱”所使用的一般程序性默会知识又会有新的内涵，其反映的信息间的关系又会有新的变化。

程序性默会知识的获取途径

通过前面的分析，我们已经知道，作为思维规则，程序性默会知识的获取，能够深刻地影响学生思维能力的培养。因此，研究程序性默会知识的获取过程便具有了重要的教学实践指导意义。如果说，陈述性默会知识的获取过程存在一个从“辅助意识”到“集中意识”的“from……to”的集中过程，那么，程序性默会知识又该如何获得呢？

由于程序性默会知识可以理解为一种思维规则，窥探其获取过程或能从一般规则的获取过程中得到启示。为此，我参照了据称是中国第一部研究规则的哲学专著——《规则论——研究视阈与核心问题》。书中讲道，“一切皆有规则”，“规则是一种关系存在物”①。而程序性默会知识本质上同样是在思维过程中加工而成的信息间的关系。结合皮亚杰的描述——“人们生来就倾向于将他们的思维过程组织入心理结构”，我们似乎可以说，人们有从思维过程中获取信息间的关系，而后再利用这个关系加工信息的心理倾向。

关于规则的获取过程，《规则论——研究视阈与核心问题》一书中这样说，“在马克思哲学视野中，规则源于人的实践活动，规则……是人的创造物”②。相应的，作为一种思维规则，程序性默会知识必然也只能是人们在思维的过程中创造的。而由于任何人的思维过程都是独立进行的，其创造的程序性默会知识也就具有了表现个体差异的特异性。

《规则论——研究视阈与核心问题》中还提到，“体验是知与行的自然统一，是主体在对象性的交往过程中，对自身与环境关系的直接体悟”③。这里讲的“体验”，在我看来，实际上就是默会的另一种说法。也就是说，只有通过默会，才能将知识和思维统一起来，使信息间的关系内化为“自身”的一部分。否则，知识只是自我“额外的附属物”。事实上，如同获取陈述性默会知识需要个体的默会，程序性默会知识在其获取过程中同样需要个体的默会。二者的区别在于，陈述性默会知识的获得是个体通过将有关的各种线索整合为一个综合体并加以默会实现的；而程序性默会知识则是个体通过对一段思维过程默会实现的。如果把前者视为一种相对静态的默会，那么后者则可视为是一种动态的默会。

由此，我们可以将程序性默会知识的获取过程理解为：

程序性默会知识=思维+默会

其中，思维是对信息间的关系的判断，默会是对思维过程的体验和感知。

在日常生活中，例如在日常的沟通交流或休闲娱乐时，人们不需要特别有意识地去默会什么，便可以获得程序性默会知识。但实际上，在这些时候，由于人们的认知过程是完整的，默会实际上已经存在于人的思维过程中了。日常

① 陈忠．规则论：研究视阈与核心问题［M］．北京：人民出版社，2008：125.
② 同①，第129页。
③ 同①，第310页。

的沟通交流或休闲娱乐时，人们不仅要判断信息以及信息间的关系，需要判断信息的指向（你、我、他、它），还需要体会其幽默的成分和深层的意义。这个过程中，默会便在其中了。这里之所以特别强调默会过程的存在，即特别强调对思维过程的体验和感知，其实是针对课堂教学的。因为在当前的课堂教学中，默会过程容易也经常被削弱和扭曲。比如，在“严师出高徒”的意识支配下，教师要树立一种居高临下的威严，使学生“不敢不学习”。而这种“不敢不学习”，实际上就削弱和扭曲了学生的默会过程，使其不能很好地对思维过程进行体验和感悟。

至于程序性默会知识获取后人们的思维表现，《规则论——研究视阈与核心问题》中讲，“规则体验是人……的一种直觉式发现。是‘不明就里’、‘不知原因’、‘不假思索’地遵从……”①。这里表达了两个意思，首先，作为体验和默会的结果，程序性默会知识的获得是一种直觉式的发现，获取后人们不会感到有什么神秘和复杂；其次，程序性默会知识获取后，人们会‘不明就里’、‘不知原因’和‘不假思索’般地遵从，从而实现皮亚杰讲的“理解世界和与世界互动”。

综合以上，我们可以得到如下结论：

（1）人们有从思维过程中获取程序性默会知识的心理倾向；

（2）程序性默会知识是在思维的过程中创造的，具有针对个体的特异性；

（3）默会是程序性默会知识获取过程中不可缺少的一环；

（4）程序性默会知识的获取是一种直觉式发现，获取后没有人感到神秘和复杂；

（5）程序性默会知识在获取后处于内隐的状态，人们都是“不明就里”、“不知原因”、“不假思索”地遵从。

为了加深我们对程序性默会知识获取过程和特点的理解，接下来，我们不妨分析一道某高校在自主招生时设置的语文题目。这道题目实际上就考查了学生对一般程序性默会知识的获取和运用能力：

“度日如年”是指日子过得很好，每天像过年一样。

---

① 陈忠．规则论：研究视阈与核心问题［M］．北京：人民出版社，2008：316.

请仿照这个成语和对成语的解释，写出一个成语或是短语，并解释之。

结合前文的论述来分析这道题目，我们不难看出，这道有趣的题目其实是让学生通过理解例句，得到例句中各个词语之间的关系，即内化其词语间的关系为程序性默会知识，而后，再按这一程序性默会知识的要求，选择词语并写出新的句子。

程序性默会知识是对例句中各词语之间关系的内化。离开例句，任何人要想直接表达这个信息（词语）间的关系都是困难的。即便有人感到自己能表达出例句中信息间的关系，但是，离开对例句的实际理解，却几乎没有人能将其中的信息间的关系直接内化为自己的程序性默会知识。考生对例句理解到什么程度，其获取的信息间的关系就会到什么程度。可见，信息间的关系来源于学生的思维活动，这种思维活动是对思维过程中所涉信息间的关系的内化。显然，例句所表达的意思明显不符合人们的经验，甚至可以说是错误的；但是，信息间的关系却是针对例句产生的，是依赖于针对例句的思维过程的。也就是说，这一信息间的关系没有办法直接被表达，不能直接被转述或是翻译，只能通过对例句的理解才能得到，所以，认识论上将这称之为“非转译性理解”。

经过上述分析，我们自然不能说这样的信息间的关系可以支配我们做出合乎逻辑的理性判断，相反，它倒是会支配我们做出违背经验的思维结论。下面是几个参考例句，是不同的人根据自己获取的一般程序性默会知识给出的思维结论：

“头痛医头，脚痛医脚”是说，对症下药，医术精湛，头痛把头医好了，脚痛把脚医好了。

“杯水车薪”是说，生活非常富足，上班时每天端茶杯喝水，每年的薪金用车向家里拉。

“鱼肉百姓”是说，对百姓非常好，让老百姓都能吃上鱼、吃上肉。

可以看出，这些新句子，都是符合先前通过例句获取的程序性默会知识要求的，也都反映出答题者已经获取了相关的程序性默会知识。

总之，程序性默会知识是没有办法直接充分表达的，从而也就没有办法直接获得。而要想获得这种默会知识，则只有通过独立的思维加工和默会。因此，程序性默会知识可以被认识者独立获得，但不能直接被传授和传播。这个程序性默会知识的特点，正是现实的课堂教学所特别需要强调的。

程序性默会知识引起的思维现象

因为程序性默会知识在获得后不能被明确意识到，所以人们也就很难挑剔它的合理性。程序性默会知识一旦被获取，人们就会像《规则论——研究视阈与核心问题》所说的，在相似的思维过程中对其“‘不明就里’、‘不知原因’、‘不假思索’地遵从”。因为这一点，程序性默会知识可以支配人们在面对不同领域中的不同问题时，进行开拓性思维，从而极大扩展人们的认识，这是其有益的一面。

同时，由于本质上表现为信息间的关系的程序性默会知识，总是来源于一段特定的思维过程，一般来讲，这一信息间的关系相对这一段思维过程是合理的，但若将其扩充开来，就很难讲是普遍合理的了。关于这一点，《规则论——研究视阈与核心问题》里讲，“认识世界的合理方法，只能是‘朝向事实本事’，对……世界的构成要素及其关系结构进行动态的事实性实践反思”[①]。这是说，程序性默会知识的获得，反映了相关的思维过程的合理性，但是，因为人们的认识是不断进步的，世界的构成要素及其关系结构也是不断变化的，作为代表当时认识水平的程序性默会知识也只具有暂时的合理性，这种暂时的合理性，决定了人们的思维是有限理性和片面逻辑的。这和心理学的研究结论是一致的：思维是有限理性和片面逻辑的，或是说，理性和逻辑不是思维的本质属性。

然而，如同前面分析的，因为程序性默会知识在获得后不能被明确意识到，所以人们也就很难挑剔它的合理性。人们只能按它的要求进行思维，如果没有和结论直接相矛盾的证据，人们将对按照这一程序性默会知识得到的思维结论深信不疑。或者说，如果没有和思维结论直接相矛盾的证据，人们对程序性默会知识将会是盲从的。由此便产生了有趣的思维现象。我们不妨看下面两则案例：

[案例 1]

墨子是春秋末期、战国初期的思想家，主张“兼爱”，反对战争。他知道楚

① 陈忠．规则论：研究视阈与核心问题［M］．北京：人民出版社，2008：218.

国要攻打宋国，于是便不远千里来到楚国劝阻楚王。具体过程是这样的：

见了楚王，墨子这样说："有这样一个人，他抛弃自己华丽的车子，看到邻居有破车子便想去偷；抛掉自己的锦绣衣裳，看见邻居有粗布衣服就想去偷；抛掉自己的白米肥肉，看见邻居有糟糠之食，便想去偷。这是什么样的人呢？"

楚王说："这个人一定患了偷窃病了。"

墨子说："楚国的土地方圆五千里，宋国的土地方圆只有五百里。这就好像华丽的车子和破车子。楚国有高大的松树、名贵的梓树、黄楩木、楠木、樟木，宋国却没有这些。这就好像锦绣衣裳和粗布衣服。楚国有云梦大泽①，那里满是犀牛、麋鹿，长江、汉水里的鱼、鳖、虾、蟹多得天下无可比拟，宋国连野鸡、兔子、鲤鱼都没有。这就好像白米肥肉和糟糠之食。我认为大王攻打宋国，正和这个害偷窃病的人一样。"

到这里，楚王不能反驳。

让人奇怪的是，楚王没有反驳的理由吗？客观上讲，楚王反驳墨子的理由很多，可以列出几十条。从大的方面讲，楚王完全可以从宋国和楚国的关系的角度、从保卫楚国安全的角度来反驳，还可以通过诬蔑宋国国王昏庸的角度来反驳，其中任何一条都可以搪塞墨子，使墨子的劝说不能继续下去。但是，为什么楚王当时就不能反驳呢？我曾经就这个问题问过很多学生，他们也都感到不理解，难道是文章的作者故意这样写，没有尊重历史事实吗？非也！之所以楚王当时不能反驳，是因为楚王在思维加工前面"富人"的信息时，获得了一个信息间的关系，也即获得了一种程序性默会知识，因为这一信息间的关系是默会的，楚王自己不能意识到，所以也就不能挑剔它的合理性；又因为自己的行为和那个"富人"的行为具有某种相似性，大脑就在这种相似的思维过程中自动套用了这个信息间的关系，得到了有利于墨子而不是有利于自己的结论，最终对墨子的劝说不能反驳。这实际是楚王暂时受困于墨子设定的信息间的关系而不能跳出来的表现。

人们意识不到其所获取的程序性默会知识，也就不能挑剔这一默会知识的

---

① 云梦泽，又称云梦大泽，为中国历史上最大的淡水湖之一。位于今湖北省江汉平原，推断面积最广时曾有4万平方公里。今多已成为陆地，仅留零星水体如洪湖等。

合理性，从而只能按它的要求进行思维。如果没有相互矛盾的直接证据，人们对在程序性默会知识支配下得到的思维结论没有办法怀疑。相比墨子而言，战国中期的孟子更善于利用程序性默会知识规劝别人，其目的主要是规劝各诸侯国的君主实行孟子的政治主张。有趣的是，尽管孟子规劝之后，国君们受困于孟子设定的程序性默会知识，且意识不到这种程序性默会知识，故而个个儿都理屈词穷，但这些国君们往往口服心不服，等到孟子离开自己的国家后，没有哪个国君会真正实行孟子的主张。这又是为什么呢？借助前面的分析我们不难得知，这是因为人们从有限的信息中获取的程序性默会知识并不是"放之四海而皆准"的。孟子的程序性默会知识在孟子表达的有限的劝说信息中看似合理，但是扩充开来很难说是正确的，各个国君面对的是更广泛的、更具体的问题。在面对这些问题时，孟子劝说中的程序性默会知识就缺乏更普遍的指导性了。

［案例 2］

1937 年，日本发动了全面侵华战争。早在此之前，其企图灭亡中国、征服世界的野心就已昭然若揭，这一野心集中体现在《田中奏折》中。其中说："要征服支那，必先占领满蒙；要征服世界，必先占领支那。"（支那是日本人对中国的蔑称）在此后的一次国际会议上，日本人公然宣称，日本和中国的关系就像当时英国和印度的关系，美国和海地的关系，意指中国应该成为日本的殖民地。

1931 年九一八事变、日本占领东三省后，中国派代表以《田中奏折》为证据，向当时的国联揭露日本企图占领中国、征服世界的野心。当时的日本代表却死不认账，矢口否认，说《田中奏折》是中国伪造的。当时一个记者不怀好意地问中国代表："能解释一下只有弹丸之地且国小民少的日本怎么侵略偌大的中国，又怎么能征服全世界吗？"这给中国代表团出了难题，中国代表感到，直接用说理的办法反驳记者的问题很困难，而且即便说出来了似乎也缺乏力度。

于是，这位代表巧妙地借用了一个比喻来回答记者的挑衅，他说："在偏远的乡村，当你来到一个弹丸的小剧场，看到节目单上却列着大的剧目：第一是英国的戏剧，第二是俄罗斯的芭蕾，第三是意大利的歌剧……这可能吗？你相信吗？但是当你看了第一个节目的确是英国的戏剧后，你还对俄罗斯的芭蕾怀疑吗？你还对意大利的歌剧怀疑吗？九一八事变就是第一个。"中国代表说完后，博得全场一片掌声。

当直接表达某关系不明了、不方便时，人们经常借助比喻、类比来表达。这里通过比喻和类比，实际是制造了一种信息间的关系，形成了一种程序性默会知识。因为人们对这种程序性默会知识不能意识，也就不能挑剔其合理性，所能做的是“不明就里”、“不知原因”“不假思索”地按这一默会知识的要求思考具有相似性的问题。这样也就可以表达出直接表达所不能表达的意思，达到直接表达所不能达到的效果了。墨子劝说楚王的案例、揭露日本侵略野心的小剧场比喻，其背后都是在制造信息间的关系，形成程序性默会知识，并让人们按这一默会知识指示的方向思维下去，最终达到形成有利于自己的思维结论的目的。

教学中的相关表现

尽管程序性默会知识不能被明确意识，但因为它对思维是不可或缺的，它的作用明显存在于学生学习的过程中，并被人们自觉或不自觉地运用于教学的过程中。

（一）程序性默会知识在学习中的表现

程序性默会知识内隐地、自动地在其支配思维时起作用的特点，决定了学生在拥有和没有拥有程序性默会知识的情况下，其解决问题的表现和结果都是不同的。

1. 学生对灵感和顿悟前的思维过程不能意识

现实教学中，学生为解决一个稍有难度的新问题而审题时，往往会经历一番思索，并且一般都是突然发现问题的解决方法。如果老师在学生这样成功解决问题后问学生，在审题得到思路之前，你的大脑考虑的是什么？他会毫不犹豫地回答，考虑的是题目。若再进一步问，你考虑的具体内容是什么？此时，学生一般不能回答。如果老师还是继续追问：想一想，你为什么这样解决问题？这个时候，学生一般会做两方面的回答，一方面，学生会把自己按某种思路一步步解决问题的过程讲出来；另一方面，其在讲解这一过程时，会突出地讲这一思路的合理性。若是仔细分析学生的回答会发现，学生所讲的第一个方面，即按某一思路一步步解决问题的过程，这其实是在其发现方法后想到的；第二个方面，他所强调的这一思路的合理性，也是他在解决问题后，特别是在回答问题的过程中想到的。也就是说，学生这两方面的回答都不是其在发现问题解决思路前考虑的东西。这反映出，学生对自己突然发现问题解决方法前的思维过程是不能明确意识的，因而也就不能表达出来。观察学生学习过程中的相互交流，也能够发现类似的表现。例如，甲乙两个学生做同一个新题目，思考一段时间后，甲同学发现了问题的解决方法，乙同学则没有思路。乙同学在知道了甲同学的方法后，感到很奇怪。问，你是怎么想到这个方法的？为什么这样想？这个时候，甲同学往往会说，没有为什么，就这样！甲同学的回答是对他真实感受的描述，他不能意识到自己突然发现方法时其思维过程的合理性。尽管在发现方法前，甲同学耗费了很多的脑力，发现方法后他的感受却是很简单，没有为什么。这两类表现和心理学的研究结论是一致的，人们在解决问题时对于问题解决方法的发现都是以灵感和顿悟的形式突然实现的，自己不能意识到方法发现过程的合理性。这时人们的感觉只是“有了”、“突然通了”！

那么，是什么在学生不能意识到的情况下支配了学生的思维，使其实现了灵感和顿悟，进而发现了问题的解决方法呢？或者说，如果思维是选择信息和应用信息的过程，那么，学生的大脑是在什么东西的支配下突然选择和应用相应的信息，突然形成了问题的解决思路呢？答案是：学生早已掌握了的、作为思维规则的程序性默会知识，就是在它的支配下，学生才发现了问题解决方法！

学生对灵感和顿悟前的思维过程不能意识，与我们日常用语言交流时的表现类似。我们用语言交流时，是通过词语之间的修饰和说明关系来理解语言的，而语法规则代表了词语之间的修饰和说明关系。但是，我们在正常情况下一般不会意识到自己选择了哪个语法规则来理解哪句话，以及自己为什么选择这个语法规则理解这句话。这里的语法规则就代表了我们加工的词语之间的修饰和说明关系。我们有意识地考虑的内容是什么呢？我们只考虑了语言表达的意义是什么。心理学研究表明，“3 岁时，儿童已经能够令人吃惊地利用规则来建构他们的语言，但是，他们以及他们的父母却都没有觉察到这种‘知识’”[①]。这

① 达马西奥 A R. 感受发生的一切：意识产生中的身体和情绪［M］. 杨韶刚，译. 北京：教育科学出版社，2007：229.

里，没有觉察到的“知识”、这种建构语言的规则，就是用以组织语言的信息间的关系（语法规则），也即一种程序性默会知识。可见，学生思考新问题时发现问题解决方法的过程和我们用语言交流时的过程是一样的，对于支配思维的信息间的关系即程序性默会知识，自己是不能意识的，这决定了在发现问题解决方法前，即在能将题目的信息组织在一条思维路径前的思维过程是不能被学生明确意识的。当发现了问题解决方法，即利用信息间的关系将题目的信息组织到一条思维路径上时，我们也就意识到了这条思维路径上的内容了。就像我们利用语法规则将一串词语组织成一句话后，我们就明确地意识到这句话的意思了。相对之前的没有思路的状态和现在对思维路径上信息的明确，我们就会感到“有了”、“突然通了”！所以，可以得到这样的结论：我们能意识到的思维路径上的内容或是说新问题的解决方法，只是思维的结果而已，就像一句完整的话是我们利用语法规则选择和组织词语的结果一样。

2. 学生学习过程中健康的问题解决和不健康的问题解决

现实教学中，学生要解决很多的问题，这是学生提高思维能力所需要的。程序性默会知识是从思维的过程中内化的心理结构，也即思维的规则。所以，能有效提高学生思维能力的问题解决，必然是伴随程序性默会知识的获取和应用，我们将这种问题解决称之为健康的问题解决；相应的，缺乏程序性默会知识的问题解决，我们称之为不健康的问题解决，这种问题解决对学生思维能力的提高没有帮助。关于健康的问题解决和不健康的问题解决，我们通过以下教学中的常见现象可予以说明。

绝大多数老师都有这样的经历，自己讲过的例题，讲得细致周到，学生也表示“听懂了”、“明白了”，甚至学生在课下也能做出类似的题目了。但是，一段时间后，学生又不会做了，或是在考试中，学生又做不出来了。老师一般对此颇感无奈。而在学生这里，很多老师教授的解决问题的“好”方法，自己也确实感到“听懂了”、“明白了”，甚至也用它来解决几个问题了，问题解决得也很简捷，但自己用起来往往不是很顺手，时间稍长就会放弃不用。

面对这样的现象，老师和学生都感到很无奈，给出的解释只能是：遗忘了！又因为这样的现象经常发生，师生双方也只好习以为常了。

但是，我们注意到，上述种种现象，与研究思维的心理学家的结论是相悖的。心理学家通过研究发现，人们对问题由不理解到理解的过程是不可逆的，是不可撤回的。除非发生了新的疑问，不存在理解之后又不理解的现象。在我们的生活中也是这样，一个问题，可能困惑了自己很长时间，可一旦想通就彻底通了，不存在想通了之后又想不通的现象。对此，我们的解释是，上面的现象中，学生对问题的理解“撤回了”、“可逆了”，只能说明其对问题并没有产生真正的理解。师生对上面现象所做的解释是“遗忘了”，这个解释是符合人的体验的。那么，什么是“遗忘了”呢？就是在先前做题时能意识到，可以利用意识到的东西解决问题；之后又不能意识到了，或是不能回忆起原来能意识到的东西了，也就不能用以解决问题了。也就是说，在上述现象中，学生是利用明确意识到的东西来解决问题的，学生对问题实际上并没有真正地理解，没有在思维过程中获取程序性默会知识，其支配思维的东西是可意识的，等到再用的时候需要有意识地回忆，但又回忆不出来了，所以不能解决问题了。很明显，这种问题解决不是在程序性默会知识作用下的表现，它妨碍了学生思维能力的提高，因而是不健康的问题解决。

与上面的现象形成鲜明对照的是：学生一般都有这样的经验，自己独立发现的方法，即便被老师批评为“偏”和“怪”，但学生自己却用得得心应手，不用有意识地记忆，很长时间以后还会在类似的问题中自然而顺畅地被应用。

学生独立发现方法，必然是在分析信息间的关系的基础上实现的，伴随对信息间的关系的内化，这是不可撤回的理解，是不可逆的。信息间的关系被内化后，成为自己不能意识的程序性默会知识。程序性默会知识因不能意识，也就不存在记住和“遗忘了”的现象，所有很长时间以后还会在类似的问题中自然而顺畅地被应用。这种伴随程序性默会知识的获取和应用的问题解决，就属于健康的问题解决，是真正能够提高学生思维能力的。

（二）教学中对程序性默会知识的不自觉运用

尽管在现实的教学中，老师和学生对程序性默会知识及其作用还不明确，但是在教学的很多方面，师生们实际上已经不自觉地运用程序性默会知识了，而且这种运用得还相当普遍。比如，在语文学科教学中，特别是在作文教学中，语文老师会经常鼓励学生在作文中通过讲故事、打比喻和作类比来发表议论和形容事物。因为在语文老师看来，要发表议论或形容事物时，如果只是平铺直叙，会显得苍白无力，干瘪乏味；而如果是通过讲故事、举例子、打比喻来类比说明，倒显得深刻且值得回味，容易引起阅读者的兴趣。这里，如果仔细分析为什么这样做会使文章显得深刻且值得回味，就不难发现，通过对故事、比喻的理解，人们会获取程序性默会知识，在它的支配下，大脑不受意识控制，自动思考了相关问题，进行了更多的相关联想和想象，并感到思有所获。我们甚至可以说，一个人在写作中所使用的比喻、类比的水平，在一定程度上反映了一个人的思维能力。

同样，在语文阅读教学中，阅读表达情感的排比句，也是在利用程序性默会知识。排比句读起来很有气势，语文老师常会将这一点直接作为结论讲给学生。但是，为什么读排比句学生会感到有气势呢？这是因为，排比句中每句话的信息间的关系是一致的。排比句不是意义或是意思的重复，而是以相同的信息间的关系表达不同的意思。假设有四句语法结构不太简单的排比句。读了第一句，学生一般不感到有什么特别，读了第二句，学生才感到有点儿意思，读了第三句、第四句，学生才开始感到有气势。为什么会出现这个现象呢？若假设第一个排比句并没有体现典型的主谓宾定状补的语法结构，而是表现出稍有特点的语法结构，那么，学生是怎样理解这句话的呢？学生是根据基本的语法理解这句话的意义的。即在借用、调整、重组过去语法规则的基础上理解这个句子的。这个过程就是皮亚杰讲的“人们……将他们的思维过程组织入心理结构”，整体理解这个句子的过程，即是整合这些语法规则的过程，这个过程在大脑中暂时性地形成了一般程序性默会知识。当然，这个过程无疑也耗费了较多的心理能量。尽管此时萦绕在大脑中的只是这句话表达的意思，但是人们一般大都已经是获取了这个一般程序性默会知识了。理解第二句的过程中，发现第二句的语法结构和第一句完全一样，这就在自觉或不自觉中，借鉴了理解第一句时形成的程序性默会知识。这无疑使大脑节约了心理能量。为什么人们读了第二句排比句子时会感到有点儿意思呢？说明这一点，需要借助我们的另一种日常经验。一般来说，当我们不敷衍地思考和解决问题时，如果实际的付出比自己的预计要少，我们就会感到轻松，轻松即一种愉悦感。读第二句排比句时感到有意思，实际是我们感受到了这种轻松和愉悦。读第三句、第四句，由于它们都满足了同样的信息间关系，在前面获取的程序性默会知识的支配下，我们付出的努力远少于读第一句，也小于读第二句。因为成功而有较多余力地解决了过去付出很多努力才能解决的问题，在这种情况下，我们自然都会感到轻松和自信，也会更充分体验和感受这个思考和解决问题的过程。我们读排比句时感到有气势，正是在这种心境下结合排比句表达的意思所形成的感受。

用打比喻和作类比表达意思，利用对偶或排比句表达意义，只是人们在创作文学作品过程中利用程序性默会知识的常见方式。实际上，类似利用程序性默会知识的文学创作还有很多，例如，美国作家欧·亨利的小说《麦琪的礼物》的写作便很好地利用了程序性默会知识。

《麦琪的礼物》叙述了一对贫穷恩爱的年轻夫妻在圣诞节前，都打算给对方赠送一件礼物，以便给对方带来节日快乐的故事。妻子德拉看到丈夫有一块祖传的金表，却没有表链，就忍痛剪掉了自己的秀发，用卖秀发的钱买了一条表链；丈夫杰姆则看到妻子虽然有一头像瀑布一样的美丽长发，但缺少一把适用的梳子，于是就卖掉自己的金表买了一套梳子。结果，圣诞节前夜两人一碰面，丈夫接过妻子送的表链，但金表没有了；妻子接过丈夫送的梳子，但长发剪掉了。他们只好凄然地相对而笑。

读完这篇小说，没有人不为二人爱情的崇高、真挚和圣洁所感动。这当然与作者巧妙的构思有关。如果我们从大脑思维的角度分析这一构思，我们会发现，这一构思其实是巧妙地利用了人们不能意识到的程序性默会知识。

关于丈夫的信息：

圣诞节，想给妻子带来快乐→要送礼物→看到妻子有发无梳→决定忍痛卖表买梳→丈夫接过表链，但金表卖掉了

关于妻子的信息：

圣诞节，想给丈夫带来快乐→要送礼物→看到丈夫有表无链→决定忍痛剪发买链→妻子接过梳子，但长发剪掉了

读罢小说，关于丈夫的信息和关于妻子的信息不觉地萦绕在脑海。我们要注意的是，关于丈夫和妻子的信息都遵从了相同的信息间关系，也即相同的程序性默会知识。尽管小说的写作实际上没有按这样对应的顺序来写，但我们还是按程序性默会知识的要求组织了两者的信息。我们为什么会这样呢？因为，正如我们前面分析到的，人们有从思维过程中获取程序性默会知识并自动地按获取的默会知识的要求组织相关信息的倾向。皮亚杰的说法是，“人们生来就倾向于将他们的思维过程组织入心理结构。这些心理结构是我们理解世界和与世界互动的系统”①。鉴于此，作文教学中，教师完全可以指导学生在布局谋篇时利用大脑的这个思维特点，在这种构思下完成的作品，同样会使人感到有回味，意境深长。

① WOOLFOLK A. 教育心理学［M］. 何先友，等，译. 10版. 北京：中国轻工业出版社，2008：31.

获取规律承载默会知识

学科规律构成了各学科的知识框架，学习学科规律就成了学生学科学习的基础。在学科教学中，一般来说，各学科规律都是在一定历史时期内被反复、严格地证实了的“正确”的知识，其被学生推翻的概率几乎是零。这决定了学生从中获取的信息间的关系即规律承载默会知识具有一定的恒常性，表现为“一次获取，终生正确”。对于所有的学科规律，“如果剥去其默会的协同性因素……所有的公式……都将是毫无意义的”①，这说明了从学科规律中获取规律承载默会知识的重要性。那么，现实教学中，学生从学科规律中获取规律承载默会知识的具体情况如何呢？怎样才能引导学生更好地获取规律承载默会知识呢？

学生获取规律承载默会知识的现状

前一节中，我们系统介绍了规律承载默会知识的定义及其在学生思维过程中的重要作用。同时，我们也指出了，只是知道规律的表达式与完全获取规律承载默会知识之间存在着很大的距离。获取规律承载默会知识的学生，大脑可以按这一默会知识的要求自动思考相关信息；没有获取规律承载默会知识的学生，其大脑则不能按这一默会知识的要求自动思考相关信息。而自动思考相关信息的水平，则反映出学生掌握相关的学科规律的真实水平。可见，学生是否获取了规律承载默会知识，是衡量学生是否掌握相关学科规律的重要标志。那么，现实教学中，学生对学科规律掌握的现状，即通过对学科规律的学习，其规律承载默会知识获取的现状究竟如何呢？获取程序性默会知识和没有获取程序性默会知识的学生，其在学习过程中的表现有何不同？没有获取程序性默会知识，又会对教师的教学产生怎样的影响？对这些问题，我们接下来会一步步分析。

① 郁振华．波兰尼的默会认识论［J］．自然辩证法研究，2001（8）：6.

（一）成功获取规律承载默会知识的学生少之又少

为了弄清楚学生获取规律承载默会知识的具体现状，我曾专门调查研究过学生（特指本人曾教过的、就读于省内教学质量较高的示范性高中的学生）在学习完某些重要物理学公式后的做题表现。

例如，高一学生在学习完匀速圆周运动后，我便请他们做了一道相关的题目（这道题目考查学生对向心力公式的理解和应用，教过高中物理学科的老师都知道，向心力公式是高中物理上为数不多的几个重要公式之一）。题目做完后，我统计了做对题目的学生人数，并详细询问和了解了这些学生做题时的思维过程，题目内容和相关的统计如下。

［题目］

一根细绳水平拉住一个小球，使小球在光滑水平面内做匀速圆周运动，已知细绳所能承受的最大拉力是定值。以下说法正确的是：

A. 小球以等大的线速度运动时，长绳易断。

B. 小球以等大的角速度运动时，长绳易断。

C. 小球以等大的角速度运动时，短绳易断。

D. 无论如何都是长绳易断。

做对题目的学生在做题时的表现统计

学生做题时的具体思维过程	人数统计（人）	占做对题目的学生群体大致比例（%）
写出向心力公式的两个具体表达式，然后对照公式进行分析，最终得出结果	37	71
没有写出向心力公式的具体表达式，但在大脑中回顾了表达式，通过在大脑中对比分析，最终得出结果	11	21
根据自身对向心力公式的理解，不写公式，也不回顾公式，而是直接利用向心力和线速度、角速度之间的关系做出定性判断，最终得出结果	4	8

结合对学生做题情况的统计，如果进一步分析三类不同学生解答题目的思

维过程，我们会发现：

第一类学生需要把记住的公式写出来才能对照公式分析，这是典型的照单比较、机械套用，其大脑没有利用公式代表的信息间关系（即按规律承载默会知识的要求）自动加工相关信息；

第二类学生对公式的记忆显然比第一类深刻，但是，这类学生仍然需要借助公式的具体表达式解决问题，只不过其对问题的解决是熟练一点的照单比较、机械套用，与第一类学生没有质的区别，其大脑同样没有按规律承载默会知识的要求来自动加工信息；

第三类学生在解决问题的整个过程中，脱离了公式的具体表达式，熟练地运用从公式中早已获取的向心力、线速度、角速度、半径之间的关系，对其做出定性判断，其获取的规律承载默会知识在直接指导大脑对相关信息的思维加工。

很明显，第三类学生获取了规律承载默会知识，可以直接根据公式代表的信息间的关系来进行思维加工，其在解决问题的过程中，不会在大脑中考虑具体的公式表达式，甚至都没有意识到支配自己思维的这种默会知识的存在。但令人感到遗憾的是，这类学生占群体之比却不过区区 8%，对于来自省内教学质量较高的示范性高中的学生，对于物理教学中如此重要的公式，大多数学生依然要借助具体的公式表达式——无论是在纸上写出来，还是在大脑中回顾，来解答题目。能够自动熟练地运用学科规律来思考和解答题目的学生人数少之又少，大多数学生在学科规律的学习过程中，都没有真正获取规律承载默会知识。学生成功获取规律承载默会知识的现状着实令人担忧。

尽管上述统计只是针对示范性高中的一个班，事实上，成功获取规律承载默会知识的学生少之又少、大部分学生并未成功获取规律承载默会知识的现象，并非一校一班所特有，这种现象具有广泛的代表性。特别是对生源并无优势的一般高中，情况可能更为严重。比如，老师们普遍都曾遇到过如下令人头痛的现象。

现象一：老师讲过的题目，或是学生自己曾经“独立”做过的题目，一段时间后原封不动地再次出现时，学生又不会做了，或是平时做得出来、考试时却又不会做了。前面讲到过，正常情况下，我们一旦“想通了”某个问题，就不会再感到困惑，不存在想通后再次困惑的现象；由困惑到想通，这种变化是不能撤回的，是不可逆的。而在现象一中，学生的表现却“可逆”了，这说明，学生在首次听讲或做题过程中，根本没有获取规律承载默会知识，只是机械地记住了做题的套路。这种解决问题的思路受限于记忆的强度，一旦记忆模糊，学生就很难再次做出相同的题目。

现象二：许多学生在做完了形式不同但规律相同的不同题目后，不知道解决这些题目所需的规律是相同的，相反，却觉得这些题目互不相关，难以做到举一反三。例如，学生通过求助老师或其他同学解决了自己在做某道题目时产生的障碍，之后学生常常仍然需要老师或其他同学的帮助才能解决形式不同、本质相同的题目。这说明，这些学生仍然是以记忆和回顾为基础、靠模仿和套用来解决问题的，他们只关注题目的形式和表面信息，内在的信息间的关系（即规律承载默会知识）自己是关注（获取）不到的。

现象三：询问或观察学生做题时的思维过程或表现可知，不少学生在看到一道题目时，往往不是具体问题具体分析，而是首先根据题目的形式，努力回顾自己曾经做过的相似题目有哪些，努力判断自己是否曾经“见到过”这道题目。这种现象仍然说明，大多数学生经常通过回忆和回顾过去问题的解决方法来解决现在的问题，他们能清晰地意识到这一点，并且不认为这样的问题解决方式有何不妥。在这类现象中，学生仍旧没有获取相应的规律承载默会知识。

现象四：很多学生在解决问题时，非常依赖问题本身的性质。如果问题本身涉及的学科规律非常明确，所考查的知识点结构单一，这类学生往往可以予以分析和解决。面对这类问题，学生只要记住公式，就可以在大脑中呈现出公式的表达式或是在写出公式的表达式的情况下，对比公式解决题目。但是，其分析问题的过程在很大程度上是对比公式表达式的过程，这个对比过程是在意识的支配下实现的，不是大脑在规律承载默会知识的支配下对题目条件和要求的自动加工。如果面对综合一点的新问题（注意，这里指的是新问题，并且这样的问题涉及的公式多而且公式指向不明确），没有获取规律承载默会知识的学生则不会独立解决！这是因为，如果没有获取规律承载默会知识，学生就不会直接根据题目的信息进行思维，只能依靠回顾公式的表达式并进行对比判断了。但是，任何人在审题的时候，都没有办法将可能相关的公式表达式全都写出来，也不大可能在大脑中将相关的公式表达式都呈现一遍。如此，学生便没有办法将公式的表达式和题目进行对比，不会分析这类新问题就在所难免了。如果学生面对的是老师曾经讲解过相关例题的综合题目，或是与过去自己做过的某个题目相似的综合题目（注意，这些都不是新问题了），那么，这类未获取规律承载默会知识的学生可以做出一些。但是，因为没有获取规律承载默会知识，学生就不能根据这一默会知识的要求来分析问题，同样也不大可能将所有相关的公式写出来或是呈现在大脑中。那么，对这样的题目，他们是怎样解决的呢？答案是：他们会根据题目的表面信息，回顾老师讲授过的相关例题的解决方法，或是回顾自己做过的相关题目的解决方法，以记忆和回顾为基础，通过模仿和套用过去的方法解决现在的问题。这种问题解决方式，尽管可能会在一定程度上解决了问题，但它离开了默会知识，离开了对问题的深入理解，只是对方法的模仿和套用，也谈不上对思维能力的培养。这种以记忆和回顾为基础、通过模仿和套用解决问题的方式，也即我们在上一节中提到的，是一种不健康的问题解决方式。这种不健康的问题解决方式，同样是学生没有获取规律承载默会知识的表现。

如果老师们感到上述现象不时出现，就说明，在我们的学科教学中，面对学科规律，成功获取相应规律承载默会知识的学生确实是少数，更多的学生实际上是没有获取相应规律承载默会知识的，他们在用不健康的问题解决方式解决学习中遇到的相关问题。

（二）对规律承载默会知识的获取情况，决定了学生如下学习差异

对比成功获取规律承载默会知识的学生和未能获取这一默会知识的学生，我们会发现，二者在分析、解决问题的过程中和解决问题的最终效果上表现迥异。

首先，成功获取规律承载默会知识的学生，其在分析问题时，不需要回忆相关公式（规律）的具体表达式，更不需要将这种表达式写出来或是呈现在脑海中，而是根据自己掌握的程序性默会知识，具体问题具体分析，并在此基础上得到针对性的解决方法。无论问题涉及的规律多么复杂，对这类学生而言，他们都会感觉从中获取的信息间的关系是极为简单的，甚至觉得简单到不值得

一提。

其次，成功获取规律承载默会知识的学生，发现问题解决方法的时间很短，往往只需要一瞬间。同时，学生自己不能意识到自己分析问题的思维过程的合理性，说不清楚自己为什么这样解决问题，这就是做题过程中的灵感和顿悟。灵感和顿悟发生时，学生对自己发现的问题解决方法确信正确并且能感到一定的畅通和愉悦。这种灵感和顿悟，在成功获取规律承载默会知识的学生身上，是经常发生的。通过这种方式解决问题后，学生对其中涉及的方法、思路经久不忘。

相反的，对于那些未能成功获取规律承载默会知识的学生而言，他们是以记忆和回顾为基础，通过模仿和套用的方式来解决问题的，并且，他们常常会在解决问题的过程中一步步地回忆起方法，很少能突然发现问题解决的方法，也即体会不到到灵感和顿悟时的畅通和愉悦。同时，这类学生对问题解决方法的使用很不自信，分析题目时总担心自己对已知条件的把握不准确，解决问题时优柔寡断、模棱两可。

再次，对于成功获取规律承载默会知识的学生而言，综合一点的新问题在他们看来并不比考查单个知识点的题目更困难。并且，这类学生从不机械被动地听课，对老师教授的方法也不会盲目接受，而是努力试图做出自己的价值判断。这类学生在听课时常常会有这样的感觉：这么简单的问题，老师怎么还要讲个没完？

最后，成功获取规律承载默会知识的学生在思维方式和学习效果上也与未能获取这一默会知识的学生有所不同。前者在学习任何学科规律的过程中，都不会只为搞懂知识的内容是什么，而是努力通过把握知识之间的联系或者说通过把握信息间的关系来把握规律。这样的学生遇到任何问题时，都习惯于通过努力分析信息间的关系来解决，也即具体问题具体分析。不过，尽管这类学生拥有了这样健康的学习策略，但其自身往往不能意识到这个策略，或是感到自己的这个做法不值得一提，甚至认为每个学生应该都是这样思考和解决问题的。

相反的，没有获取规律承载默会知识的学生在学习学科规律时，往往总在努力搞清楚规律的内容是什么，只要了解了规律的内容，就觉得自己“懂了”、“明白了”，之后便将老师教授的东西原封不动地接受下来。这一过程明显缺乏了对信息间的关系的辨别和判定。而当面对需要运用规律来解决的新问题时，这类学生也依然将注意力集中到了搞清楚问题是什么、表面的信息是什么等方面，很少展开对信息间关系的判别和审视，而是直接寻找可以模仿和套用的方法。可见，二者的思维方式有很大的不同。

对于获取了规律承载默会知识的学生而言，做题是分析判断问题、掌握知识和规律的机会，他们会努力从每个题目中得到新的启示。这样，他解决问题时，对多数题目甚至那些多数同学都会感到困难的题目，做得也会很快。但是，在有的题目上，甚至在那些多数同学看起来太过简单的题目上，他又会放慢脚步，将其视为一次很好的机会进行仔细研究。

相反，那些没有获取规律承载默会知识的学生，则将做题仅仅看成练习方法、熟悉套路的过程，对不同的题目不能区分轻重缓急，几乎都是平均用力。他们甚至以做题做得快为追求目标，因为做得快意味着方法和套路利用得熟练。让人遗憾的是，现实的教学中，这是多数学生追求的，甚至也是一些老师所提倡的。

获取规律承载默会知识的学生和没有获取规律承载默会知识的学生相比，二者在学习效果上有明显的差别。正如前面谈到的，学生自己总结的问题解决方法，哪怕显得很笨拙，甚至被老师批评为“偏”和“怪”，但学生自己用得得心应手，甚至长时间后在相应的题目中还会自然而顺畅地运用；而很多老师讲的好方法，学生“听懂了”、“明白了”，借助这些好方法也很便捷地解决了相应的问题，但往往会感到自己对这些方法的运用不是很顺手，甚至很快就会选择放弃使用。为什么学生对自己发现的方法用得得心应手呢？因为自己发现的方法是在掌握规律承载默会知识的基础上，具体问题具体分析的结果，这种方法是不需要有意识记忆就能长久不忘的，此后遇到相应的问题时，这种方法就自然被激活了；而老师讲授的好方法是学生在对其内容确认的基础上接受的，主要存在于记忆层面，其对方法的利用是通过模仿和套用实现的。一段时间后，当记忆模糊了，方法就难以被激活了，也就很难套用其解决相应问题了。此外，获取了规律承载默会知识的学生，更容易独立地发现一些问题解决的方法，甚至可以将独立发现的方法熟练地运用在那些其他同学感到很复杂的问题中；而没有获取规律承载默会知识的学生，很难独立发现自己的方法，也意识不到自己还可以发现问题解决的方法，在他们看来，解决问题的方法只能来自老师的讲授。

值得一提的是，对于未能获取规律承载默会知识的学生习惯使用的“只关注知识是什么，而后接受下来”的思维方式，美国心理学家布朗（Browne）和基利（Keeley）将之称为海绵式思维①。之所以叫“海绵式思维”，是说这种思维方式强调对知识的吸收而缺少了独立的分析和判断。根据他们的分析，海绵式思维具有如下几个特点。

第一，海绵式思维强调对知识的吸收，缺乏知识之间的联系、比较和互动。“采取海绵式思维的人在阅读材料时会怎样做呢？他会认真地阅读句子，并尽可能记住更多信息；他会用下划线标出关键的单词和句子；他会总结并记下阅读材料的主题和主要观点；他会检查他的笔记，并确定没有遗漏掉任何重要内容；他的任务就是找到并理解作者的意思。”②

第二，对知识海绵式吸收，同时伴随对知识的快速遗忘。因为缺乏对知识的联系和鉴别，吸收新知识的同时遗忘旧知识就成了一个必然的结果，并且遗忘的速度很快。用一句俗话说就是“黑瞎子掰棒子，随掰随丢”。与此形成对照的是，在健康的思维方式下，学习新知识的过程同时也是联系、优化、调理、评判新旧知识的过程，是使这些知识融合为一体的过程。

第三，海绵式思维缺乏健康思维所需要的节奏。以阅读为例，采取海绵式思维的人面对问题时，不会暂时停下以形成和明确自己的观点；面对作者的观点，采取海绵式思维的人不会暂时停下以评判作者的观点。甚至在阅读完一篇文章后，也不会整体评判这篇文章，因为评判是以心目中的模型为前提比对的过程。采取海绵式思维的人只是要吸收这篇文章，缺乏评判意识，因为他从没有形成过自己的模型。

第四，采取海绵式思维的人在思考问题的时候，总是寻找“是什么”，特别是在表面相似性的引导下寻找“是什么”，而不是思考“应该是什么”，因为思考“应该是什么”必须以“辨别为什么”为前提。

---

①② BROWNE M N，KEELEY S M. 学会提问：批判性思维指南［M］. 赵玉芳，等，译. 北京：中国轻工业出版社，2008：4-5.

第五，采取海绵式思维的人总追求知道了、懂了。在单个问题上好像学得快，但是忘得也快、也干净。因为人的认知特点告诉我们，只有自己独立体验判断的东西才是可以长久不忘的。采取缺乏独立体验判断的海绵式思维的人会博得好读书的名声，但是，其读书时缺乏了最紧要的一环：独立的思维判断。

第六，海绵式思维使人失去了应有的辨别能力。这种思维方式不会引导人们确定哪些信息和观点是值得信任的，哪些应该反对。如果一个人始终是海绵式思维，那么，他将始终信任其最后接受的信息，因为缺乏和前面接受的信息的联系，也不会将前后的信息进行比较和辨别。在这种情况下，人们做出决定是根据一个偶然的联想，而不是慎重判断的结果。①

我们可以注意到，现实的教学中没有获取规律承载默会知识的学生，基本上运用的都是海绵式思维，起码在学科学习方面运用的是海绵式思维。

对于没有获取规律承载默会知识的学生而言，他们只能通过回忆和回顾，以模仿和套用的方式解决问题，除此之外没有别的方法。这种问题解决方法客观上要求学生在包括听讲在内的学习过程中，只注重可以回忆和回顾的内容，以及可以模仿和套用的内容。这些内容都是可明确意识的，这使学生忽略了明确意识之下的默会知识，也就忽略了对信息间的关系的判断。其结果只能是再次强化了学生的海绵式思维。当然，海绵式思维反过来又阻碍了学生对信息间的关系的判断，从而阻碍了学生对规律承载默会知识的获取。这是一个恶性循环。不仅如此，学生普遍没有获取规律承载默会知识的现状和其习惯运用的海绵式思维，又限定了教师的教学。

（三）现状对教师教学产生的反作用

正如前面的分析，面对稍综合的问题，如果学生没有获取规律承载默会知识，学生没有办法在大脑中呈现所有可能相关的规律和公式，也没有办法将可能相关的规律和公式都写下来，那么学生怎样解决这些问题呢？学生只能以回

① BROWNE M N，KEELEY S M. 学会提问：批判性思维指南［M］. 赵玉芳，等，译. 北京：中国轻工业出版社，2008：5.

忆和回顾为基础，通过模仿和套用来解决问题。尽管这是不健康的问题解决方式，在教学任务极其繁重却又必须注重提高教学效率的今天，老师们也不得不适应学生中普遍存在着的这类问题解决方式，进而催生出一整套的教学应对之举：（1）将学生可能会遇到的题目，尽可能分门别类地讲解，以便学生们都有仿效的对象；（2）对每类题目都设计好、选择好具有代表性和典型性的题目（代表性意味着这类题目可供学生做几乎每一道类似题目时效仿；典型性指便于模仿、与相关题目相似性强）；（3）依靠大量地做题而不是深入理解问题，使学生不断强化解决问题的套路，进而提高考试分数。一个班级中，如果学生能完成老师布置的大量作业，这个班相应学科的平均成绩也就会高。同样，一个学校也是如此，一些升学率很高的学校校长甚至得意地宣称：我们升学率高的法宝就是重复、重复、再重复！

关于当前教师的教学方法、学生获取规律承载默会知识的现状以及学生以回忆和回顾为基础通过模仿和套用的问题解决方式三者之间的关系和由此造成的教学后果，我们将在后面章节中具体探讨，这里只是粗略谈一谈。

学生普遍没有获取规律承载默会知识的原因

通过对学生获取规律承载默会知识的现状进行分析，我们已经清楚地了解到，即便对于那些教学质量相对比较高的中学，其中的大部分学生仍然没有在学习规律的过程中成功地获取规律承载默会知识，这种现状不仅困扰着大量学生的学习，也对教师的教学方法产生了不良影响。令人感到矛盾的是，一方面，老师们实际上普遍都很重视对学科规律的教学，也基本上都能够将学科规律以准确清晰的语言表达给学生；学生们在听讲过程中，对于几乎所有的学科规律，也大都会感到“听懂了”、“明白了”。但在另一方面，大量的事实、现象却显著地说明，大多数学生并没有成功地从学科规律中获取规律承载默会知识。

根据前文对程序性默会知识特点的介绍，仔细分析上述矛盾，我们可以得到如下结论：第一，作为思维基石的程序性默会知识——信息间的关系，是不可以以准确清晰的语言直接传授给学生的；第二，学生感到“听懂了”、“明白了”，这并不是获取默会知识的感受。这是因为，获取程序性默会知识的途径是

“思维+默会”，即在规律描述的情境中体验和判断信息间的关系；学生感到“听懂了”、“明白了”，是对相关规律的可意识内容的了解和接受，不是获取规律承载默会知识的表现。

这说明，现实教学中，教师在传授学科规律和学生在学习学科规律时的努力方向是有问题的。对师生双方在教学过程中的行为表现进行分析，或许有助于我们了解学生普遍未能获取规律承载默会知识的原因。

首先，在教师这边，本应该由学生自主思考和默会的东西，很多教师却以明确语言的形式讲给学生，甚至努力试图面面俱到地讲清楚，以清晰明白地讲出来为自己的教学追求，以让学生感到“听懂了”、“明白了”为教学目标。在教师看来，如果自己不能明白无误地讲出来，学生可能就不能清楚地理解相关内容，只有自己这样讲了，心里才会感觉踏实。但实际上，教师将问题清楚、明白地讲出来，使学生感到“听懂了”、“明白了”的做法，恰恰抹杀了学生在此过程中容易产生的疑问和矛盾，而疑问和矛盾正是学生主动思考的方向指示器，也是启发学生进行默会的好线索。这一点在现实教学中，即表现为“讲得太多”、“越俎代庖”。

其次，在学生这边，同样，很多学生也将主要的精力投放到了对规律的“科学内容”的确认上，以对知识感到“听懂了”、“明白了”为学习目标。这种思维缺乏了对信息之间的关系的审视和判断，只追求对明确知识内容的确认和接受。当学生接收了明确知识的内容时，就感到自己“听懂了”、“明白了”，进而就接受下来。在此过程中，学生没有对明确知识独立地审视、批判，缺乏主动性。这种接受，是一种被动的接受；而这种思维，就是我们前面提到过的海绵式思维，表现为对明确知识缺乏辨别地吸收。

再次，除了上面分析的原因外，学生的学习经历也在阻碍着其对规律承载默会知识的获取。比如，学生经过努力获取了规律承载默会知识后，并不会感到获得了什么“沉甸甸”的、有价值的东西，不会感到获得了可以说得出来的、“拿得出手”的东西，相反会感到太过简单和平常。甚至感到这种规律承载默会知识只存在于“意会”的、“隐隐约约”的状态中，有点儿飘忽不定。如果学生没有在此后的问题解决中及时地体会到获取它的“好处”，他们就更难体会到获取规律承载默会知识的价值了。由此，学生也就难以为再次获取规律承载默会知识采取相应的行为。其实，就目前的整体教学状况而言，在几乎所有题目都可以找到可仿效的对象的情况下，能体会到这种“好处”的学生少之又少。所以，其对规律承载默会知识获取后，不感到获取了什么，而在学习了可意识的明确知识后，反倒感到有极大收获。这种感觉反差也造成了学生难以形成主动获取规律承载默会知识的习惯。

进一步分析这种感觉上的反差，我们不难理解，学生以回忆和回顾为基础，通过模仿和套用解决问题时，只有可意识的内容才是回忆和回顾的材料，只有可意识的内容才是模仿和套用的标的。这使得学生自然而然地会更加重视和关注明确知识的内容。同时，只有可意识的内容是明确的、规范的、可验证的，是老师直接传授过来的和令人放心的，而借助默会得到的东西，难以保证是正确的，甚至会带有主观和感性的色彩，这在“科学主义”的氛围中，是令学生感到不确定和可怕的。

此外，在现实的教学中，由于长久以来文化观念的影响，我们一直在对学生进行着“听话教育”。树立“听话”就是好学生的观念，强调着“亲其师，信其道”，而不是“亲其师，思其道”，也不是“吾爱吾师，吾更爱真理”。这种教育的结果是，学生将教师视为真理的化身，坚信教师讲的明确知识都是放之四海而皆准的“真理”，由不得半点儿怀疑和批判，谁如果怀疑的话，实践将会证明，肯定是在做无用功，肯定是错误的。甚至认为，教师引导自己对问题进行探究的过程也都是不必要的，因为无论教师怎样绕弯，最终都不得不回到确定的结论点上去。在这种情况下，他们只希望教师能将问题讲得清楚明白、细致周到，甚至不惜加课、补课、上辅导班，通过不断地重复被动接受的过程获取明确知识的内容。在这种学习意识下，学生努力接受老师所讲的一切，缺乏对问题应有的辨别，最终阻碍了自身从规律中获取规律承载默会知识。

获取规律承载默会知识的基本策略

程序性默会知识对思维起着直接支配作用，作为其中重要部分的规律承载默会知识在学生掌握学科知识方面又居于基础地位，鉴于此，在分析了学生普遍没有获取规律承载默会知识的原因后，为更好地指导学生获取规律承载默会知识，我尝试对获取这类默会知识的基本策略做如下分析。

（一）基本策略是什么

正如前面讨论的，任何数据、概念、名词、规律，离开它所描述的情境，都是干巴巴的、抽象的东西，但是，如果将这些放回到它们所描述的问题情境中，这些又都是鲜活的、意义丰富的。和获取陈述性默会知识需要知识情境的构建一样，获取规律承载默会知识也需要情境的构建。但是，获取规律承载默会知识时所需的情境构建更具针对性，需要将抽象的学科规律放回到规律所描述的范例中。这种通过主动搜索相关范例，证明、把握和体会学科规律的策略，就是获取规律承载默会知识的基本策略。

在范例中，人们思维、默会、体验；离开范例，即便对于内容很简单的规律，人们也只能理解其字面意思，难以获取相应的规律承载默会知识。或者说，即便对于内容看起来很简单的学科规律，如果不将它放回到具体的范例中，获取其信息间的关系也是不可能的。这就是哲学家库恩（Kunn）所说的，“科学教育的本性告诉我们，人们不是通过抽象的方式来学习科学理论的，而是通过对科学理论的具体应用来学习的。理论的应用总是具体的，所以通过应用来学习科学理论，实质上就是通过具体的范例来学习”①。

比如，我们听报告时，如果报告者只是讲了些大道理，我们往往不会感到不理解，但也不会感到有收获或是受启发。但是，如果报告结合具体的事例讲解并不难懂的道理，我们则会感到深刻、有回味。再比如，我们对洗发液的使用说明看得很清楚，没有人不理解，但是，如果只是按洗发液的使用说明洗头，没有人会洗头，也没有人可以洗完头。这是说，即便对洗发液使用说明这样简单信息的真正理解，也必须借助具体的洗头过程完成。所以，只有将抽象的规律放回到规律描述的范例中，人们才能真正体验它、理解它、把握它；离开具体的范例，即便人们感到对规律理解得很透彻，甚至可以成系统地讲解，也不能真正理解规律，就像夸夸其谈的人难有真才实学、纸上谈兵的人不会真的指挥战斗一样。

---

① 郁振华．人类知识的默会维度［M］．北京：北京大学出版社，2012：218.

任何规律都是对具体范例的抽象，即便看起来很简单的规律也都是如此，具体的范例才是认识的源泉。关于这一点，波兰尼认为，技能、鉴别力（指默会知识）都是通过范例来传递的。康德也认为，判断力（无论是规定性的判断力，还是反思性的判断力）都是通过范例而得以提高的①。波兰尼讲，在获取默会知识方面“范例之于规则具有优先性”。借助范例学习规律，才能培养真正的人才，而脱离了范例去学习规律，只会造就满腹空洞理论的人。所以，重视学生利用范例理解学科规律，也是教师应该具有的基本的教育意识。

在教学中，有一定教学经验的人一般都会有这样的感受，学生对一种规律或许自我感觉理解得很好，但如果不通过具体题目落实一下，学生是不能彻底掌握这一规律的。这里，这个落实规律的题目就是学生借以理解规律的范例。需要说明的是，借助范例理解规律的这一策略，要求人们对范例的借助是主动的。具体讲，面对某一规律，大脑需要主动寻求搜索相关的范例，以验证这一规律的合理性。这个验证的过程本身就是一个把握和体会规律的过程，当然也是理解和掌握规律的过程。所以，主动搜索范例借以证明、把握和体会规律的过程，就是主动利用范例学习规律并最终获取规律承载默会知识的基本策略。

（二）学生拥有基本策略却不去运用

需要我们注意的是，对于绝大多数高中学生来说，主动搜索范例学习规律，是他们已经拥有的学习策略了。但是，这个策略只在学生自由轻松的状态下，才可以被自动地、不受意识控制地运用。而在学科学习的过程中，大多数学生却屏蔽了这个已经拥有的学习策略，即将这个策略弃之不用。为了证实我的这种判断，我曾就以下观点（这个观点本身就代表了一种规律）对 20 多名学生做过验证，验证的结果表明，学生已经拥有了上述学习策略。

[观点]

所有动物求偶时的主动行为，都有利于自己基因的延续。

在找学生验证之前的三四个月，我先以闲谈的形式随机向学生讲述了与上述观点相关的两个范例中的一个（即下文谈到的关于狮子和白鹇各自习性的范

---

① 郁振华．人类知识的默会维度［M］．北京：北京大学出版社，2012：228.

例），但并不直接告诉学生上述观点，以及讲述范例的目的何在。三四个月后，每次找一两个学生，向其出示上述观点，并请其对观点做出评判。

上述观点实则反映了一条抽象的规律。我注意到，不管学生认为这一观点是对还是错，其判断都是通过对自己掌握的相关范例的分析实现的，都是通过范例来审视、检验和挑剔这条抽象规律的。

对这个问题有两种典型的回答。

一部分学生回答说，这句话是对的，接着，根据我之前给出的范例，他们做出如下解释：非洲雄狮在通过打败对手争取到狮群首领的位置后，都要杀死其中的小狮子。雄狮努力打败对手是为留下自己的基因；争取到狮群首领位置后，雄狮要将其中的小狮子杀死，以便母狮尽快发情，这也是为留下自己的基因。所以这句话是对的。

这部分学生的解释表明，他们是通过范例来检验审视这条规律的。这反映了学生认识规律、判断规律、加深理解规律的学习策略——主动搜索范例的学习策略。

而另一部分学生回答说，这句话是错的，接着，也是根据我之前给出的范例，做出了如下解释：在我国云贵地区海拔 1000 多米的银杉森林里，有一种鸟叫白鹇。雄鹇和雌鹇交配后，雄鹇总努力寻找雌鹇生的蛋。一旦发现，就全部破坏，将蛋吃掉。当然，雌鹇生蛋后，就会设法避开雄鹇，以防备雄鹇的破坏。为什么雄鹇要将蛋吃掉呢？这样可以促使雌鹇再次和它交配。从雄鹇吃掉雌鹇生的带有自己基因的蛋以寻求再次交配的机会来看，动物的求偶行为并不都是有利于自己的基因延续的。

这部分学生的解释表明，学生仍然是通过范例来审视、检验和挑剔这条抽象规律的。

透过上述验证与分析，我们可以看出，通过对自己掌握的相关范例的搜索来审视、检验规律的合理性，已经是大多数学生拥有的一个学习策略了。但是，我们注意到，大多数学生在学科学习的过程中，却不去运用自己早已拥有的学习策略。这又是为什么呢？

经过和学生多次深入的交流以及对学生相关学习现象的分析，我认为，在学科学习过程中，造成学生不能自觉运用已经拥有的学习策略去获取规律承载默会知识的原因主要有以下四点。

第一，在学生的心目中，教师以科学的名义，讲授“已经正确了几百年、上千年的”学科规律，其正确性不容怀疑。学生压根儿就不怀疑所学规律的合理性，也就不需要去审视它的正确性，他所要做的只是毫不怀疑地完全接受；面对教师这个无以撼动的权威，自己的任何挑剔注定要失败，到最后一样都得完全接受。

第二，学生学习学科规律时，以自己感到“听懂了”、“明白了”为标准，缺乏审视、检验的意识，只要是弄懂了学科规律所表达的字面意思，就觉得达到学习的目的了，无须再费神搜索什么范例。

第三，在大多数学生那里，学习规律的最终目的就是为了做题，只要能做出题目来，就算达到目的。在紧张的学习生活中，通过主动搜索范例检验、验证规律，似乎完全是在白白浪费时间。所以，只要感到自己在听老师讲解完例题，会套用学科规律解决问题后，对规律的掌握就算是到位了。至于通过题目审视规律这一步，则完全不在其考虑的范围。

第四，以学生的经验，老师在讲清楚学科规律的内容后，都会立即给出具有典型性和代表性的例题，只要听懂了这样的例题，就可以做出类似的题目了。如此，又何必加深对规律的认识呢？二者不是殊途同归吗？

鉴于以上原因，作为一线教师，我深切地感到，在教学的过程中，面对规律能主动搜索相关的范例来审视和检验规律，进而获取相应规律承载默会知识的学生可以称得上是“百里挑一”，甚至有可能是“千里、万里挑一”。

学生在正常的交流中或是在轻松的状态下已经掌握的思维策略，在学科学习中却弃之不用。这种现象背后，不仅仅是学生自身的问题，教师的教学在其中也起到了推波助澜的作用。据一些小学老师反映，很多小学生本来反应敏捷、表情丰富、眼神生动机灵，但只要一坐进教室，俨然木呆地像换了一个人似的，变得一问三不知。针对这些学生，有老师做如下批评——“课下像松鼠，课上像木鸡”，“课下像老虎，课上像绵羊”。作为教育者，我们应该反思的是，这种形容是对学生的批评，还是对当前教学的揭露？我们现在的教学是不是过于严苛和紧张了呢？过强的功利性和对分数过度的关注，使学生在课堂上扭曲了应有的思维习惯。再加上当下我们缺乏对学生的切实关注，缺乏对学生学习规律、思维过程的深入探讨，致使对学生表现出的学习现象关注不到，对学生的学习规律认识不足。因而对学生拥有策略却不运用的现象缺乏认识就不足为奇了，也就更谈不上相应的改进意识了。

（三）疑似应用基本策略的两种情况

对于上述获取规律承载默会知识的策略分析，有人或许会产生疑问：教师在讲解完学科规律的内容后，通常都会给学生讲解相应的例题，这些例题不就是学生借以理解学科规律的范例吗？其效果如何？还有，学生课下自己做的相关题目，不也是可以让学生借以理解学科规律的范例吗？学生课下做题的效果又如何呢？对于这两类疑似应用基本策略的情况，下面我们分别予以分析。

第一种情况，在课堂上，学生听老师讲解例题，似乎也是在借助范例理解规律，但是，实际情况却和学生主动搜索相关范例以审视和检验学科规律有着本质的区别。

主动搜索相关范例首先需要学生审视和检验学科规律，此时，学生必须主动把握、分析学科规律，努力抓住学科规律的特点，在这个基础上搜寻能证明或是能否定规律的范例。这种借搜寻范例对学科规律进行主动的分析和把握是掌握学科规律所不能缺少的，其效果也是听老师讲解例题所不能达到的。同时，搜寻到相应的范例后，在范例中审视、检验、证明这一规律进而掌握这一规律，这也是主动独立进行的，而且是在范例所在的情境中进行的，这种效果也是被动听讲所不能达到的。借搜索范例对学科规律进行分析和把握，在范例中对学科规律审视、检验、证明，这两个过程是获取规律承载默会知识所必需的，因为前者是自主搜索线索的过程，后者是在情境中检验和自主默会的过程。相反，听老师讲解例题时，由于例题是老师给出的，学生不需要怀疑和审视例题与学科规律的匹配性，其主要关注的是学科规律本身是什么、问题是什么、学科规律和问题是怎样匹配到一块儿的。这种情况下，学生只关注“是什么”，在搞清楚“是什么”之后，就只会不需要任何怀疑地接受下来。这种离开了审视和批判的思维过程，就是前面我们讨论的被动接受，属于海绵式思维。这种思维过程离信息间的关系的内化和规律承载默会知识的获取相去甚远。

第二种情况，学生课下自己做的题目，似乎也是学生借以理解学科规律的范例，那实际效果又如何呢？这需要我们具体问题具体分析。正如前面分析的，在当前教学现状下，大多数学生在获取规律承载默会知识上是失败的。这使他们可以更容易解决那些只考查单个知识点的新问题，或是公式指向明确的新问题，但是很难解决那些稍综合一点儿的新问题。这就是老师们平时所感受到的“学生的综合能力差”的现象。实际上，为了能让学生做出这些综合题目，老师都会借用具有典型性和代表性的例题讲解各个类型的题目。一旦漏讲哪个类型的题目，学生都可能在相应的问题上没有思路。为什么老师讲解后学生就可以解决问题了呢？因为学生遇到题目后，都可以从老师讲过的例题里找到能仿效的对象，通过对例题解决方法的模仿和套用，学生就可以解决相应的综合一点儿的题目了。

遗憾的是，在这种情况下，学生课下做题的努力方向却不再是深入分析问题本身，而是根据题目的表面信息回忆和回顾相似例题的解决办法，或是回忆和回顾自己曾经做过的相似题目的解决办法，通过模仿和套用过去问题的解决办法解决现在的问题。这样，学生就缺乏了对问题情境的构建，也就缺乏了在情境中对学科规律的默会；学科规律在这种思维过程中，只是学生试图套用的方法中的一部分，学生考虑更多的是题目和方法在套用时的匹配性，考虑的是眼前的题目和过去的题目的相似性；这时的学生自始至终将学科规律当成不容置疑的天条戒律，考虑怎样套用相应的学科规律以及套用得合适还是不合适；一旦成功套用，自己的目的就达到了。至于形成包含学科规律的问题情境并"寓居"于其中，进而深入理解规律、获取规律承载默会知识，基本上做不到。根据我的经验，大多数学生并不把一道道题目当成自己掌握学科规律的机会，也即不把一道道题目当成掌握学科规律的范例，更多的时候，是将其视为自己不得不完成的负担，一旦成功套用了方法，就迅速将题目丢到一边，唯恐避之不及。这种情况，又何谈默会？

所以，尽管学生课下做了大量的题目，即针对相应的学科规律接触到了大量的范例，但是，其通过范例理解和掌握学科规律的效率却是非常低的。学生的学习现象也说明了这一点。学生做的题目本来是加深理解学科规律的范例，做题应该是审视、检验和加深理解学科规律的手段，但是，我们常常会看到这样的现象，学生应用学科规律成功做出了某道题目，一段时间后，学生对此规律也还感到很清楚，但再次遇到题目时，却往往不知道自己早已利用这一规律解决过这类题目了。这本身说明，学生通过题目审视和检验规律的效率是多么低下。但即便效率非常低，学生如果做题做得多了，对方法模仿和套用得熟练了，也会成功做出题目，提高考试分数。所以，大量做题、不断重复，就成为师生眼中有效和实用的好方法。但是，从学生长远发展的角度看，这对于学生思维能力和创新意识的提高与培养，是很难产生良好效果的。

对上述两种情况的分析表明，学生所谓借助范例理解学科规律，实际上都是在以记忆和回顾为基础，通过模仿和套用的方式解决问题。关于这一点，我曾经做过如下的实验。

2012年4月，距当年高考不到两个月，我选择了10位学习成绩处于中等的高三学生（学生均来自本人所在的省内教学质量较高的示范性高中），在其要完成的物理试题中，加入了一道小学三年级的数学题（题目内容：11张人民币纸币，面值共3元。其中，面值5角的2张，面值两角的2张。问这些纸币的面值分别是多少，各几张？），让学生限时解答，类似于考试。

奇怪的是，半数学生可以做出前后的物理试题，偏偏做不出这道夹在中间的小学三年级的数学题目。

更令人奇怪的是，对于做不出这道数学题目的学生，当我提示说这是一道小学三年级的数学题后，他们却全都做出了这个题目。

结合之前的分析，我们再来看这个实验，这个实验说明了什么呢？在学生做物理题的过程中，突然出现了一道小学三年级的数学题目，这使半数学生找不到模仿和套用的对象，又因为这些学生缺乏具体问题具体分析的意识，所以不能解答相应的题目。但当他们得到我的提示后，便迅速不再在“物理圈子”中寻找可以仿效的对象了，怎么办？只能具体问题具体分析，如此，他们才成功地解决了问题。这个小小的实验形象地说明了学生以记忆和回顾为基础，通过模仿和套用解决问题的现状。由此也可以看出，学生在听老师讲解例题和在课下做题，并没有实现借助范例真正理解学科规律，其获取规律承载默会知识的效率是很低的。

事实上，学生获取规律承载默会知识的低效率，也恰恰说明了我们当前教学也在很大程度上扭曲了学生的思维。这使得很多基本素质不错的学生，在学校教育中受到了压抑。学校教育在促进学生思维能力的提高方面，效率是相对低下的。我有一个做法官的表弟，法官工作做得津津有味，对法律条文理解之准确、案件分析之透彻、量刑之恰当，在其工作系统内让人刮目相看。他自己解释说，这得益于自己工作之后的学习。据他介绍，他在上中学时，学习成绩、思维能力并不出众，但感觉工作之后却有了很大进步，思维能力也有了很大的提升。虽然他自己无法解释其中的原委，不过在我看来，这可能正印证了我们前面的分析，学校教育在培养其思维能力方面效率低下，甚至有可能压抑或扭曲了他的思维发展。而当他开始工作后，或许是因为环境的刺激，使得其更加注重发挥自己思维的主动性，注意了借助范例（不同的法律案件）深入分析、把握和体会法律条文，运用了前面说到的基本策略，才得以获取相关的规律承载默会知识，取得良好的工作业绩也就不难理解了。

引导学生获取规律承载默会知识

通过上面的分析，针对现实的教学，指导学生获取规律承载默会知识可能至少需要我们做好两方面工作，一是激活和引导学生运用主动搜索范例的学习策略，二是努力培养学生的“法官意识”。

（一）激活和引导学生运用主动搜索范例的学习策略

前文的分析已经表明，大多数学生实际上已经拥有了这种通过主动搜索相关范例来获取规律承载默会知识的基本策略。对于这些学生而言，老师需要做的，是将其头脑中已经拥有的这种学习策略予以激活和引导，一旦做到这一点，学生便能像波兰尼所说的，“可以成为训练有素的研究者”，因为，“受范例支配的常规的科学的研究，所依赖的也是科学家的这种能力”①。具体而言，我们需要做好以下工作。

第一，给学生明确地讲解这种学习策略，使学生明确意识到这种策略，并鼓励学生在学习中利用这种策略。即将这一策略由潜意识状态转化为明确意识的状态。只要处于明确意识的状态并受到了鼓励，在合适的时候，学生就可能运用这个策略。

在给学生讲解这种学习策略时，应当特别注意结合学生关注的具体问题来谈。这是因为，在学生学习过程中，有大量各式各样的问题，这些问题是学生最为关注的。围绕这些问题来讲解这种学习策略，学生将接受得更好。比如，一些学生十分关注类似这样的问题：在学习完相关基础知识后，自己对于涉及的问题依旧不会解决，因为不知道该运用什么规律以及怎样运用这些规律来解决这类题目。当学生产生类似这样的困惑时，我们应该清楚地告诉学生，这是

---

① 郁振华．人类知识的默会维度［M］．北京：北京大学出版社，2012：216.

因为相关的问题并没有被纳入到自己所掌握的范例之中，或是说学生理解的范例没有涵盖这个题目。所以才会出现不知道运用哪个规律或怎样运用规律来解决问题的困惑。

那么，究竟怎样才能在范例中涵盖更多的题目呢？我们可以继续引导学生，首先，在学习了学科规律之后，应当为检验、审视规律而主动地搜索范例；其次，在搜索到范例后，要在范例中仔细检验、审视规律，尽量扩大学科规律对应的范例范围。这一范例的范围越大，学生对范例把握得就越准，对相应的学科规律理解得也就越深刻。最终，学生可以运用这一规律解决的问题范围也就越大，举一反三自然也就变得容易起来了。

通过主动搜索相关的范例理解和把握规律，可以有效提升学生的学习质量，这种效果是非常好的，甚至可以说能够四两拨千斤。

通过主动搜索相关的范例理解和把握规律，可以有效提升学生的思维能力，达到良好的教学效果，甚至对学生的学习可以起到四两拨千斤的妙用。特别值得指出的是，只要学生这样做了，一定是认识的进步。因为无论学生最终获取了什么，都是其独立思考而不是被动接受的成果。一旦学生借以理解了学科规律，获取了相应的规律承载默会知识，这些规律便真正成为其认知范围内已经掌握的东西。相应的，前面提到的那些学生关注的问题也就自然得以解决了。

第二，引导学生正确地看待做题的意义和题目本身的价值，还原题目在掌握学科规律方面的范例价值。老师应当明确地告诉学生，各类题目都是自己掌握知识获取思维能力的范例，做题的过程既是在范例的情境中掌握知识获取思维能力的过程。不同类型的题目在应用知识和方法方面有不同的侧重，在培养学生思维能力方面也就相应的有所侧重。高中阶段，学生在每个知识单元里所接触的题目类型几乎是确定的。所以，学生应该将不同类型的题目都当成掌握知识获取思维能力的机会。

同时，正如前面分析的，通过回忆和回顾解决问题，以模仿和套用的方式解决问题，不能达到学习的目的。只有独立的思维和判断，独立的默会，才可以达到学习的目的。所以，选择、玩味和体会题目，以审视和挑剔的眼光看待题目，这样才能真正发挥题目的范例价值。

第三，努力创设有利于学生主动搜索范例的宽松的学习氛围。前面提到过，在轻松、愉悦的氛围中，学生是很容易运用规律承载默会知识解决相关问题的。这充分说明，如果在学生学习学科规律的过程中，努力创设这样的学习氛围，无疑有利于学生对规律承载默会知识的获取。当然，学习氛围的改善，是一个系统、浩大的“工程”，它受到学校内外各种因素的影响，不是单个老师、某个班级自身所能决定的。但是，作为老师，如果我们在教学过程中能够有意识地主动地去努力改善学习氛围，就一定会对学生应用这一策略产生积极影响。

（二）努力培养学生的“法官意识”

根据前面的分析，我们已经知道，与主动搜索范例理解学科规律的学习策略相对应的，是海绵式思维或是被动接受的思维方式。大量没有获取规律承载默会知识的现象均与以此种思维方式学习学科规律和相关知识有关。因此，在激活和引导学生运用已有学习策略的同时，我们还要着力改变学生习惯了的海绵式思维或被动接受的思维方式。对此，培养学生审视问题、批判问题、寻找依据衡量问题的意识就变得很必要。在我看来，这其中最重要的，就是要培养学生的“法官意识”。

什么是“法官意识”？我们不妨先给出一个假想的反例——一位法官听完原告的公开陈述后，面对所有人宣告：原告的陈述是对的。这时工作人员马上提醒法官，必须在听到另一方（被告）的公开陈述后才能对这个案件做出判断。当听完被告的公开陈述后，法官又宣告说：被告的陈述是正确的。工作人员不得不再次提醒说，公平的判决要求法官在宣布判决结果之前必须听取双方完整的陈述，同时判断证据、证言对陈述的支撑效力。法官又响应道：工作人员的说法是对的。

这个假想的反例，或许会引来大家的嘲笑。是的，这位法官“虚心”接受了每一个人，包括原告、被告和工作人员的每一句话，没有辨别、没有独立的见解。他完全将“法律准绳”丢到了一边，完全缺失了法官应该有的意识，这样的法官自然是没有办法做出公正的判决的。

反例虽可笑，但若仔细回想我们的教学，学生在课堂和课下不加辨别、照单全收的被动思维与学习表现，与反例中的法官又何其相似！

那么，什么是学生应该有的“法官意识”呢？我们知道，真正的法官需要不受感性和自己意愿的影响，要从繁杂的法律文本中确定适用的法律条文并以

此为准绳剖析、衡量、评判案件，在这个基础上实现对案件的定性和裁决。其中，法官要特别注意案件的细节以及法律条文规定的细节内容，以及条文适用的具体范围。这里的法官意识，是指法官不预先定性案件，不预先设定对案件的裁决，而是综合分析来自原告、被告以及其他方面的信息，还原和剖析案件的细节，根据案件，从繁杂的法律文本中，搜索案件适用的条文，根据法律条文来定性案件和裁决案件。法官意识是法官可以做出公正判决的前提，其核心是剖析和还原案件，而后根据法律条文而不是预设，对案件进行定性和裁决。

相对应的，学生学习规律时面对的规律，就相当于法官面对的案件；学生为掌握规律而在自己的经验范围内主动搜索相关的范例，就是法官在繁杂的法律文本中搜索适用的条文。学生的“法官意识”是指，学生要像法官根据各个方面的信息剖析和还原案件一样，来辨别和审视学习的规律，来把握规律的细节；学生要像法官从繁杂的法律文本中搜索适用的法律条文一样，从自己的经验里主动搜索规律所对应的范例；学生要像法官根据法律条文而不是根据预设对案件进行定性和裁决一样，在相关的范例中体会、把握甚至挑剔规律。这里法官研究的对象是案件，学生研究的对象是规律；法官要根据法律条文定性和裁决案件，学生要在相关的范例中体会和把握规律；如同案件的细节对还原、剖析案件和确定适用的法律条文至关重要一样，学生对规律的辨别、审视过程中，细节同样对体会和把握规律极端重要，对在范例的情境中体会和把握规律极端重要。关于细节的重要性，波兰尼说过，“一种难以说明细节的技艺不能通过规定来传递，因为对它来说不存在规定”①。

在学生学习规律时强调“法官意识”，针对的是学生在学习规律时照单全收、被动接受的思维方式。具体来讲，学生的相关不足主要在三个方面：一是学生缺乏对规律的辨别和审视，进而就难以更全面地关注到规律的细节；二是学生缺乏搜索相关范例的意识，而这是学习规律的必要途径；三是学生缺乏在范例的情境中体会、掌握甚至挑剔规律的意识。

那么，怎样引导学生在学习规律时培养“法官意识”呢？我想，以下三点是需要的。

第一，教师自己要改进自身的教学理念。培养学生学习规律时的“法官意识”，对教师的教学是一个挑战。特别是在当前的教学现状下，人们普遍认为，学科规律只是学生应该接受的知识点，教学的重点是搞清楚其内容是什么。或者说，教师的工作是要学生在理解意义的基础上接受规律。这显然和学习规律所需要的学习策略是背道而驰的。实际上，教师的很多思想和理念都在潜移默化中深深影响着学生。教师的这种思想和理念如果不改变，即便教师不表达出来，这种思想和理念处于潜意识之中，对学生在潜移默化中的影响也是不容小觑的。甚至很多时候，教师行为中表达出来的处于潜意识中的思想和理念对学生的影响，要比教师直接表达出来的思想和理念对学生的影响更直接和具体。

第二，教师对规律的讲解要符合“法官意识”。具体来讲，在讲解学科规律的时候，引导学生搜索相关范例，引导学生在范例的情境中辨析细节，引导学生设身处地于范例的情境中，即“寓居”于范例中，体会、把握和挑剔规律。

第三，明确给学生讲解学习规律时的“法官意识”。只有明确地给学生讲解了，学生才能意识到，只有明确意识到、并认为合理和有用的东西，才可以成为学生主动要求和遵循的东西。当学生主动这样做了，并体会到其价值，“法官意识”的树立就在其中了。

---

① 郁振华．人类知识的默会维度［M］．北京：北京大学出版社，2012：216.

获取一般程序性默会知识

前面一节，我们具体分析了规律承载默会知识的获取。这一节，我们继续讨论另一种类型的程序性默会知识，即一般程序性默会知识的获取过程。

一般程序性默会知识的具体获取过程

在前面的讨论中，我们已经介绍了程序性默会知识的获取过程，即“思维+默会”，其中，思维是对信息间的关系的判断，默会是对思维过程的体验和感知。那么，本质上仍然是被内化了的信息间的关系的一般程序性默会知识，是否其获取过程也是如此呢？答案是肯定的。一般程序性默会知识作为一种思维规则，相对规律承载默会知识而言，虽然没有明确的规律作为“承载物”，不能够定向地获取，但由于其可以被视为一种思维规则，就必然满足规则获取的一般规律。《规则论——研究视阈与核心问题》一书中明确指出：“规则源于人的实践活动，规则……是人的创造物。”因此，一般程序性默会知识仍然是来自人们的思维过程，是人们在思维过程中创造的。为了清楚地说明一般程序性默会知识的获取过程，我们不妨先来分析幼儿学习语言的过程。幼儿学习语言的过程，不只是学习语法规则的过程，同时还是学习运用语法规则的过程。也就是说，幼儿学习语言的过程既是获取规则的过程，也是获取如何使用规则的过程。事实上，这种关于如何使用规则的规则，属于本书提出的一般程序性默会知识。了解了“规则的规则”是如何获取的，也就搞清楚了一般程序性默会知识的获取过程。哲学家约翰内森（Kjell S Johannessen）说过，“存在着一种理解，它是成为一个富有能力的语言使用者的一个组成部分，但是却不能用语言加以表达。这就是我特意所说的非转译性理解。它和对语言的一种总体性把握有内在关系，这种把握只有在构成人类语言的多重实践之富有能力的实施中，才能得到充分地表达”①。前文提到过，这里的“非转移性理解”即我们所说的

① 郁振华．人类知识的默会维度［M］．北京：北京大学出版社，2012：35.

一般程序性默会知识，而儿童掌握语言的过程，就是成为“富有能力的语言使用者”的过程，也即获取一般程序性默会知识的过程。所以，我们可以通过幼儿学习语言的过程体会一般程序性默会知识的获取过程。

心理学家和相关研究者对幼儿学习语言的现象曾进行过大量的研究，这些研究大部分都至少得出了以下两个研究结论：

结论一：幼儿学习语言都不是从掌握和运用语法规则开始的。

结论二：幼儿对语法规则的理解和运用是通过对语言意义的理解实现的。

尽管这两个结论几乎令当时所有的研究者都感到惊讶，但是，大量研究的结论都指向了这两点。关于结论一，幼儿学习语言都不是从掌握语法规则开始的，这并不难理解。因为对于幼儿来讲，没有人可以向他表达什么是语法规则，当然更没有人可以向他表达怎样运用语法规则——实际上，对于怎样应用语法规则，即便是成人也不能明确、清楚地表达出来，因为它属于非转译性理解，也即一般程序性默会知识。

关于结论二，幼儿对语法规则的理解和运用都是通过对语言意义的理解实现的，这一点恰恰说明了语法规则获得和运用的规律。幼儿理解一句话的意义，首先要明确词语描述的对象，理解词语之间的修饰或是陈述关系。如，“这个人可真好呀!”对这句话的理解，要知道“好”描述什么、“真”修饰什么。这样，一句话的词语之间的关系就在理解语言意义的过程中获得了。即理解这句话的过程就是获取相关语法规则的过程，也是运用语法规则的过程。一旦获得这句话中词语之间的关系，就可以借助这个关系表达和理解其他同类型的句子（如“这个人可真聪明呀!”）。所以，借助幼儿对语言学习的研究成果，我们可以重申以下结论。

第一，一般程序性默会知识同样是对一段思维过程中相关信息间的关系的提取和抽象，同样属于皮亚杰所讲的将“思维过程”组织入“心理结构”。

第二，一般程序性默会知识同样来源于人的思维过程，除此之外，没有其他渠道。这一条结论说明，教学过程中离开学生独立的思考，教师没有办法“告诉”学生某种具体的一般程序性默会知识，也说明，一般程序性默会知识绝不是学生对知识、对问题感到“听懂了”、“明白了”之后就可以获得的。这一点极具现实针对性。

第三，一般程序性默会知识是人的思维过程中的创造物，伴随认识的深入而修正和变迁。既然是思维过程中的创造物，反映了思维过程中所涉及的信息间的关系，那么，一般程序性默会知识也就具有了针对性，即特定的一般程序性默会知识都是针对特定的思维过程的。伴随人的成长，随着认识的深入和认识范围的扩大，一般程序性默会知识还要不断地被修正和变迁。皮亚杰的观点也印证了这一点——“人们生来就倾向于将他们的思维过程组织入心理结构。这些心理结构是我们理解世界和与世界互动的系统。简单的结构不断地被组合和整理变成更为复杂因而也更为有效的结构。”①

一般程序性默会知识的这种针对性和可以不断修正和变迁的发展性说明，学生在学习过程中获取的一般程序性默会知识，具有针对个体的差异性，同时也可以不断被提高、加深。所以，我们在教学的过程中，尊重学生的理解是必要的，以正确和错误的二元论评价学生的思维能力、思维水平的观念显然也是错误的，老师们肩负着步步引导学生深入理解、不断发展其思维能力的重任。

下面是一个获取和应用一般程序性默会知识的案例。可以通过这个案例，我们可以体会一下一般程序性默会知识的特点和获取过程。

200 多年前，清朝《四库全书》的编纂者纪晓岚进入故宫“上班”时年龄不大，一个冬天，他身穿棉衣，和许多中国古代文人一样，手摇着蒲扇走在路上。一个老太监早就听说纪晓岚很有才学，看到纪晓岚这个样子，便上来问：

小翰林，穿冬衣，摇夏扇，一部春秋曾读否？

纪晓岚回答：

老太监，生南方，来北方，那个东西还在吗？

可以看出，上联表达了一个词语序列，这个序列即信息间的关系，理解上联时，获取了这个信息间的关系，即一般程序性默会知识。需要说明的是，这个一般程序性默会知识原不存在，是出上联的人创造的，理解上联时人们获取了它。在下联中又落实了这个信息间的关系。还要注意，这个一般程序性默会知识可能此后就再也不需要了，也可能有人受它的启发，改编出了新的信息间

① WOOLFOLK A. 教育心理学［M］. 何先友，等，译. 10版. 北京：中国轻工业出版社，2008：31.

的关系，编出了新的更好的对子。我们完全可以通过这副对联体会一般程序性默会知识的特点。

学生对一般程序性默会知识的获取情况

（一）听课时的获取情况

同前面讨论过的规律承载默会知识的获取现状类似，在当前的课堂教学中，大部分学生的听课，本质上是一个相对被动的接受过程。在很多学生眼中，老师仍然是知识与科学的“权威”，老师们在课堂上讲授的已经“正确”了上百年、上千年的东西，学生压根儿就不怀疑其正确性。学生听讲的时候，对老师教授的知识更多的是放心地接受，只要知道了知识的内容是什么，并且这一内容和自己当时大脑能联系到的其他知识不直接矛盾，就感到“明白了”、“听懂了”。前文中曾经分析过，上述学生在听课时的思维方式实际就是被动接受，属于海绵式思维。这就决定了这类学生在听课过程中，缺乏对老师所授的信息间的关系进行审视、辨别和具体判定，思维自然难以深入，自然也就谈不上获取一般程序性默会知识了。在这种思维方式的影响下，这类学生在听课时对得到问题解决方法的探究思路或过程并不感兴趣，相比之下，他们对具体的问题解决方法却更感兴趣。在这类学生看来，不管老师怎样讲解相关知识，最后都是要回到结论上去，与其思考知识的来龙去脉，倒不如直接得到结论，后者不是来得更加便当、实在和节省时间吗？因为少有判断和辨别，没有自己的观点，学生在这种被动接受的过程中，很难独立选择和判断问题的解决方法，自己完全被“淹没”在老师所给方法的合理性之中。在这种情况下，学生听课主要是关注课的内容是什么，即知识、方法是什么，甚至先写什么、再写什么的解题步骤都是需要注意的。这使得学生听课时只在围绕可意识的明确知识，其落脚也是在对明确知识的接受上。

这种被动接受的海绵式思维，与正常的思维过程有着明显的不同。在人们正常的思维过程中，会出现对问题、信息的选择和判断拿不准、模棱两可的状态。这种拿不准、模棱两可的思维过程是明确问题、明确信息以及信息间的关系所需要的，是排除干扰信息所需要的，也是深入理解问题所必需的。相反，学生在听课时，其听到的内容来自代表着“知识权威”的老师，学生对其所授内容自然确信不疑——“如果这些内容存在问题，老师根本不会拿来讲给我们听”。因此，学生的注意力也就集中在了“内容是什么”上。同样，学生也不需要对干扰信息进行排除，因为老师在课堂上所教授的内容都是与学习目标相关的，没有什么干扰信息，不需要排除。至于对信息间的关系做出判定，因为老师已经以清晰明白的语言讲清楚了，也就用不着学生费什么心思了。总之，在这种被动接受的海绵式思维影响下，学生总是放心地接受老师所讲授的每一步内容，从而保证自己从正确走向“正确”。这样一来，学生在听课时获取一般程序性默会知识，就变得很困难了。

（二）课下做题时的获取情况

现实教学中，由于老师在课堂上讲解的例题具有广泛的代表性和典型性，学生课下解决的大部分题目，都可以从课堂上的例题中找到相应的套路。这就造成了与规律承载默会知识获取情况类似的结果，即学生根据题目的表面信息，以记忆和回顾为基础，通过模仿和套用的方式解决问题。学生对蕴含一般程序性默会知识的问题的解决不是通过具体且深入地分析题目的条件和要求实现的，而是主要根据题目的表面信息，回顾老师讲授过的相应例题，或是回顾自己做过的相应题目，进而通过对方法的模仿和套用实现的。学生对问题思考的着力点不是具体问题具体分析，不是分析信息间的关系，而是首先关注题目信息的表面意义，以信息的表面意义为线索进行回忆和回顾。这样学生的问题解决，就只能是对旧有方法的再一次套用，其结果也只能是又一次强化了问题解决的套路。这种套路，不会引导学生具体分析问题，也不会引导学生深入探讨问题，只能强化问题解决的套路意识。

由此可知，学生课下对问题的解决离开了独立的思考，其思维过程是浅层次、表面化的，不能获取深层的信息间的关系，因而学生获取其中的一般程序性默会知识也是极为困难的。

综上所述，现实教学中，无论是分析学生课堂上的听课状况，还是观察学生课下做题的表现，学生普遍在获取一般程序性默会知识方面是不够成功的。学生成功获取一般性默会知识、提高思维能力，还需要我们老师切实而有针对性的指导。

指导学生获取一般程序性默会知识

在了解了一般程序性默会知识的具体获取情况后，针对学生未能成功获取一般程序性默会知识的现状，我们有必要在教学中有针对性地引导学生，使其尽快掌握这一默会知识的获取策略，进而提高学生的思维能力。在这方面，我认为最为重要的，是充分发掘新问题的价值。但是，针对现实中学生大量重复做题的教学现状，要充分认识到发掘新问题的价值，还需要对学生面临的学习任务进行区分，将学习任务分为应该多次重复的和不应该多次重复、需要一次完成的。

发掘新问题的价值

在前面介绍一般程序性默会知识获取情况时，我们提到，学生课下解决的大部分题目，都可以从课堂上的例题中找到相应的套路。这些学生依托套路解决的问题，对于学生来说实际上不是什么新问题，我们姑且将之称为“非新问题”。那么，与此相对的，学生必须通过具体的信息间的关系的判定才能发现解决方法的问题，就可以称为“新问题”。新问题对学生成功获取一般程序性默会知识而言，具有巨大的价值。相比解决“非新问题”，解决新问题的思维过程是明显不同的。

1. 新问题的作用不可替代

新问题在学生获取一般程序性默会知识方面具有重要作用，并且这种作用是不可替代的。这是因为，学生对新问题的解决没有可模仿的对象、套路，学生不能通过模仿和套用过去的问题解决方法来解决新问题。对这种问题的解决，学生只能自己独立分析、判断和辨别出其中的信息间的关系，并在此信息间关系的基础上进一步确定问题的解决办法，否则，学生很难解决新问题。新问题的“新”，恰恰体现在学生需要以新的方式组合信息或是以新的方式运用某些信息，以形成一个问题解决思路。当然，这个“新的方式”是相对具体学生组合信息的方式而言的，如果学生是第一次运用某种组合信息的方式来解决问题，那么，这种方式就属于“新的方式”。需要说明的是，这种组合既可以是利用已经掌握的信息间的关系组合自己未曾组合过的信息，也可以是改造、重组已经掌握的信息间的关系，在改造、重组的基础上产生新的信息间的关系。

面对新问题，学生以新的方式组合信息或是以新的方式运用某些信息，以形成一个问题解决思路，这一过程意义非常重大。正是在这个过程中，针对更复杂问题的一般程序性默会知识被更为高效地获取了。对此，皮亚杰给予了很高的评价：“这些心理结构是我们理解世界和与世界互动的系统。简单的结构不断地被组合和整理变成更为复杂因而也更为有效的结构。”这里，皮亚杰讲的心理结构，即被内化了的信息间的关系，只不过皮亚杰将之称为图式。在他的理论里，“图式是思维的基础结构框架。它们组成动作或是思维系统，这些系统使我们能在心理上表征或是思考世界上的物体和事件。图式可以是非常小非常特异性的……也可以是更大的更一般性的”①。前文也曾提到过，皮亚杰认为，“人们生来就倾向于将他们的思维过程组织入心理结构”。结合上述皮亚杰的相关论述，我们至少可以了解到：（1）我们有获取信息间的关系的认知倾向；（2）信息间的关系具有极大的灵活性，可以被组合、调整以形成新的信息间关系；（3）信息间的关系的组合、调整意味着认识的进步。

---

① WOOLFOLK A. 教育心理学［M］. 何先友，等，译. 10版. 北京：中国轻工业出版社，2008：32.

关于上述这一过程的意义，《规则论——研究视阈与核心问题》更是将其上升至了教育的本质："以学习、文化为中心的构建主义，可以说是……知识规则论的核心。……知识与规则的互动过程是一个可以自觉建构、自觉调整的过程。这一点充分反映在……对教育本质……等问题的揭示中"①。从这里可以看出，解决新问题时，学生对信息和信息间的关系的辨析、确认、重组、整合，就是"知识与规则的互动过程"，是"自觉建构、自觉调整的过程"，正是这样的学习过程，体现了"教育的本质"。

从这里可以看出，无论是皮亚杰讲的思维的演进，还是《规则论——研究视阈与核心问题》强调的"教育本质"，都只能在学生思考、解决新问题的过程中实现，自然不可能在以记忆和回顾为基础，通过模仿和套用的问题解决方式中实现。这给予我们的启示是：引导学生获取一般程序性默会知识，实现信息间的关系的组合和调整，需要充分发掘新问题的价值，抓住解决新问题的机会。

2. 解决新问题时健康的思维过程

学生在解决新问题时，只能具体、深入地分析问题的条件、要求，发掘自己大脑中的相关默会知识，以形成一个完整的问题解决思路。这个过程需要学生借用、调整、重组和整合已有的信息间的关系，同时伴随对信息的选择、调整、变通和应用。或者说，这个过程既是根据信息间的关系选择信息的过程，也是根据信息选择来调整信息间的关系的过程。这个时候，尽管大脑在进行着紧张的思维活动，但是，学生事后往往不能明确意识到自己思考的具体内容是什么。因为，在这一时刻，学生还没有形成一条用明确信息可以表达的思维路径。不过，当学生一旦形成了这样一条通向问题解决的思维路径，且这条思维路径上的明确信息可以表达时，学生的感觉便会是"有了"、"突然通了"，问题的解决方法也就随之被发现。

在上述过程中，思维路径的灵魂——信息间的关系与信息间的关系的承载物——信息，两者匹配得越贴切，人们越感到"理所应当"和"简单"，对这个问题的解决方法就越感到自信。如果对问题的解决方法很自信，学生一般会忘记发现思维路径前的思维过程，只能意识到思维路径本身，并且会体验到一

---

① 陈忠．规则论：研究视阈与核心问题［M］．北京：人民出版社，2008：226.

种畅通和愉悦。所以，学生解决新问题后，其对做题过程的评价主要是判断自己对信息间的关系组合得如何，其感觉或简单或不简单。这和学生在被动接受状态下听课后感到“听懂了”、“明白了”是不一样的。

进一步分析，学生对问题的解决感到简单，对解决方法感到自信，这些是对思维路径形成后整个问题解决思路的感受，是对思维路径上信息间的关系和信息匹配程度的感受，或者说，是对问题解决方法和题目匹配程度的感受。《规则论——研究视阈与核心问题》讲，规则是一种“直觉发现”。我们说，这种“简单”、“自信”的感受，也正是对不需要理性推理和论证的“直觉发现”的感受。所以，我们说，这种“简单”、“自信”的感受，又是在新的思维路径基础上提取和抽象新的信息间的关系的感受，是内化这个信息间的关系为一般程序性默会知识的感受。这种新的信息间关系是在过去信息间的关系基础上调整、重组和整合的。这就同时又实现了一般程序性默会知识的修正和变迁。或者说，此时，学生又将这个“思维过程”纳入到一个新的“心理结构”中了。这就是为什么学生独立发现的问题解决方法在经过较长时间后，还可以在相关问题中自然而顺畅地运用的原因。

我们在“教学中对程序性默会知识的不自觉运用”部分，曾经讨论过理解排比句的例子。这个例子，就是获取和运用一般程序性默会知识的典型例子。学生在理解第一个排比句时，只能根据基本的语法理解这句话的意义，即在借用、调整、重组过去语法规则的基础上理解这个句子。整体理解这个句子的过程，即整合这些语法规则的过程。理解了第一个排比句后，尽管理解了句子、整合了这些语法规则，但学生在这个过程中并不感到有什么特别的，萦绕在其大脑中的只是这句话表达的意思。这个整合后的语法规则，实际是学生没有明确意识到的一般程序性默会知识。听第二个排比句时，发现第二句的语法结构和第一句完全一样，之前获取的一般程序性默会知识就被强化了。学生感到了愉悦，如之前所分析的，这是因为学生理解第二个排比句时付出的心理能量客观上被节约了。将“思维过程”组合入“心理结构”的认知倾向，使学生开始审视这两个排比句，它们在语法结构上是一样的，这使学生感到有点儿意思。在这种一般程序性默会知识的影响下，读第三句、第四句，它们都满足了同样的信息间的关系。学生读后面的排比句时，一来不需要像读第一句时那样选择和判断语法规则即信息间的关系——这项工作在读第一句时已经做了；二来不需要选择语法结构需要的词语，即不需要选择信息间的关系所需的信息——这些在句子中已经直接呈现了。由此，学生在付出很少心理能量的情况下理解了第三句和第四句，所以，学生能充分体验和感受这个轻松的思考过程，并且体验到了排比句营造的气势。结合对新问题思维过程的分析，我们不难从上面的例子中发现，读第一个排比句的意义是非同寻常的，因为，读这一句决定了读第二句、第三句、第四句的感受。可以想象，如果学生没有读懂第一句的意思，很难讲能达到正常读排比句的效果。读第一个排比句的过程，就相当于学生第一次解决某个题目，即相当于解决新问题的过程。

由以上分析可以看出，相对于解决非新问题时以记忆和回顾为基础，通过模仿和套用解决问题，解决新问题时学生必须具体分析信息和信息间的关系，必须发掘大脑中已有的默会知识。正是在这样的过程中，学生获取了一般程序性默会知识。这种学习效果是解决非新问题时无论如何都不能达到的。

3. 学生在解决新问题时的不足和应对方法

现实的教学中，尽管学生做的绝大部分题目都属于“非新问题”，但还是会不时有新问题出现。但是，即便在解决这些极少部分的新问题的过程中，因为学生不健康的思维方式，其获取一般程序性默会知识的效率也是不高的。对此，我们不妨作如下分析。

（1）学生在思考新问题时不健康的思维方式。我们可以注意到，解决新问题时，因为新问题没有现成的方法可以仿效和套用，学生所能做的，就是分析信息间的关系努力寻找问题解决方法。但是，尽管学生是在寻找问题解决方法，这种寻找却还会受模仿和套用的问题解决方式的影响，这一点，明显地表现为学生不能整体分析问题以形成完整的问题情境。

具体讲，在解决新问题的过程中，由于学生受模仿和套用的问题解决方法的影响，难以深入分析包括题目的条件和要求在内的信息间的关系，难以在此基础上整体把握问题、形成问题情境。因而学生想要得到针对性的问题解决方法就变得十分困难。那么，他们会怎样解决一时难以解决的问题呢？观察学生的学习表现，我们不难看出，如果学生第一眼看到题目时，感觉这个题目之前没有见过，找不到可以仿效的对象，他们就常常会采用“摸着石头过河”的问题解决方法。表现是，学生不会在完整地审题之后再开始书写解决题目的具体步骤，而是看到一个条件，就立即列出相应具体的一步（教学中，我常常将其称为“式子”）。写下后，学生会再审题，又发现了一个条件后，再写一步式子。即解决问题时看一步、回想一步、写一步，再看一步、回想一步、写一步，而后再处理所列的所有式子。这种问题解决方法，审题不完整，没有方向和预见，“低头拉车，走到哪儿算哪儿”。而且，学生在一步步思考的过程中，其精力也主要投放到了对相关问题的回忆和回顾上，整个过程缺乏独立的判断。这种学生解决问题时采用的办法，用“摸着石头过河”来形容，再贴切不过。

这种“摸着石头过河”的问题解决方法，即学生在解决新问题过程中形成的不健康的思维方式。这种方式看起来好像是稳扎稳打，实际上并不能形成完整的问题情境，也不能形成完整的问题解决思路。即便把题目做出来了、结果对了，学生对题目的解决思路也谈不上完整和清晰，对这个问题的具体解决方法也谈不上印象深刻，甚至学生在解决问题过程中，会出现写了后面的内容就忘掉了前面的内容的情况。

具体讲，“摸着石头过河”的问题解决方法存在以下不足。

第一，这种方法割裂了题目蕴含的信息间的关系。在完整的问题情境中，题目的条件和条件之间，以及题目的条件和要求之间，是有内在联系的。而“摸着石头过河”使得学生难以发现其中的信息间的关系，从而也就割裂了这种关系。

第二，这种方法使学生不能根据解决题目的需要确认信息，不能在问题情境中确认相关信息的重要性，也就难以做到排除干扰信息，甚至不知道如何去排除无关信息。这样，学生尽管写了一堆式子，却依然理不出头绪、分不清轻重缓急。

第三，这种做法不能使学生形成完整的问题解决思路，解决问题的过程中常常顾此失彼。由于不能形成完整的问题情境，学生难以对问题产生默会，也就谈不上获取一般程序性默会知识了。

尽管“摸石头过河”的问题解决方法存在诸多不足，然而，客观地讲，在现实教学中，这种方法在很多时候是被老师们所鼓励的。因为，这种方法迎合了考试时按步骤给分的要求。不管能否理解这个题目，只要将可能得分的步骤写上了，就可以得到一定分数。受标准化考试要求的影响，很多老师在课堂教学中要求学生凡事都要落实到笔头上——不写下来，脑袋里想得再多也没有用！这种“写”优先于“想”的要求，极大地刺激了学生选择“摸着石头过河”的问题解决方法，甚至这一方法还被师生冠之以“稳扎稳打”，受其普遍追捧。事实上，这种为了多得分而采取的貌似合理的做法，正是应试教育的直接体现。

“摸着石头过河”的问题解决方法，从根本上来讲，与以记忆和回顾为基础、通过模仿和套用来解决问题的思路如出一辙，前者只不过是后者的变形而已。对于“非新问题”，学生可以模仿例题或过去做过的题目一步步解决，而对于解决失去了模仿对象的新问题，学生只好看一步写一步、再看一步再写一步，二者均为不健康的思维方式，也都谈不上一般程序性默会知识的成功获取。

（2）培养学生形成健康的思维方式。通过前面的分析，我们已经知道，学生思考新问题时存在的主要不足，表现在其不健康的思维方式——“摸着石头过河”。这种思维方式割裂了题目的条件（信息）之间的联系，不能形成完整的问题情境，不能形成完整的思维路径，也就谈不上对情境和问题的默会，不能获得一般程序性默会知识。要想避免这种不健康的思维方式，参照程序性默会知识的获取过程和一般程序性默会知识的特点，我们应该引导学生做好以下三项工作：一是全面审题，二是形成完整的问题情境，三形成完整的问题解决思路。全面审题，即分析、权衡题目的每一个条件和要求，整体把握题目的条件和要求，对题目的每个条件和要求都做出价值判断；形成完整的问题情境，即在情境中评判和感受每一个条件，对每个条件在问题情境中的地位和作用做出判断，“使心灵游走于线索之中，又跳出情境之外”；形成完整的问题解决思路，即在默会完整问题情境的基础上，确认问题的解决过程。

这里，有必要强调两点：第一，构建问题情境是形成完整的问题解决思路所必需的；第二，完整的问题解决思路是学生对问题解决过程的预判，我们把这种预判叫作思维预见，一般来说，人们有落实思维预见的冲动。

首先讨论第一点，构建问题情境是形成完整的问题解决思路所必需的。关于这一点，我们不妨借助听报告的经历说明一下。我们听报告时，如果做报告的人只是讲了些大道理，我们听了往往不会感到不理解，但也不会感到有收获或是受启发。但是，如果做报告的人结合具体的案例，在案例情境中讲解具体问题，我们听了则会感到深刻而有回味。甚至我们会本能地考虑“要是我，我会……”、“某人应该怎么做”。这里，我们要注意两点，第一，“要是我，我会……”、“某人应该怎么做”，这实际上是自己对问题解决方法的判断，是形成思维预见的反映。第二，这种思维预见是在案例情境中默会得到的，不是依靠理论演绎推理出来的，不是用大道理就可以直接说明的。具体讲，这种思维预见是我们在比较完整地把握了问题情境中各线索之间的关系后，结合自己的相关经验，在情境中默会的。学生解决新问题和我们听报告一样，需要形成完整的问题情境，这样才能默会，才能形成问题解决思路，即形成思维预见，也即情境默会是形成完整问题解决思路的基础。

新问题解决思路是在情境中默会发现的，或者说，是在情境中通过调动默会能力实现的，不是理性推理的，关于这一点，有些人或许会感到出乎意料。但其实只要留意我们老师自己的思维过程，就会发现这种现象是普遍存在的。比如，老师们都有这样的经验，当学生遇到不能独立解决的新题目并前来询问老师时，我们对于新题目的解决方法的发现常常只是一瞬间，但是，要让我们把这个方法清楚地讲出来，相对花费的时间可就远不止一瞬间了。需要说明的是，发现了解决方法后，我们所讲的东西，并非我们在发现解决方法的过程中所想到的，而主要是在讲述过程中想到的。可以肯定的是，老师在发现方法的那一瞬间，其大脑中并没有呈现出那么多的知识，而只是关键的、极少数的信息，我们不可能仅仅依靠这一点点信息便做出严密完整的推理。因此，事实上，我们对新问题的解决思路的发现，是在情境中默会的，或者说，是通过调动我们自身的默会能力实现的。实际上，正如前面的分析，学生发现新方法的过程需要学生借用、调整、重组和整合已有的程序性默会知识。在此过程中，学生是没有办法明确意识到相关默会知识的，理性的逻辑推理也就更谈不上。也正如前面的分析，任何对已有默会知识的激活和利用，都是调动默会能力的结果，或者说，都是默会的结果。所以，完全可以得到这样的结论：发现新问题的解决思路是在情境中默会而成的，是在情境中通过调动默会能力实现的，不是理性推理的。如果要把这一思路表达出来，则需要借助明确知识，一步步将其逻辑地和理性地表达出来。如同上述举例，老师将自己在默会中得到的方法借助明确知识理性、逻辑地讲述给学生，依托的是老师的表达能力，而对于课堂中的学生而言，他们除了听老师明确、逻辑、理性的表达，还必须通过理解和默会，才能获取默会知识，这是一种学习能力。这再一次印证了前文提到的观点，学生如果没有经历默会，只是在明确知识层面搞懂了老师表达的内容，是不能获取一般程序性默会知识的。

再来讨论第二点，完整的问题解决思路是学生对问题解决过程的预判。我们把这种预判叫作思维预见，一般来说，人们有落实思维预见的冲动。学生在构建了问题情境之后，通过情境默会出完整的新问题的解决思路，形成了对问题解决过程的预判（也即思维预见）。接下来，学生就有落实思维预见的冲动。一般而言，思维预见一旦形成，不需要被刻意记忆，此后如果遇到相关问题，它就会自动地起作用。而落实思维预见的冲动是指，人有一种意识，这种意识常常会让人主动寻求落实思维预见的机会。关于这一点，也可以借助我们的生活经验来理解。比如，我们在街边常会看到有人下象棋，围观的人也不少。有趣的是，有时围观的人比下棋的人还要兴奋，常常会禁不住指挥起下棋者来，甚至会带着情绪相互争执起来，彼此都认为自己的意见才是对的。

为什么会出现这样的现象呢？这是因为，面对棋局（可将其视为一种问题情境），有了判断后，每个人都有落实自己判断的冲动，都想按自己的判断走下一步棋。这就是落实思维预见的冲动。如果此时控制不好，就难以做到“观棋不语”了，指挥或是争论便在所难免。即便没有争论，每个人内在的这种落实思维预见的冲动也是存在的。

同样的，学生在解决新问题的过程中，也会产生自己的判断或思维预见，其落实自己思维预见的冲动就更强烈。这种冲动直接而有效地支配着学生的学习行为。对于这一点，可以通过我自己的一段经历来说明。上初中的时候，我曾经连续数月坚持每天记录各种植物的生长情况（至今还记得其中的一条记录：枣树发芽前五六天种棉花）为什么我会坚持做这种记录呢？因为当时我天真地判断，气候变暖会引起农作物种植和收获时间发生变化，这就会使我们传统的二十四节气不再有效。为了证明自己的这种判断，我感到有具体记录植物生长情况的必要。所以就饶有兴趣地坚持了好几个月。换个角度来想，如果当时不是基于自己的判断，而是被老师要求记录，可能自己根本坚持不了几天。可见，这种落实思维预见的冲动，其能量是巨大的。回到现实教学中，当学生通过审题，形成完整的问题情境并默会了问题解决思路、形成思维预见时，学生同样具有落实这一思维预见的冲动。引导学生正确地解决新问题，自然应该引导学生利用好这种冲动。

遗憾的是，落实思维预见的冲动，原本是一种人们普遍具有的认知特点，甚至可以称之为本能，但是，当我将这个特点讲述给我的学生们听后，他们却普遍感到自己在学习过程中没有这种经历。为什么会这样呢？我认为原因至少有两点：一是大多数学生在审题时缺乏默会，更多的是回忆和回顾，很少独立发现新的问题解决思路，即很少形成思维预见；二是学生经常是在急躁的、赶速度的情绪状态下做题，他们从未将一道道题目视为自己获取一般程序性默会知识的机会，而是将其视为一个个负担。在这种情况下，其认知本能就被压抑了。

认识到构建情境并形成完整的问题解决思路的重要性，可以帮助我们有效引导学生形成健康的思维方式，使其发现解决新问题的方法、掌握其中的一般程序性默会知识。但在现实教学中，我们还需要针对学生的思维活动做一些更为具体的引导，根据前文的讨论，我们至少可以在如下几个方面对学生加以具体的指导。

第一，课堂中的学习（包括思考问题）是以发生在大脑中的思维活动为核心的一种心理活动。听课过程中记笔记的活动要服务于以思维为核心的心理活动，而不是相反。“摸着石头过河”的做题方法，恰恰说明了是“笔头”在指挥大脑，而不是大脑在指挥“笔头”。离开大脑主动细致的思考或是思考不充分，是不可能形成好的学习效果的。诚然，很多时候我们提倡手脑并用，但是还要承认学习是以发生在大脑中的思维活动为核心的一种心理活动。手脑并用的目的是手的作用促进脑的作用，如果手的作用喧宾夺主，就失之偏颇了。

第二，相比一味地注重做题的数量，学生更应当关注情境中的“思维+默会”，要衡量自己的学习效果，也应该是以自己是否有意识地默会了相关知识和问题为标准。

第三，正确地看待老师传授给自己的、可以表达的明确知识和方法。现实的教学中，可以表达的明确知识和方法，只是思考时选择和运用的工具。离开默会知识，即便对明确的知识和方法感到再清楚明白，也很难将之彻底掌握；只有获取了默会知识，才可以对这些明确的、可表达的知识和方法进行自由灵活的选择和应用。

无法回避的问题——重复做题有助于获取程序性默会知识吗？

正如前面的分析，发掘新问题的价值对于学生获取一般程序性默会知识极其重要。但是，现实的教学中，很多学生主要是靠大量做题、不断重复来获得高分的。尽管当前几乎所有的学校都不愿承认这一点，但是大多数学校实际上却又都是靠这一点来维持和提高升学率的。并且，这一点也得到了众多研究者的支持。在他们看来，反复的操作和训练是获取默会知识所需要的；通过反复练习，可以达到无须意识监控的自动化水平，获取隐性的默会知识，即所谓熟能生巧。也有人这样表达：能力是在练习的过程中通过不断重复获得的。这种观点在教学上得以泛化，连同人们片面追求升学率的倾向，直接导致了学生大量重复做题的现状，很多学生因此而陷入了题海战术的泥潭。

一般而言，在获取动作技能方面，在获取陈述性默会知识方面，一定的重复有助于获取默会知识。但是，程序性默会知识的获取需要重复码？下面，我们借助经典的心理实验说明这个问题。

心理实验说明的认知规律

下面是美国心理学家以大学生为被试所做的一个实验：

[心理实验]①

下面每个问题中都有 A、B、C 三个水罐，水罐的容积不一样。可以利用水罐从水池中提水，也可以通过不同水罐间水的倒入和倒出，得到后面要求的水量。

问题 1：	A	21L	B	127L	C	3L	目标值	100L
问题 2：	A	14L	B	163L	C	25L	目标值	99L

① GALOTTI K M. 认知心理学［M］. 吴国宏，等，译. 3 版. 西安：陕西师范大学出版社，2005：255.

问题3：	A	18L	B	43L	C	10L	目标值	5L
问题4：	A	9L	B	42L	C	6L	目标值	21L
问题5：	A	20L	B	52L	C	4L	目标值	24L
问题6：	A	23L	B	49L	C	3L	目标值	20L
问题7：	A	22L	B	56L	C	14L	目标值	8L

大学生分析第一个问题中的几个数据（即信息间的关系）后，发现运用“B-A-2C”就可以解决第一个问题。此后，经过尝试发现第二个问题、第三个问题、第四个问题都能成功运用这个方法解决。

接下来，所有的大学生继续用“B-A-2C”解决第五个问题，而不用更为简单的“A+C”，在解决第六个问题时也不用更简单的“A-C”，而是继续用烦琐的“B-A-2C”。更令人吃惊的是，在解决第七个问题时，“B-A-2C”已经不适用了，但大学生们也不去具体分析信息间的关系，而是在原方法“B-A-2C”的基础上尝试更复杂的办法。

需要注意的是，大学生在解决第一个问题时，这个问题对他而言是新问题，大学生只能具体分析信息（数据）之间的关系才能得到问题的解决方法，否则不能解决这个问题。事实上，大学生通过分析，发现了一个信息间的关系，这个信息间的关系引导了有针对性的问题解决方法“B-A-2C”。接下来解决第二个问题、第三个问题、第四个问题时，大学生并没有继续分析信息间的关系，而是看到这几个问题和第一个问题在表面信息上具有某种形式的相似性，就在表面信息的引导下运用这个方法解决问题，当然，其结果是成功解决了问题。在此后，本有更好、更简洁的方法，他们却不去分析信息间的关系，而是在表面相似形的引导下套用过去的方法。甚至在面对过去的方法不再适用、原本存在更简单的解决方法的第七个问题时，他们还是不愿意离开原方法，不去采用更简单的方法，而是深受原方法的影响，不断尝试在原方法的基础上进行改进。这种现象，在心理学上称为心理定式。因为心理定式包括的内容很丰富，为了在这里进一步明确地说明问题，我们将这种心理定式称为学生解决问题时的“原方法依赖倾向”。

总结一下，思考新问题时，人们只能具体分析信息间的关系，以确认有针对性的问题解决方法，除此之外没有别的办法；对于和过去问题相似的问题，人们倾向于套用大脑中相似问题的解决方法，或是在过去已有的问题解决方法基础上去分析。即人们普遍存在采用现成的、大脑中已经确认的方法的倾向，也即存在“原方法依赖倾向”。

那么，人们为什么会有“原方法依赖倾向”呢？这是因为，大脑有节约心理能量的本能，人们总试图以最小的心理能量思考更多、更深入的问题。具体分析信息间的关系以发现新的信息间的关系，是需要花费更多的心理能量的。当发现问题和曾经解决过的问题是相似的，大脑会在节约心理能量这一本能的驱使下，首先回顾和套用本是针对原问题的解决方法。这就造成了人们的一种认知规律——“原方法依赖倾向”。

“原方法依赖倾向”表明，相似问题的重复会使学生离开对具体问题的深入分析，转向对过去方法的模仿和套用。这就是为什么在当前教学中，以记忆和回顾为基础，通过模仿和套用的问题解决方式会成为学生主流的问题解决方式。同时，“原方法依赖倾向”也在启示着我们，在获取程序性默会知识方面，当老师讲解了具有典型性和代表性的例题后，学生对同类问题的多次重复实际上是无益的。

但是，如前文提到的，与此形成鲜明对比的是，许多研究者通过研究却得出了如下结论：“重复‘如反复操作和训练’是获取默会知识所需要的”；“通过反复练习、不断熟练，可以达到无须意识监控的自动化水平，获取隐性的默会知识”。这些结论强调的一点是“反复练习获取默会知识”。

怎样理解以上两种形式上看似矛盾的结论呢？这要回到对默会知识的获取规律的讨论上来。我们知道，无论是陈述性默会知识，还是程序性默会知识，都是在思维活动的过程中通过默会获取的。所以，对同一思维活动或动作技能进行伴随默会的多次重复，无疑有助于获取丰富而精准的相关默会知识。比如，我们骑自行车的技能是必须经过重复练习才得以提高的。所以，伴随默会的多次思维活动或行为动作的重复有助于获取默会知识。这一点是不应该被怀疑的。可见，对于陈述性默会知识的获取，对于动作技能等程序性默会知识的获取，重复是需要的，甚至可以说是必要的。

那么，又怎么理解学生对同类问题的多次重复无益于获取程序性默会知识呢？对此，我们要进一步分析——学生对同类问题重复的时候，再次经过“伴随默会的思维活动”了吗？答案是：没有！为什么呢？学生思考新问题时，只能分析信息间的关系，进而得到有针对性的问题解决方法，除此之外没有办法解决，所以，解决新问题时，分析信息间关系的思维活动是进行了的。学生解决和过去问题相似的非新问题时，因为“原方法依赖倾向”，学生就离开了对信息间的关系的深入分析，转向对原方法的回忆和回顾，以至于对原方法模仿和套用。这样，深入分析信息间的关系的思维活动实际上并没有被重复，当然也就谈不上默会了。那么，学生此时重复的是什么呢？是做题的表面形式！这个时候，学生做题的表面形式被重复了，而内在的思维活动和默会过程是缺失的。现实的教学中，我们好像对这个缺失视而不见，对这个重复的形式却冠之以“熟能生巧”，这实际上暴露出我们当前课堂教学中一个致命的问题，对于这个问题，我们还会在下文中具体讨论。

由此看来，我们前面的结论——“学生对同类问题的多次重复无益于获取程序性默会知识”，和一些研究者的结论——“反复练习获取默会知识”，实际上并不相互矛盾。

需要重复的和不应该重复的

上述分析为我们提出了非常现实的问题——在学生的学习过程中，哪些学习任务是应该重复的，哪些学习任务又是不应该重复的？为说明问题，我们有必要将学生学习的任务分成两种情况，一种是默会知识一次性获取的任务，一种是默会知识非一次性获取的任务。这里的默会知识既包括一般程序性默会知识，也包括其他类型的默会知识。

先说默会知识一次性获取的任务。对于默会知识一次性获取的任务，常常只需要通过一次具体的信息间的关系的分析，就可以根据这个信息间关系得到明确的问题解决方法。同时，对于这种任务来说，问题解决方法的发现是分析信息间的关系的目标和必然结果。比如“B-A-2C”这个方法，就是分析信息间的关系后的结果。并且这个方法非常明了，可以明白准确地表达，表达后，人们可以在没有具体分析信息间的关系的情况下直接套用解决其他类似问题。所以，可以这样总结默会知识一次性获取的任务的特点：

特点一，对问题的信息间的关系进行分析的目标和结果是得到问题的解决办法；

特点二，借助一次信息间的关系的分析就可以得到明确的问题解决方法；

特点三，问题解决的方法可以明确表达，所以可以由一个人直接传授给另一个人，并且，这种方法被另一个人接受后可直接用来解决问题而不需要再次对信息间的关系作深入分析。

这三个特点决定了无论是方法的发现者还是被传授方法的人，当其再次遇到这类任务时，都可以不需要再次深入分析具体的信息间的关系就能通过直接套用这个方法解决问题。同时，方法的发现者和被传授方法的人再次面对这类问题的时候，都能成功解决问题，并能获得同样的分数。从分数上看，我们看不出两者（方法的发现者和被传授方法的人）在程序性默会知识掌握上的差别，但实际上，这个差别是很大的。这就是为什么在当前的教学环境下，获得相同考试分数的不同学生，其真正解决问题的能力可能有巨大差别。

对于默会知识一次性获取的任务，我们不难看出，其中的默会知识主要是人们在第一次加工信息（即解决新问题）时获取的，在此之后，对这种任务的重复主要发生在形式上，而不是发生在内在的思维活动中。由此，我们又得到两条结论：第一，对于默会知识一次性获取的任务，在第一次加工时要充分地默会，这对学生的学习意义重大；第二，重复加工这种任务对获取程序性默会知识的意义不大。

之所以要强调这两条，也是针对现实教学的。因为，在现实的教学中，老师们常常习惯选择具有典型性和代表性的例题，将学生可能会遇到的题目进行分门别类的讲解。尽管大多数老师都会用清晰准确的语言将这些题目的方方面面讲得细致周到，但是学生关注的却是问题是什么、方法是什么，追求对知识和问题“听懂了”、“明白了”，这一过程就缺乏了学生对自己独立的信息间的关系的分析，也就缺乏了应有的默会。此后的多次重复做题，也就只能是模仿和套用了。

再来说默会知识非一次性获取的任务。相对应的，这种任务也具有三个特点：首先，这种默会知识不是一次性就可以完全获得的，表现为“常读常新”，学生每一次面对这种学习任务都会有新发现；其次，这种任务的完成不是以获得某种明确的问题解决方法为目的的；最后，每一次重复获得的东西，都难以被充分表述或是完整表达，不能向没有接触过这类任务的人直接传授。比如，我们读《红楼梦》，每次读后都感到发现了新天地，在多次重复的过程中，我们对这本文学巨著的认识也就不断加深。读《红楼梦》的目标和结果，也不是为发现某种方法，并且读《红楼梦》的收获不能直接传授给没有读过《红楼梦》的人。所以，类似阅读《红楼梦》的学习任务，就属于默会知识非一次性获取的任务。还有，有关动作技能方面的任务，比如练习游泳的任务，也需要多次的重复练习，但每次通过练习获得的东西又都难以直接表达，不能直接传授给他人，当然也不会被他人直接套用。

默会知识非一次性获取的任务，其重复发生在行为上，包括大脑的思维活动和外在的动作技能。丰厚精准的默会知识可以在多次重复中获得，需要多次重复，而且也有必要多次重复。

事实上，我一直感到，中国人在解决默会知识一次性获取的任务方面是有传统的，而且方法独到。比如，中国古代数学中，对一些典型问题的解决方法，大都会通过口诀来表达，简单明了。需要注意的是，方法的发现者或是口诀的编纂者，需要具体研究数学问题的规律，即需要具体深入地分析信息间的关系，反复揣摩、默会这类问题。否则他们是总结不出问题解决方法——口诀的。当他们研究的问题解决方法被其总结成口诀并表达出来后，就可以直接、明确、清楚地传授给后人，以使后人不需要再次进行信息间的关系的分析，就可以直接利用口诀方便地解决问题。后人对问题的成功解决只需要套用口诀，而不需要具体深入分析问题的信息间的关系，这使后人感到“方便省事”。

同时，我还感到，中国人在解决默会知识非一次性获取的任务方面也是有传统的。比如，传统上，我们对儒家经典（比如四书五经）的学习，从来不是一次完成的。很多热爱传统文化的中国人，对于一本薄薄的经典，都是反复诵读、仔细揣摩的，这其中既有对于细节的分析，也有对于整体的研判。甚至，他们中的很多人会用一生去精心研读薄薄的一本小书。

将学生面对的任务做出上述区分后，就可以指导我们的教学了。在学生的学习过程中，哪些任务属于默会知识一次性获取的任务，哪些任务属于默会知识非一次性获取的任务呢？可以这么说，语文学科阅读教学中，对名家名篇的学习和鉴赏，作文教学中对命题作文、材料作文的写作，英语学科中的美文阅读等，都属于非一次性获取的任务，都需要多次的重复性默会，才能获取丰富而精准的默会知识；对物理、数学、化学等学科中具体问题的探究，那些需要步步深入、层层递进，对于学生来说可能永远不会探究出唯一答案的问题，也属于默会知识非一次性获取的任务。而现实教学中，老师讲的绝大部分的数学、物理、化学学科的例题、布置给学生做的大部分数理化题目又都属于一次性获取的任务。对于这些一次性获取的任务，只要记住了答案或是知道了问题的解决方法，此后不需要深入分析信息间的关系就可以解决问题。

针对现实的课堂教学，特别需要强调以下内容：当前教学中，绝大多数数理化例题及其课后练习题都属于一次性获取的任务。其中的原因至少包括：第一，老师和学生对新问题的分析判断，即对信息间的关系的分析判断，目的是发现问题的解决方法，最后都要落脚到发现问题的解决方法上；第二，其问题解决思路和方法是可以清晰表达的，老师可以清晰讲给学生，学生之间也可以清晰地互相讲解；第三，学生直接接受了问题解决方法后，在不去具体深入分析信息间的关系的情况下，完全可以通过套用和模仿解决同类问题。可见，这类问题都属于一次性获取的任务。

这里还需要强调的是，对于默会知识一次性获取的任务，不是不需要默会了，而是说，伴随对信息间的关系的深入分析，默会过程主要是集中在第一次解决问题时完成的。所以，对于这类问题，第一次解决问题（即面对新问题）时，特别需要用心去默会以获取相应的程序性默会知识，否则，“过了这个村就没有这个店了”。这里还需要说明一下，对于这样的任务，深入思考问题时突然发现了问题解决的思路，人们一般都会感受到顺畅感和愉悦感，而这种顺畅感和愉悦感会促进学生对问题的体验，这有助于加深默会。这是有利的一面。可以说，对于默会知识一次性获取的任务，学生是否获取了充分的默会知识，决定了学生的学习潜力，决定了学生思维能力的提高。

但是，另一方面，对于默会知识一次性获取的任务，如果老师将各种类型的题目都分门别类地在学生独立思维加工之前就讲解得清楚明白，期望学生此后遇到此类问题时都有可仿效的对象，那么，老师们实际上就将问题变成“非新问题”了，在这种情况下，即便学生通过模仿和套用解决了问题，学生也不能获取程序性默会知识。此后，学生要熟练地解决问题，还必须大量重复做题。除此之外便再没有更好的办法了。

教学中的相关问题和改进措施

对照上述分析，观察我们实际的教学过程，会发现，我们老师的很多具体做法，甚至一些学校所提倡的做法，与获取程序性默会知识的要求却是相反的。

正如前面的分析，一方面，对于默会知识一次性获取的任务而言，原本这些任务只需要学生在第一次深入思考、用心默会，此后就不需要多次重复了。但现实的教学中，在学生第一次接触这类学习任务的时候，我们的老师却往往亲自出马，清晰明确地讲解各种例题，“帮助”学生深入思考，省掉了学生用心默会的环节，进而让学生放心地接受其解决方法。这实际上是白白浪费掉了学生第一次获取默会知识的好时机。此后，学生只能也必须通过大量做题、不断重复来熟练掌握，而这种大量的重复和所谓“题海战术”，原本是完全没有必要的。

另一方面，对于默会知识非一次性获取的任务而言，原本这些任务需要多次重复、反复默会，但是，我们的学生却严重缺乏必要的重复，很多时候对这类任务都是“一次完成”的。例如，在读文学作品时，我们更看重明确表达出的内容，一旦知道了这些内容，就没有了再次重复阅读和感受的动力，也就缺乏了揣摩、反思、总结、体会，缺乏了“设身处地”，进而缺乏了默会过程。举例来说，中学语文教材中选取了著名唐代诗人白居易的《长恨歌》，这是中国古典文学的名篇，其内容是有关爱情的，这一点比较容易和高中阶段少男少女的情感形成共鸣。这篇课文当然是语文学科中的重点诗篇，在一些学校、老师那里，学生被要求背诵这首诗歌，老师也会重点讲解。但是，在学习过《长恨歌》后，学生是否真正喜欢这首诗歌呢？我了解到的结果是，即便在我所执教的学校里，喜欢这首诗歌的学生也不到五分之一（这个数据是我随机选择不下 200 个学生，进行较深入交流后得到的）。这个结论可能出乎我们多数人包括语文老师的意料，但是这确实是事实。既然是名篇，其文学价值不可谓不高，描写不可谓不精彩；学生甚至会被要求背诵，要求不可谓不高；老师会重点讲解，不可谓对意思不理解；诗歌本身描写的是爱情，不可谓和学生没有共鸣。我们还要注意的是，《长恨歌》是古代青少年爱不释手的诗歌，有诗句为证——“童子解吟长恨曲”（唐宣宗）。但是，为什么现在喜欢的学生那么少呢？这不是因为哪个语文老师讲解得不好，也不是因为学生没有努力学习这首诗歌。结合前文分析，我认为，造成这种情况的原因是学生对诗歌鉴赏缺乏反复揣摩的默会过程。缺乏默会过程，就不能形成完整生动的文学形象，即便是名篇，也难以达到感人的效果。刘勰在《文心雕龙·知音》中说，“夫缀文者情动而辞发，观文者披文以入情”。不管白居易在写《长恨歌》时是怎样地“情动而辞发”，作为“观文者”，当前的学生阅读时由于缺乏反复揣摩的默会过程，就缺乏了对情境的体验感知和想象，就难以达到“披文以入情”了。在这种情况下，大部分学生不喜欢《长恨歌》就不足为奇了。不过，对于默会知识非一次性获取的任务，学生缺乏反复揣摩的默会过程，这只反映了当前学校教育教学现状。传统的中国人可不是这样，一个例子说明了这一点。同样是中学语文课本上选用的朱自清的《背影》，20 世纪 30 年代的读者读到描写“父亲”攀上月台的背影这段文字时，很多人感动得流下了眼泪。但是，在我向学生询问是否对这段文字有感触时，发现竟然没有一个学生表示深受感动。这至少说明，学生缺乏对非一次性获取任务的默会过程，反映的只是当下学校教育教学的情况，问题不是出在中国人的“基因”上，而是我们的学生在用脑方式上有所欠缺，对此，当下包括语文教学在内的整个学校教育都应当负直接的责任。

总的来说，我们可以这样描述当前教学中学生程序性默会知识的获取情况，即在应该多次重复的非一次性获取的任务中，学生缺乏了必要的重复；在不应该多次重复的一次性获取的任务中，我们的学生却进行着大量重复，这种黑白颠倒的做法在很多学校中大行其道，甚至还被很多学校当成提高升学率的法宝。

为了逐步改变这个现状，在教学的过程中，我们至少应该注意以下两点：

第一，将两种任务即默会知识一次性获取的任务和非一次性获取的任务，做一个明确的区分，以使人们认识到问题所在；将在两种任务中获取默会知识的过程讲给学生。告诉学生，对于非一次性获取的任务，要在重复中默会，离开伴随默会的重复学习是没有价值的；在默会知识一次性获取的任务中，要抓住第一次学习的时机，要深入理解、用心默会，减少不必要的重复。

第二，对于默会知识非一次性获取的任务，给学生创造重复体会和欣赏的机会，在班级中营造重复的氛围，实现同伴之间的相互借鉴和促进。对于默会知识一次性获取的任务，要将“方法陈列式教学”改变为“机会创造式教学”。什么是“方法陈列式教学”呢？现实的教学过程中，在讲授某基本知识后，为解决相对应的各类题目，老师们都是选择各类题目的典型例题，逐一讲解。这样做的目的是试图使学生遇到的每个题目都有可以仿效的例题，试图通过每个例题使学生会解决相应的一类题目。在这种情况下，老师们讲解时强调的是针对这类题目的解决方法，其中重点强调解决方法和这类题目的特点之间的对应性。正如前面的分析，这种讲解本身就是老师以权威的姿态讲授所谓重要和正确的方法，学生对此不敢怀疑、少有批判，反倒是如获至宝，并将之努力接受和记忆，这一过程缺乏了对信息间的关系的分析和判断，更缺乏了默会。这种情况下，学生的听课过程也缺乏了对干扰信息的排除，缺少了独立发现方法的灵感和顿悟的环节，以及完整的问题情境的构建。在这个时候，老师在课堂上的常用语是“注意……”、“记住……”、“你们见到……，就要……”、“凡是……，就要……”、“这种情况……，那种情况……”、“共有××种模型，要注意××特点，要学会选择……”。这样，学生所能做的主要是将题目中可意识的内容和问题解决方法之间建立记忆性的连接。这种教学方法，我将之形象化地描述为“方法陈列式教学”。这种教学再加上前文提到过的人们有“原方法依赖倾向”的认知特点，直接导致了学生对教师例题中方法的依赖。

那么，怎样解决这个问题呢？答案是，将每种题目类型都当成启发学生思维的好素材。与“方法陈列式”教学相反，将每类的例题都交给学生自己解决，使学生在每类例题上都经历获取默会知识的三个基本环节：一是全面审题，二是形成完整的问题情境，三是形成完整的问题解决思路。这里最需要的是引起学生的认知冲突，使学生能深入思考，不求面面俱到，不去给出解决方法。这样，每类例题都将会变成启发学生获取默会知识的绝好机会，这种教学方法，我将之称为“机会创造式教学”。

综上所述，指导学生获取程序性默会知识需要抓住解决新问题的机会，引导学生独立地分析新问题中信息间的关系，需要构建完整的问题情境并进行默会，需要学生形成完整的问题解决思路。为做好这个工作，针对现实教学，教师必须对重复做题在获取程序性默会知识方面的学习效果有一个清楚的认识。否则，我们难以抓住解决新问题的机会以使学生获取程序性默会知识，我们所能做的就只剩下让学生大量重复做题来获取高的分数，而这正是当前课堂教学的症结之一。

利用答案——抓住获取程序性默会知识的最后环节

在对两种程序性默会知识的内容、性质特点及获取过程的分析基础上，我们具体讨论了老师们如何借助这些分析，帮助指导学生在学习过程中获取程序性默会知识，提升思维能力的问题。接着，我们又具体讨论了学校教学中一个常见的问题，即重复做题是否有助于学生获取程序性默会知识。通过讨论，我们知道了什么是应该重复的、什么是不应该重复的，并在此基础上，对抓住解决新问题的机会、引导学生独立分析新问题中信息之间的关系，构建完整的问题情境并进行默会等策略予以了强调。对于重复做题现象的深入分析，有助于我们老师遵循默会知识获取的相关规律，真正有效地培养学生的思维能力。

本节中，我们要来讨论一个对于学生而言更为实际的问题。众所周知，学校教育中，一般而言，学生都要通过独立解决学科问题掌握相应的学科知识，这一过程，也是学生获取包括规律承载默会知识和一般程序性默会知识在内的程序性默会知识的过程。学生所解决的学科问题，散见于教材和各类教辅学习资料中。一般来说，这些学习资料后面都附有相应练习题目的标准答案或是参考答案。在没有老师直接指导的情况下，这些答案为学生提供了解决相应题目的正确思路。仔细观察学生做题的过程，我们会发现，不同学生利用答案的方式各不相同。大体上说，有的学生习惯做完题目后去参考后面的答案，有的则会有意识地控制自己不去看答案。那么，做完题目究竟应不应该看答案？就获取程序性默会知识而言，哪种效果更好？学生利用答案指导自己学习的方式具体还有哪些？哪种利用答案的具体方式最有效？本节我们就主要来讨论这些看似琐碎，但却对学生思维能力培养而言具有重要价值的问题。

做完题目后该不该看答案？

学生做完题目之后，到底该不该看答案？回答这个问题之前，我们先来看一类生活中有趣而又常见的现象——

中国的股票市场发展很快，很多人手中握有股票。某位买卖股票的新手，一开始看好了A、B两只股票，但不知道该买哪只好。于是，他分析了A股票的优势和劣势，也分析了B股票的优势和劣势。权衡利弊之后，决定买入A。在此阶段，由于还不知道最终结果为何，尽管这位股民买了A股票，但却并不确信自己的判断是合理的。然而，买后最终的结果却是B大涨，A大跌。新手后悔不已——我明明知道B那么好，A那么差，为什么偏偏舍弃B而选择A呢？

新手的这种心态，恐怕许多长期炒股的老股民也会有。我们不妨来分析一下上述现象。新手在选择买哪一种股票的时候，真的认为B好A差吗？非也！如果认为B好A差，他就不买A而是买B了。那么，当他自责地说“我明明知道B那么好，A那么差，为什么偏偏舍弃B而选择A呢？”时，他显然是在说谎！此时，他意识到自己在说谎了吗？显然没有！他买股票时，早已将A股票的优势和劣势、B股票的优势和劣势都分析到了。当B大涨，A大跌的结果出现后，在这个不容否认的客观结果支配下，此时新手大脑中浮现的却是B的优势和A的劣势，即浮现的是和结果一致的信息：B大涨的理由和A大跌的理由。而那些与最后结果相反的理由——A的优势和B的劣势——则似乎被有意或无意地遗忘掉了。也就是说，在新手大脑中，和最后结果相一致的信息得到了凸显，而和结果不相一致的信息则被弱化或是遗忘了。

新手说谎，不是他有意识的行为，而是由人们普遍拥有的认知特点决定的。我们可以假设一下，如果，他在这次买股票时选择了A，结果A也确实大涨了，这时他又会怎么说呢？这时，他的大脑中必定全是A大涨的理由和B大跌的理由，他会说：怎么样？我就知道A会大涨！毋庸置疑，这时，他又把另一方面的理由全部遗忘掉了。

事实上，上述现象所反映的人们的认知特点，早已为众多心理学界的研究所证实。记忆研究的先驱，心理学家巴特莱特（Bartlett）在1932年以他的朋友和学生为被试，在请这些被试阅读一篇短文后，研究他们对短文内容的回忆状况。巴特莱特发现，人们对短文内容的记忆会发生扭曲。对此，巴特莱特解释说：（回忆时）为了使材料从自身的角度看起来更加合理、一致，被试无意识地构建了内容，这种构建有可能扭曲了真相。巴特莱特更倾向于将人们对阅读材料的提取，看成主动的但又常常不很准确的加工过程，这种加工是为了使之“更有意义”①。这项研究是说，被试对记忆材料的回忆，会发生扭曲，会向着“更有意义”的方向扭曲。

1882年，心理学家费西霍夫（Fischhoff）也研究过这个认知特点。费西霍夫描述这个认知特点时说，这是一种“在回顾过去的事件时”会“一贯夸大地声称事先就已经预见”的倾向。“一旦知道一个决定的结果，再来回顾这些事件时，你更以为结果是无可避免的”②。甚至事后声称“早就知道！”心理学上将这个认知特点称之为事后诸葛亮式偏见③。为便于说明问题，下文我们将这种偏见统称为事后诸葛亮的认知特点。

事后诸葛亮的认知特点具体是这样的：人们在回顾过去或是对过去的事物进行分析时，倾向于从结果出发进行分析和判断，这样一来，与结果一致的信息、前后一致的信息会得到强化，而过去那些被结果证明是无关的信息或是错误的判断则会被弱化或遗忘。这个特点可简化为两点：第一，人们事后对问题的回忆往往是被扭曲的；第二，人们事后对问题的回忆往往是受结果影响的，倾向于和结果相一致。

那么，人们为什么会有这个认知特点呢？前文中我们曾提到过，分析判断

---

① GALOTTI K M. 认知心理学［M］. 吴国宏，等，译. 3版. 西安：陕西师范大学出版社，2005：124.

② 同①，第307页。

③ 由于这种认知特点与我们中文表达中常会提到的“事后诸葛亮”的意思相近，为了便于国人理解，吴国宏翻译的《认知心理学》一书就对这类认知特点使用了“事后诸葛亮式偏见”的译法，详见该书第307页。

事物的时候，人们总倾向于利用最少的心理能量得出正确的结论。这就是心理学上讲的心理的经济原则。当知道最后结论（或是结果）后，出于节约心理能量的需要，大脑只强化自己认为正确的信息，其他已经被证明无关的信息则被丢掉或是弱化了，因为结果已经证明这些东西没有价值。所以，事后诸葛亮式的认知特点是由人们大脑中节约心理能量的本能所决定的。

在事后诸葛亮的认知特点支配下，人们在回顾过去或是对过去事物进行分析时，总是倾向于从结果出发分析和判断事物，这样一来，与结果一致的信息、前后一致的信息会得到强化，而过去那些被结果证明是无关的信息或是错误的判断则会被弱化或遗忘。这个过程，实际上是一个从结果出发组织信息的过程，这样会使信息看起来更有意义，与结果更一致。这个过程是信息的再组织，是情境的不全面再现和强化，并伴随人们对问题情境的再次体验和感知。对学生而言，这个过程对其获取程序性默会知识的意义重大。

我在教学时的一个经历可以说明这一点。2006 年，我所教高一班级的两个学生就一个问题争论起来，两人争得面红耳赤，互相都不能说服对方。为了证明自己的观点才是正确的，他们同时跑来问我，我在听清楚他们争论的问题后，非常明确地直接告诉他们，什么是对的、什么是错的。这时，所持观点正确的学生脸上浮起一阵欢快的神情，特别美。这神情正是其大脑中反复回顾自己过去的思维过程的外在反映。在这种回顾过程中，学生大脑中所有支撑这一正确结果的信息和推理过程都会被强化，信息间的关系会被再次确认。信息间的关系再次被确认的过程，也就是进一步内化信息间的关系的过程，是获取程序性默会知识的过程，可以肯定地说，这个学生日后对于相关问题，将会反应更加快捷、准确和自信。

而那位所持观点错误的学生，脸上也掠过一丝表情，那是一个学生真正求知的表情。这一表情是在老师提供的正确答案的指示下，对自己原来的思维过程重新审视和评判的外在表现。此时，学生大脑中所有支撑这个正确结果的信息和推理过程都得到了强化，这可能一下矫正了他过去的错误观念和认识，也可能使他重新确认了过去自己没有发现的信息间的关系。需要注意的是，矫正过去的错误观念和认识的过程是纠正过去不合适的默会认识、建立合适的默会认识的过程，这个过程也是学生获取程序性默会知识的过程。

教学过程中，在学生身上，我们经常会注意到这样一些现象。在确认自己成功解决问题时，学生会攥紧拳头说："怎么样，我是最棒的!"；当学生发现自己解决某个问题出现错误时，又常会说："唉，怎么我当时没有想到呢?"；还有，当学生做错题后面对正确答案时会恍然大悟地说"我知道了!"、"原来如此!"。所有这些反应都是学生在事后诸葛亮的认知特点支配下面对问题反思的结果，也是学生对问题的信息重构和情境再体验的结果。这个过程对获取程序性默会知识的意义重大。

那么，回到最初的问题——学生做完题目后，到底该不该看答案呢?要回答这个问题，首先要考虑，做题得到结果后学生看到答案时，在上述事后诸葛亮的认知特点支配下，学生的思维特点是什么。

根据事后诸葛亮的认知特点，可以得出这样的结论：学生做完题目后看答案，会在答案的指示下回顾和反思其思维过程，重构其问题情境。其对内容的回顾和反思、对情境的构建是选择性的。即与答案相一致的内容，与答案在一条思维路径上的内容，会被再次强化。这种回顾与反思的结果是努力使思维过程和问题情境与正确答案相统一。所以，结论是：为获取程序性默会知识，做完题目应该看答案，看答案比不看答案的效果总体要好。

相关研究也支持了这个结论。特别是在学生对问题不熟悉或是感到难度大而且拥有较少的知识时，看答案对学习是有进一步帮助的。研究者发现，给大学生有答案的化学问题的例子，他们会学得更多。在澳大利亚，有人发现，当新手在电路领域经验不多时，有答案的例子有助于新手学习关于电路的知识。① 无论大学生解决化学问题，还是新手学习电路知识，它们都支持了我们前面的结论：为获取程序性默会知识，做完题目应该看答案，看答案比不看答案的效果总体要好。

现实教学中，学生利用答案的主要方式及其学习效果

通过长期的观察和与学生反复的沟通交流，我发现，现实教学中，学生利

① WOOLFOLK A. 教育心理学 [M]. 何先友，等，译. 10 版. 北京：中国轻工业出版社，2008：310.

用答案的方式主要有六种，具体如下：

第一种，看到题目，对问题大致分析一下，感到有思路，知道个大概，或是简单地写几步，认为自己应该会解决这个问题，就看答案；

第二种，看着答案做题目；

第三种，做题出结果后立即看答案；

第四种，做题出结果后，再反思确认一下，得到相对自信的结果后看答案；

第五种，做几个题目，或是做完某题型的题目（如选择题）后一块儿看答案；

第六种，做完一套题目后，集中看答案。

需要说明的是，我们这里讨论问题的出发点是将问题看成学生获取程序性默会知识的机会，力求获取的程序性默会知识最大化。我们讨论的问题中，不包括轻松解决的问题，也不包括难度很大、学生无法解决的问题，帮助学生尽快做完题目也不是这里要讨论的问题。所以，下面我们只集中讨论前四种答案利用方式。

（一）第一种答案利用方式

看到题目，对问题大致分析一下，感到有思路，知道个大概，或是简单地做几步，认为自己应该会解决这个问题，就看答案。

在现实教学中，我曾和大量习惯这类答案利用方式的学生交流，结果发现，在这种答案利用方式的支配下，很多学生最终却并没有能够真正做出题目来，也即"一看就会、一做就错"。对此，我们可以尝试分析一下，为什么在这种利用答案的方式下，学生却实际做不出题目来；此外，结合前文的讨论，我们也应该分析一下，学生在这种情况下看答案，其事后诸葛亮的认知特点所起的作用是什么。

先来分析前者。学生看到题目，对题目大致分析一下，大多情况下都会有一个大致的思路，很多学生会感到自己能够做出这道题目。尽管如此，如果让他们具体做一做，很多情况下他们却做不出来，或是会做错。我和大量学生交流后发现，这绝非个别现象，而是具有共性。学生自己将之总结为"一看就会、一做就错"，而这也是老师常说的眼高手低的现象。对这个现象，老师们常会颇感无奈。那么，明明实际上是不会做的题目，学生为什么会感到会做呢？

这与我们现行的教学方式和学生在学习过程中养成的思维习惯都有关系。从教学方式上看，前文提到过，老师在教学过程中，会将学生所能接触到的题目都分门别类地通过相应例题讲清楚其解决方法。老师选择的例题具有典型性和代表性。老师这样做的目的，客观上使学生做的几乎每一道题目，都可以在老师的讲解中找到隐隐约约相似的内容，使学生遇到的题目几乎都有可仿效和套用的方法。前文中，我们将这种教学方法称为“方法陈列式教学”。当然，这种教学方法对于学生获得暂时的高分是有效果的，但是，不能否认的是，这种教学漠视了学生程序性默会知识的获取规律，因为它只强调了明确的知识和方法。

从学生在学习过程中养成的思维习惯看，学生听讲时，其努力的方向是搞清楚老师讲的东西是什么，因为在大多数学生看来，这些东西必定是正确的、是可以完全接受的，这样就缺乏了对知识和方法的审视、批判。这就是我们在前文中讨论过的被动接受和海绵式思维。被动接受和海绵式思维决定了学生在听课时只追求对明确知识和方法的了解和掌握，从而漠视了对程序性默会知识的获得。这同样也决定了学生对问题所采取的解决方式——以回忆和回顾为基础，通过模仿和套用来解决问题，而不是通过对具体的信息间的关系的分析，发现对题目具有针对性的问题解决方法。如此一来，面对问题就尝试努力发现和旧有问题的相似性，而不是具体分析问题，便成了很多学生的思维习惯。加上学生遇到的题目大都是重复性的，做的题目大都有可模仿的材料，学生凭题目某方面的相似性或是只凭表面信息，一般可以回忆起相当一部分的相关内容。这个时候，他们就将这些自己回忆起的明确知识当成自己应该能解决问题的明证了。所以，多数情况下，学生对题目会感到有思路，感到应该会解决这个问题。但是，具体做的时候，很多问题却又是不能绕开的，记忆的东西难以涵盖解决问题所需的全部内容，缺乏程序性默会知识的问题就暴露出来了。这就是题“一看就会、一做就错”的原因，也即学生眼高手低的原因。

下面，我们接着分析后者，即在对大多数题目都感到有一点隐隐约约的思路的情况下，学生看答案，其事后诸葛亮的认知特点所起的作用是什么。

这个时候，事后诸葛亮的认知特点会使学生在答案的指示下回顾和反思原来的思维过程，主要是努力使原来的判断和答案看上去更趋一致，这会强化学生原有的全部或是部分的判断。那么，这会造成什么后果呢？

我们要注意的是，尽管学生感到会做这个题目，但是因为学生大脑中的内容是可意识的明确知识，缺乏默会内容。这样，在事后诸葛亮的认知特点支配下，对原有的全部或是部分的判断的强化，就只是对学生回顾到的可意识的明确知识的强化。特别需要指出的是，这种强化不是对完整问题情境的强化，没有或是少有对问题的信息间的关系的判断，没有深入到程序性默会知识的层面。所以，这种强化离开了程序性默会知识，只是对原有的全部或是部分明确知识的强化。

在这种答案利用方式支配下，我们不能否认，学生事后诸葛亮的认知特点也确实强化了其对知识的回忆，但是，这只局限在可意识的明确知识层面，没有深入到默会知识层面。这说明，此时学生对问题的分析是不够全面和准确的，所以，强化的内容对于解决这个题目也不是全面的和准确的，甚至对于核心和关键内容都可能是残缺的。这个对明确知识的强化，因为不是基于判断信息间的关系的需要，我们称之为非理性强化和片面强化。

这种非理性强化和片面强化，不仅对学生程序性默会知识的获取没有帮助，还造成了两个直接后果——

后果一，使学生对片面的东西“过分自信”，甚至“确信偏见”，为学生接下来解决相关问题预设困难。只要被强化，学生对被强化的东西就会形成自信心。因为被强化的东西多属于对于解决这个问题次要和片面的东西，甚至关键和核心的东西可能被弱化或是忽略了，这会使学生对于被强化的东西“过分自信”，甚至“确信”自己的“偏见”。当学生再次遇到相关问题时，学生“过分自信”的东西或“确信”的“偏见”，就会使学生的判断偏离正确的轨道，为学生接下来解决相关问题预设困难。这会使以下现象更严重：学生感到会，却不能做出来；学生很自信地得出的结论，却不一定正确。这和心理学对过度自信的研究结论是一致的。心理学的研究表明，因为对片面的东西“过分自信”，而“确信偏见”，这使人们判断问题时对自己观点的主观的自信心超过了客观的正确率。即对自己观点的正确率的感觉是被放大的。研究者发现，估计自己答案准确的可能性是80%，正确率也只有60%。甚至认为自己100%正确的答案，正确率也只有75%~80%。[①] 所以，学生对于自己片面强化的东西“过分自信”，会对学生接下来解决相关问题预设困难。

后果二，对自己片面判断的明确知识过分自信，同时对回忆和回顾为基础的不合适的思维方式也会过分自信，这就使学生难以对问题具体深入地分析，影响了学生健康思维方式的养成。这一点的危害性更大。这里就不再赘述了。

这两个后果，使学生面对问题更不情愿“伏下身子”深入分析，只愿意听题、看题和回想题目。这直接造就了一批这样的学生：对问题眼高手低，一听很明白，一看就会做，一做就做错。他们看到题目，总认为自己会做这个题目，对题目感到不屑一做，不做深入研究。如果此时对这样的学生说，你现在还没有搞懂这个问题。他会很不服气，会说：“我自己都明白了，你还说我不明白!”尽管他不屑一顾，但是如果让他具体解决问题，他却不能做出这个题目。这种现象平时就很普遍，考试的时候就更为明显。面对自己在考试中做错的题目，这种学生大多不会怀疑自己“感到会”的感觉。所以，出现错误后，他们不会从自己“看题、不做题”的学习方式上找原因，更不会从自己的思维方式上找原因，而是会从考试过程上找原因。他们不承认自己考前没有掌握好解决问题的相关知识，只承认自己在考试时没有发挥好，或是自我辩解说，自己心里知道怎么做，只是没有将想到的东西表达出来。

对这类愿意看题而不愿意做题的学生，老师开出的药方一般是要求他们做题时要落实到笔头上。这个要求看似具有针对性，实际效果却非常不好。为什么呢？学生解决问题的过程，是一个心理活动，核心是思维。学生之所以出现“一看就会、一做就错”的现象，是因为学生在这种答案利用方式的强化下，其解决问题的心理过程是不到位的。老师的这种要求本身只是针对学生不动笔的表面现象的，没有从本质上分析造成这个现象的原因，更没有分析与这个现象相关联的其他现象。这种要求不能和学生的实际体验联系起来，进而不能在学生体验的基础上引起学生对这种思维方式的反思。所以，老师的这种要求一般难以奏效。

---

① GALOTTI K M. 认知心理学［M］. 吴国宏，等，译. 3版. 西安：陕西师范大学出版社，2005：309.

（二）第二种答案利用方式

看着答案做题目。

教学中，我们会发现，有这样一些学生，面对题目时不是根据题目的条件和要求综合做出判断，即不是具体分析包括题目的条件和要求在内的信息间的关系，而是出于偷懒先看题目的答案，看着答案再来考虑问题或是做题。

看着答案考虑问题或是做题时，在事后诸葛亮的认知特点支配下，学生只是从答案出发考虑问题，考虑和答案相一致的内容，考虑能推算出答案的那些内容。这时，正常考虑问题时所需要经历的心理过程是没有办法经历的。具体讲，正常解决问题所需要的对信息间的关系的判断和对干扰信息的排除是没有办法实现的，正常解决问题时需要构建的问题情境和在情境中对问题的默会是没有办法实现的。此时的思考不是正常的为解决问题而发生的思考，而是为答案找根据，而且主要是在明确知识层面为答案找根据。

在这种答案利用方式下，甚至会出现这样的现象，只要感到差不多能解释答案了，题目的很多地方自己还没有弄清楚，也就认为那些是与答案无关紧要的内容而不再去思考。比如，对于一个不定项选择题，正确答案是 BC。如果学生正常地做题，不是看着答案做题目，要得到正确的答案，必须具体判断出 BC 是对的，同时判断出 AD 是错的，才可以确认正确的答案。看着答案做题目的同学则不是这样，他们在看过答案后，知道 BC 是对的，便判断 BC 应该是对的。但是，他还没有判断出 AD 是错的，或是根本不去管 AD，就放过了这个题目，以为自己已经理解了问题，或是自我欺骗，暗示自己理解了这个问题。这看起来有些可笑，但实际在学生身上是客观存在的，并且存在于为数不少的学生身上。

这种答案利用方式有以下不足：首先，学生在思维过程中，并没有在信息间的关系的层面上进行分析判断，而主要是在明确知识层面判断题目的条件和答案的相关性；其次，学生在思维过程中，不是从条件到结论步步判断，不是努力构建问题情境，而是反其道而行之，从答案出发寻找题目的条件和答案的相关性，这样的思维过程极其不完备，会留下思考的盲区，使得思考问题应该经历的过程和应该考虑到的内容被掩盖过去。

除此之外，第一种答案利用方式中的弊端，即对部分知识或是非关键知识的片面强化，对自己的判断和自己的思维方式的过度自信，在第二种答案利用方式中依然存在。不仅如此，长此以往，学生会形成对答案的极端依赖，一旦离开答案，就难以独立思考问题和独立解决问题；而看到答案后，感到自己会做这个题目，就不会再具体深入细致地分析判断这个问题。具体表现是，看答案前自己没有思路，感到无处下手；看到答案后，又感到问题很简单，不值得下手。

（三）第三种答案利用方式

做题出结果后立即看答案。

相对第一种答案利用方式，在这种答案利用方式下，学生独立分析了一些信息和信息间的关系，有一定的问题情境的构建。但是，学生对题目的解决在思路上属于单线推进，问题情境的构建仍然是不完整和不牢固的，默会内容的获取是不丰富和不精准的。现实教学中，学生做题的过程中，有大量的回忆和回顾、模仿和套用的成分，所以这种单线推进对信息间关系的判断就更是不全面的，即解决问题应该涉及的一些信息间的关系没有被判断或是没有很好地分析，问题情境就更谈不上完整和牢固。

不仅如此，这种答案利用方式还会出现以下问题。学生看答案后，如果发现做错了，因为事后诸葛亮的认知特点，学生不是从题目的条件和要求出发分析问题，而是会从答案出发，回顾先前的思维过程。这样，与结果一致的内容得到强化，不一致的被淡化或是遗忘。当然，这类学生也会在答案的启示下做一些新的判断，多数情况下，他们也会意识到自己错在了什么地方。但是，特别需要强调的是，这个错误的发现不是在从条件到结论的思维过程中发现的，而是在事后诸葛亮认知特点支配下，从答案出发，从明确知识的角度确认出来的。

我们可以注意到，学生发现错误后往往会这样提示自己，以后再面对这类问题时，一定要先考虑什么或是要怎样考虑。这种提示，实际上也是从明确知识层面对错误原因的片面强化，是一种从对明确知识记忆层面的强化，而不是从信息间的关系的层面对错误的认识。

出现这样的错误后，经过一段时间，学生的相关记忆会变得模糊，其再次出现这类错误的概率就自然会变大。针对这个问题，一些老师认为，只要让学生在出错之后，立即再做一道类似的题目，学生以后就不会再在这类问题上出错了。但是，要注意的是，由于学生对错误的避免是通过对明确知识的强化记忆实现的。学生或许当时做类似题目能避免这类错误，但是，一段时间过后，当记忆变得再次模糊时，这类错误还是不可避免的。在教学实践中，这让很多老师非常头痛。

学生屡错不改的现象，也得到了研究者的证实，例如，在我国上海等地，有研究者分析了一些学生在问题解决方面的错误后发现，学生出的错误大致都可以分为简单的几类，并且总是重复这几类错误。可见，屡错不改的现象，是普遍而客观地存在着的。

那么，学生为什么会屡错不改呢？要回答这个问题，需要考虑两个方面的因素，一是学生出错时，支配学生做出错误判断的信息间的关系的特点；二是这种答案利用方式下，学生对支配其做出错误思维判断的信息间的关系的修正和改进情况。

先分析第一个因素。我们知道，直接支配思维的是被内化了的信息间的关系，在这种情况下，支配学生做出这个错误的思维判断的，也是被内化了的信息间的关系。学生之所以出现屡错不改的错误，正是不恰当地应用了这个被内化了的信息间的关系的结果，不愉当利用的原因主要是因为这个信息间的关系不再适用于这类问题。由于程序性默会知识（本质上即为信息间的关系）具有内隐性的特点，学生在进行思维判断时，意识不到自己正在受到相关信息间的关系的支配和制约，也就是说，即使其利用的信息间的关系是错误的，学生也不会意识到。因此，针对屡错不改的现象我们可以得到如下结论：如果支配学生做出错误思维判断的信息间的关系不改变的话，学生的这种屡错不改的现象就不会改变。

再来分析第二个因素。在这种答案利用方式下，学生对支配其做出错误思维判断的信息间的关系修正和改进的情况。我们知道，一般程序性默会知识不是“总是正确”的，而是会随着问题的变化而被不断修正和改进。学生做题出结果后立即看答案，对自己错误的发现，是从结果出发逆向思考实现的，这种局限在明确知识层面上的思考，这种缺乏从条件出发、独立分析题目中信息间的关系的思考，能发现自身在运用信息间的关系方面的不足吗？能实现对一般信息间的关系的修正和改进吗？显然不能！综合以上，在这种答案利用方式下，学生只是从明确知识的层面认识到自己的错误。这样，学生无论怎样强化对出现错误的明确知识的记忆，都难以从根本上改变这个错误。

在这第三种答案利用方式下，学生看答案后，如果发现自己做对了，会怎么样呢？因为事后诸葛亮的认知特点，这会使学生强化当时的思维过程，强化当时形成的问题情境。同时，这个强化的过程对作为程序性默会知识的信息间的关系也是一种强化，所以，客观上讲，这种答案利用方式对学生思维判断能力有一定促进作用。但是，学生对这个题目的解决在思路上属于单线推进，缺乏明确完整的问题情境。因为现实的教学中，学生对问题的解决存在很大一部分的回忆和回顾的成分，解决问题时多会考虑模仿和套用，所以，学生对整个问题情境不会全面默会，对信息间关系的判断也是不全面的。即题目中的一些信息间的关系，往往没有被判断或是没有被很好地判断，形成的题目情境可能是残缺的。所以这种答案利用方式，对单线推进的思维过程的强化效果就打了折扣。

第三种答案利用方式，反映了学生以做出、做对题目为学习目标，也暴露出了学生为了做题而做题的意识。这种答案利用方式弱化了学生对问题思维判断过程的关注，严重影响了其默会知识的获取。在学校教育片面追求升学率的当下，很多学生都以做了多少题目和多做了几道题目作为衡量自己学习效果的尺度。因此，这种急急忙忙做题、做题一出结果就立即看答案的习惯，就成了很多学生的答案利用方式。

采用这种答案利用方式的学生，其实是缺乏了正确的学习意识。这种意识是：学习主要是一种心理活动，其核心是思维；是做题时大脑内部活动的质量和过程而不是做出题目的数量决定了学习的效果；每道题目都是学生获取默会知识的机会，只能好好利用、不能丧失；做出、做对题目，多做、快做题目是学习的外在形式，这些原本应该是熟练掌握知识后的必然结果。这种答案利用方式舍弃了学习的本质和过程，单纯追求形式，这在默会知识和思维能力的获取上是舍本逐末的。所以，总体而言，这种答案利用方式在效果上仍然是不佳的。

此外，需要指出的是，为了做题而快速做题，这本身也反映了学生的一种急躁情绪，这种情绪不利于学生对问题的全面审视，影响其对问题情境的体验、感知和默会。这种急躁情绪本身属于一种学习障碍，它使学生不能冷静、全面、客观地分析问题，甚至使一些学生做题时想慢都慢不下来。

（四）第四种答案利用方式

做题出结果后，再反思确认一下，得到相对自信的结果后看答案。

这种答案利用方式，经过了反思确认，而这种反思确认，又是得到相对自信结果的过程，是在对信息间的关系经过较充分的分析判断的基础上，审视相对完整的问题情境的过程。相对第三种答案利用方式，在这种答案利用方式下，学生更加充分、独立地分析了相关信息和信息之间的关系，形成的题目情境也相对完整。

这个时候看答案，如果结果是对的，那么，因为事后诸葛亮的认知特点，学生会反复回顾自己解决问题的整个思维过程，在完整的问题情境中默会信息间的关系，其学习效果很好。在这种情况下，这种答案利用方式的优势主要表现在以下两个方面。

第一，有利于全面强化整体问题情境。看答案时，如果发现自己做对了题目，因为形成了相对完整的问题情境，学生的成就感会伴随而生，与题目相关的整个问题情境再次得到强化，这对默会知识的获取意义重大。此后，这类问题会使学生感到亲和，愿意考虑，从而容易深入理解这类问题；这种问题的解决方法也会和相关默会知识联系起来，很容易使这个问题的解决方法在其他同类题目中得到运用。

第二，有利于学生提高自己学习的短板。在实际教学过程中，即便对同一道题目，不同学生解决问题的障碍点往往也是不一样的，也就是说，学生各自的短板是不一样的、分散的。一个班级中有多少学生，可能就有多少不同的短板。对此，老师的统一教学便显得捉襟见肘，学生只能自己面对这些短板并弥补之。一个学生要想独立成功地解决问题，并得到相对自信的结果，就必须对自己的短板投入更多的精力。在这种答案利用方式下，事后诸葛亮的认知特点会引导学生更加强化曾经投入较多精力的障碍点，使学生逐步弥补解决问题的短板。多年的教学实践告诉我们，对学生来说，针对自己的障碍点的思维判断、提高自己解决问题的短板的学习是效率最高的。

同样，在这种答案利用方式下，看答案后，如果发现结果是错误的，那么，因为事后诸葛亮的认知特点，学生会在整个问题情境下审视自己的思维过程，容易发现自己知识掌握的不足和思维判断方面的瑕疵。需要说明的是，尽管思维判断方面的瑕疵也是在事后诸葛亮认知特点的作用下发现的，但是，这种发现不同于第三种答案利用方式下的发现，因为这种发现是在相对完整的问题情境下完成的。此时，对问题的反思是考虑了相对全面的信息间的关系后的反思，借助这种反思，学生便容易发现原来思维判断过程中的错误，也就容易发现信息间的关系在应用上的不足，而这一切，则会较好地改变屡错不改的现象（此时尚不能说彻底改变，因为屡错不改的现象是不容易改变的）。

根据以上分析，我们可以得到以下结论：对题目做出结果后，再反思确认一下，得到相对自信的结果后看答案，这是最好的答案利用方式。同时，根据以上分析，我们还要注意到，这种答案利用方式是利用事后诸葛亮的认知特点的学习，是利用大脑自动反思的特点的学习。所以，发挥这种答案利用方式的优点还需要两点保障：一是戒除急躁情绪，在平和的心态下思考问题、解决问题和看答案；二是看答案后，不要立即做下一道题目，而是要注意做题的节奏，给大脑留出一定的消化反思的时间。

利用答案纠正屡错不改的错误

正如前文的讨论，现实教学中，学生屡错不改是一个很顽固的学习问题。对这类错误，学生感到无奈，老师感到棘手。鉴于这类错误的现实严峻性，我们有必要单独拿出来具体地研究。

（一）这类错误的特点和产生的原因

这类错误出现后，学生原本有信心改正它，但是，一段时间过后，题目稍变，错误便还会出现。学生对此感到很困惑。出现错误后，明明自己知道错在什么地方了，认识到自己的错误了，也决心改正这个错误，甚至有信心改正这个错误。可是，较长时间以后，学生还是会犯这样的错误。而当再次出现这个错误后，学生只有对照正确的结果时，才会想起自己曾经犯过这个错误，但其在这之前却不能意识到这一点。

对此，学生惯常的解释是，犯错是因为自己粗心、不注意。学生为什么会把这种错误归结为粗心呢？因为学生发现这类错误后，在看过正确答案后，发现自己没有利用或是错误利用了某明确知识。所以，学生就想当然地将责任归结为自己没有掌握相应的明确知识。此后，再出现这个错误，学生也都在明确知识层面找原因——总不能记住某明确知识，总在一个地方跌倒，这不是粗心还能是什么呢？老师在给这类学生学习指导的时候，如果也赞同学生的这种说法，那就是对学生的误导。因为这会使学生面对问题时，为了细心而细心，处处谨小慎微，如同惊弓之鸟。这种心理会影响学生对问题的深入分析，造成不必要的心理负担。因为人的心理能量是有限的，在这个地方关注过多，就影响学生具体深入分析问题。关于这一点，有一类典型的表现可以证明，学生高三的时候，总会在最后关头经历几次正式的模拟考试，如果学生在某次模拟考试后发现自己的“失误分”过多，并对此“痛心疾首”的话，那么，其在下一次考试的这类“失误分”也许会少一点，但总分数不会更多。

学生屡错不改的原因是什么呢？前文已经涉及一些，这里再稍深入讨论一下。

首先，分析信息间的关系的特点。被内化的信息间的关系是支配学生思维的程序性默会知识，它支配学生选择信息和应用信息以形成符合它的思维路径。被内化的信息间的关系是从过去的“思维过程”中抽象和提取出的。信息间的关系相对获取它的“思维过程”中所涉及的有限的信息，一般是“合理”的。关于这一点，《规则论——研究视阈与核心问题》讲，“认识世界的合理方法，只能是‘朝向事实本身’，对……世界的构成要素及其关系结构进行动态的事实性实践反思”①。这决定了信息间的关系是朝向当时思维判断的具体信息之间的关系本身，反映当时认识到的关系。但是，人们的认识是不断进步的，世界的构成要素及其关系结构也是不断变化的，作为代表当时认识水平的信息间的关系也只具有针对原问题的合理性。所以，当问题扩充开来后，很难说原信息间的关系总是正确。这和心理学的研究结论是完全一致的：思维是有限理性和片面逻辑的，或是说，理性和逻辑不是思维的属性。

其次，再来讨论信息间的关系在支配学生思维时的特点。被内化的信息间的关系作为程序性默会知识，在正常的思维判断过程中，它对思维的支配是直接、自动的，是思维者不能明确意识的。即思维者对它是“不明就里”、“不知原因”、“不假思索”地遵从的。这就决定了学生在某问题中获取了某信息间的关系后，便会在某种具有相似性的问题中再次激活并运用这个信息间的关系。但是，这个问题的信息间的关系可能更复杂或是和原问题不一样，这种信息间的关系实际上就不再适用了。此时，如果学生没有认识到这种差异，如果学生还是“不明就里”、“不知原因”、“不假思索”地利用这种信息间的关系思考问题，出现错误就在所难免了。

另外，实际课堂教学过程中，很多学生在解决问题时，其用脑方式不是深入分析信息间的关系，而是以记忆和回顾为基础，通过模仿和套用的方式解决问题。在这种情况下，学生对问题便会更多地关注其表面信息而不是信息间的深层关系，所以，学生更多的是根据问题的表面信息确定所选择的信息间关系。在这种情况下，学生难以仔细地判定已拥有的信息间关系和自己要解决的问题的匹配性，这样一来，将信息间关系进行不准确的套用就会变得更为常见。

---

① 陈忠．规则论：研究视阈与核心问题［M］．北京：人民出版社，2008：218.

所以，我们可以总结说，被内化的信息间的关系的特点、其在支配学生思维时的特点以及当前学生的主要用脑方式共同决定了学生屡错不改频发的现象。

那么，为什么学生发现这类错误后，即便对错误的改正有信心，并为此做了大量工作，但是也不能有效改正这个错误呢？学生在发现自己的错误后，他们都是努力去发现错误出现在哪里，通过对错误和出错地方的强化记忆来改正这个错误。即学生以强化记忆的方式改正错误，他强化的是明确知识，并没有涉及默会知识层面。这时学生往往会提示自己凡是遇到什么样的问题，一定要想什么，或是一定不要想什么。并且，为了强化这个效果，他们还常常用小纸条将错误记下来或是用一个专门的小册子来记录这样的错误。但是，所有明确记忆的东西都是容易忘掉的，一段时间后，记忆模糊，或是问题在形式不同的另一道题目中出现时，这种错误就又出现了。实际上，不只是在形式不同的问题中，即便在形式相似的问题中，学生也会继续出现这种错误。因为，学生在专心考虑问题的时候，是没有办法有意识地在明确知识层面注意太多问题的。如果有意识地为纠正某类错误而注意了不是出于思维需要的太多的问题，这就凭空添加了思维负担，这会影响学生专心深入地思考问题，有效地根除错误也就变得更为困难了。

（二）纠正这个错误

1. 纠正的根据

正如前面的分析，屡错不改的错误是由原信息间的关系对问题不再适用造成的。怎么办？实现信息间的关系的“修正和变迁”就是改正错误的必然选择了。

怎样实现信息间的关系的“修正和变迁”呢？我们知道，信息间的关系是对一段思维过程的抽象，是人在思维过程中的“创造物”，只能是“朝向事实本身”，或者说朝向自己能认识到的事实本身，反映当时认识到的具体信息之间的关系。这就给出了信息间的关系“修正和变迁”的方法：认识到新的信息间的关系，或是明确认识到原信息间的关系的错误。只要发现具体的信息间新的关系，或是认识到原信息间的关系的错误，就会实现信息间的关系的“修正和变迁”。有人可能会提出这样的问题，被内化的信息间的关系明明是一种不能明确意识的默会认识，怎么认识到其错误，又怎样实现其“修正和变迁”呢？为说明这个问题，请看下面的案例。

回答五个小问题：

问题1，一个三点水加一个气体的“气”字，读什么？回答说读“qi”；

问题2，一个三点水加一个理由的“由”字，读什么？回答说读“you”；

问题3，一个三点水加一个来去的“来”字，读什么？回答说读“lai”；

问题4，一个三点水加一个来去的“去”字，读什么？

到这里，很多人迅速回答“没有这个字”。

但是，当回过味儿来时，才知道读方法的“fa”。

当知道上面的字读“fa”后，对下面一个问题就没有什么障碍了。

问题5，一个三点水加一个之乎者也的“也”字，读什么？人们会很快说，读电池的“chi”。

这里，没有人不认识“法”字。但是，第一次按上述顺序回答这个问题的人很可能会说没有这个字。为什么呢？这是因为，人们在解决第一个小问题时获取了信息间的关系，根据信息间的关系得到了一个问题解决方法。这个问题解决方法可以表述为“读音读半边儿”。这个问题解决的方法在解决第二个问题时也正确解决了问题。这使这个信息间的关系得到强化，人们一般就不怀疑这个当时没有意识到的信息间的关系。在第三个问题中，在某种相似性的支配下，人们毫不怀疑地运用这个方法成功解决了问题。这个问题解决方法在前三个问题上是适用的，或是说在前三个问题的有限信息范围内是正确的。

尽管这时的人们不怀疑这个信息间的关系的正确性，但是这个信息间的关系是来自有限信息的，是不合适的，或是说错误的。如果理性审视这个信息间的关系的话，每个人都能发现这个错误。但是，实际上，当事人却不能发现这个信息间的关系是错误的。为什么不能发现这个错误呢？因为，这和学生思考题目时一样，其中的信息间的关系属于默会认识，如果没有明确的证据说明思维结论是错误的，人们就对这个信息间的关系确信无疑。所以在前三个问题中，人们都是“不明就里”、“不知原因”、“不假思索”地运用了这个问题解决方法。人们继续运用这个方法解决第四个问题时，就错误地得到了结论。

人们对“法”这个字实际是很熟悉的，在回答“没有这个字”后，一些人会回过味儿来。当人们回过味儿来后，解决第五个问题时，就没有任何障碍了。为什么呢？因为人们“回过味儿”，实际是发现了原思维结论的错误，发现思维结论的错误就会立即放弃或是修正支配这个思维的信息间的关系，不会再利用这个问题解决方法解决第五个问题了，所以人们都会正确回答第五个问题。这就实现了信息间的关系的“修正和变迁”。

从这个案例可以看出，在“修正和变迁”程序性默会知识方面，我们大脑的特点是“知错就改，知错就能改，知错就能改好”。需要强调的是，这里的“知错”是知道什么错呢？是知道自己做错了，还是知道自己哪个题目做错了？都不是！这里的“知错”，是通过思维结论的错误认识到信息间的关系错了，因为是这个信息间的关系支配自己错误地应用信息，使自己的思维行为错了。

从这个案例，我们可以得到启发，学生纠正屡错不改错误的方法是：针对具体问题，对信息间的关系做具体正确的判定。《规则论——研究视阈与核心问题》上讲："规则在根本上是实践规则"，"离开了行动，……也就不可能有规则的产生、变迁与转换。"[①] 这说明，信息间的关系在思维的活动中产生，在思维的活动中变迁和转化。具体讲，信息间的关系是在对信息辨别和判断的过程中获取的，同时也应该随信息间的更新关系的发现而逐步放弃、转换和修正。即无论是信息间的关系的发现还是信息间的关系的放弃、转换和修正，都必须是在辨别、审视、确认信息间的关系基础上实现。针对这个问题，考虑到教学实际，我们有必要强调三点：第一，以回忆和回顾为基础，通过模仿和套用的方式解决问题，不能实现信息间的关系的"修正和变迁"；第二，对老师明确表达知识的接受，不能实现信息间的关系的"修正和变迁"；第三，只是从明确知识的层面认识到这类错误，不能实现信息间的关系的"修正和变迁"。正是上述这三点，为我们解释了学生出现屡错不改的"顽疾"的原因。而这三点，也恰恰正说明了当前课堂教学存在束缚学生思维的现象，我们的教学方式迫切需要改革。

2. 纠正的方法

正如前面的分析，第三种答案利用方式不利于纠正屡错不改的错误。要纠正屡错不改的错误，应该采用第四种答案利用方式。做题做出结果后，再反思确认一下，得到相对自信的结果后，再看答案。这种答案利用方式，其间的反思确认，是得到相对自信结果的过程，是在对信息间的关系较充分分析和判断的基础上，审视较完整问题情境的过程。在这种答案利用方式下，看答案时如果发现自己将题目做错了，这时的回顾与反思容易发现错误的信息间的关系，容易改正错误。但是，到这一步，还不够，还应该引导学生改变习以为常的"俯视思维"，换之以对问题的"平视思维"。什么是平视思维，什么是俯视思维呢？这二者，与我们在前文中曾经做过的一个比喻有关。

我们知道，现实教学中，有很多学生只愿意看题（即在浅层次思考），不愿意做题（即深入思考进去，并做出最后结果）。学生自己看题目时一般都感到自己会做。这种感觉就相当于自己站在某山头上，遥望远方另一处的山头，想到那个山头上去，两个山头之间有云雾变化——那不是老师例题中的"大

---

① 陈忠．规则论：研究视阈与核心问题［M］．北京：人民出版社，2008：10.

石头”吗？那不是我曾经经过的“大树”吗？那不是“梦幻中的水潭”吗？可能他看准了、感到会做了。但是“大树”和“水潭”之间的障碍，他是注意不到的，实际上，这其中任何一个障碍都可能使学生不能到达另一处的山头。

为了说明问题，我们在这里将学生站在山头上向下看的思维，叫作俯视思维。俯视思维只是站在山头上，确认一下思维路径上可能会遇到的“大石头”、“大树”、“水潭”，而没有真正具体在这些障碍之间穿行。即不是具体分析和判断信息间的关系，而是大致确定解决问题可能需要用到的明确知识。与俯视思维相对的是平视思维，即学生独立地在“大石头”、“大树”、“水潭”之间穿行，这个过程需要学生对这些障碍之间的具体连接路径形成判断，并对障碍实现排除。即这个过程伴随了对信息和信息间的关系的判断。

在纠正学生屡错不改的现象时，上述比喻启发我们，应当尽量鼓励学生做题时或是看答案后，特别是在知道自己做错题目之后，多进行一些平视思维。

之所以强调平视思维，是针对学生的学习现状而言的。一般而言，学生听课时主要运用的是俯视思维。因为，学生听课时对知识和问题更多的是放心地接受，只要知道了知识和问题等明确的内容是什么，并且这个内容和自己当时大脑能联系到的其他知识不直接矛盾，就感到“明白了”、“听懂了”。这时，学生的努力方向只是搞清楚老师讲的知识和方法的内容是什么，缺乏了对知识和方法的审视、批判和干扰信息的排除。同时，学生课下做题很多时候也在运用俯视思维。学生课下做题，主要是根据题目的表面信息，以记忆和回顾为基础，通过模仿和套用过去的问题解决方法来解决问题，这只需要关注题目的表面信息等明确内容。学生普遍习惯的俯视思维，是造成屡错不改错误的主要原因。我们有必要指导学生改变它。

强调平视思维的意义是针对学生的做题习惯而提出的。现实教学中，当学生发现自己的错误时，学生习惯于在事后诸葛亮认知特点的支配下，寻找与正确结果相一致的信息，将与正确结果明确相矛盾的信息作为自己的错误所在。这强化了可意识的内容，忽略了对信息间的关系的判断。针对这个习惯，要学生实现从信息间的关系的角度认识到错误，就特别应该提示学生对出错的题目利用平视思维，完成从条件到正确结果的完整的思维过程。因为这是具体判断信息间的关系，实现信息间的关系的放弃、转换和修正所迫切需要的。

强调平视思维的意义也是针对很多不恰当的教学要求而提出的。出于应对考试的需要，在学校教育中以下要求几乎是普遍的：要求学生凡遇到问题就要落实到笔头上。这种要求往往是走向了极端，变成了“笔头为中心，大脑围绕笔头转”。这种教学要求会导致学生看一步、写一步，难以形成完整的问题情境。在指导学生平视思维方面，我们应该明确告诉学生，大脑是思维的中心，笔头要服务于思维，动手计算只是思维的辅助。为了使学生能正确地平视思维，要明确告诉学生：当你的手在不断地写写画画时，如果大脑中只是像放电影一样，一幕幕呈现着和问题完全无关的影像，那么，此时你做题的中心已经是笔头而不是大脑的思维了，必须停下来进行调整。

3. 纠正与否的不同表现

正如前面的分析，现实教学中，学生在纠正屡错不改的错误方面之所以不成功，是因为学生只是从可意识的明确知识层面认识到错误，没有从发现、审视和确认新的信息间的关系的角度认识到错误，也就不能转换或修正被内化的信息间的关系。所以，学生能否避免屡错不改的现象，就在于学生是否能从可意识的明确知识的层面转移至从信息间的关系的层面来认识错误。

从不同的层面认识到错误，学生的表现是不一样的。如果学生只是从明确知识层面认识到错误，没有从信息间的关系的层面认识到错误，学生的表现往往是这样的：第一，对错误的感受是“我知道错在什么地方了，今后要注意这个地方”或是“今后注意这个地方就是了”；第二，对改正这个错误有信心，表示对今后能改正错误感到“差不多”，或是表示“没问题”；第三，对改正这个错误所采取的方法，他会这样表达：“今后，只要遇到……我就……去解决。”比如，在物理学科学习中，“今后只要遇到斜面问题，我就记住上下两个加速度是不一样的。”很明显，这些表现都是学生在明确知识层面认识到错误，改正的方法也是在记忆层面强化，期望自己能在今后遇到这类问题时回忆起这个错误，以便避免它。这种情况，或能保证学生在短时间内、在记忆模糊之前，会暂时性地避免这种错误，但是，从长时间看，仍旧不会杜绝这种错误。

但是，如果学生从信息间的关系的层面认识到错误，发现了当时自己在判断信息间的关系方面的错误。学生对错误的感受是“恍然大悟”，或是感到“这个错误出得很低级，原来这样简单”。这时学生会说：“我真傻，怎么在这样简单的地方出现这个错误呢?”也有学生会感到自己羞于向别人包括老师叙述自己的错误，也不愿意向老师描述这个错误。比如，他会这样对老师说：“老师，您别说了，再也不会这样了。”这些表现，是认识到了问题的“简单”。正如前文谈到的，只有感到简单，才是获取了信息间的关系的感受。

4 培养学生发现意识和创新能力的落脚点：策略性默会知识

随着社会的发展和人类的不断进步，当前各国基础教育更加注重培养具有发现意识和创新能力的人才。在我国，培养具有发现意识和创新能力的人才，更是被社会和学校教育工作者提到前所未有的高度。从默会认识论的角度讲，这一人才培养目标的实现，有赖于受教育者对策略性默会知识的掌握程度。策略性默会知识影响人的思维方式、思维角度，而这在很大程度上影响陈述性默会知识和程序性默会知识的获取。同时，也正如人们普遍感受到的，换个思路考虑问题，能发现新的观点、得出新的结论，而换个思路考虑问题，即转换思维策略的问题。所以，发现意识和创新能力与策略性默会知识紧密相关，培养学生的发现意识和创新能力应落脚在学生策略性默会知识的获取上。前面两章，我们分别探讨了陈述性默会知识与程序性默会知识，这一章，我们将从当前教学普遍存在的“一种有毒的策略性默会知识”谈起，为你逐步揭开健康的策略性默会知识的特点与获取过程，在“先破后立”的基础上，我们将从默会认识论的角度，深入分析如何在具体教育教学层面纠正“这种有毒的策略性默会知识”，引导学生获取健康的策略性默会知识，以及如何在这一层面落实上述人才培养目标的问题。

一种有毒的策略性默会知识及其形成过程

正如人们所普遍感受到的，当前的课堂教学在培养学生的发现意识和创新能力方面并不成功，究其原因可能有多个方面。在我看来当前的课堂教学使学生形成了一种有毒的策略性默会知识，而这一点，或许正是造成上述局面的主要原因之一。那么，什么是有毒的策略性默会知识呢？

默会知识只可意会，不能用语言直接而充分地表达，也就不能被直接传授和传播；明确知识则可以明确意识，因而可以充分表达并能直接被传授和传播。可以讲，明确知识和默会知识构成了知识的全部内容。关于知识的定义，《现代汉语词典（第6版）》中这样解释，“知识是人们在社会实践中所获得的认识和经验的总和”。这是说，知识总是正确的；如果知识错误了，那就不是知识了，那是认识错误。明确知识，其正确与错误便于验证，确信正确的是知识，确信错误的就不是知识。所以，确信是不是知识，取决于我们的认识。例如，在伽利略之前，人们普遍认为亚里士多德关于力的理论是知识，青年学生努力学习之，但在伽利略之后，这些理论就不再是知识了，倒成了反面教材。同样，现在我们接触到的很多明确知识，多少年后也可能会被发现是错误的，被证明不是知识。所以，可以这样说，对于明确知识，我们有信心证明它的真伪，不在当下就在未来。但是，对于镶嵌于行为中的默会知识，因为它是不明确的，不能用语言直接而充分地表达，对其真伪的辨别则不同于明确知识。我们无法断定某种只能意会的默会知识是正确的，也很难断定某种镶嵌于行为中的默会知识是错误的。策略性默会知识也是这样，尽管它影响人的思维方式、思维角度，进而在很大程度上影响陈述性默会知识和程序性默会知识的获取，对学生的发现意识和创新能力有着极大的影响，但我们却很难断定某策略性默会知识的对错。不过，从学生的学习现象出发，我们的确能感受到学生的学习活动中存在束缚其思维能力、发现意识及创新能力的策略性默会知识。为了更清楚明白地说明问题，从培养学生思维能力、发现意识和创新能力的角度，我们把学生在学习过程中获得的束缚其思维能力、束缚其发现意识和创新能力的策略性默会知识称为有毒的策略性默会知识。接下来，我们讨论现实教学中几乎普遍存在的一种有毒的策略性默会知识。

有毒的策略性默会知识及其形成的原因

我们知道，策略性默会知识与人的行为方式（包括思维方式、角度）有关，有毒的策略性默会知识也不例外。为了清楚地说明有毒的策略性默会知识是什么，我们需要借助相应的行为（思维）方式来表述。在这种有毒的策略性默会知识的支配下，学生形成了惯常的思维定式：面对一道题目，学生的思维方式不是具体深入地分析其中的信息间的关系，而是根据题目的表面信息回忆和回顾过去相似题目的解决办法，通过模仿和套用过去的问题解决办法解决现在的问题。这种有毒的策略性默会知识显然是对正常思维的扭曲。那么，这种有毒的策略性默会知识究竟是如何产生的呢？下文中，我们将对此作深入、具体的分析。

（一）现实教学中，学生对规律的掌握普遍是不到位的

正如第三章第一节的讨论，学生学习的各学科规律，其实质都是在通过各种方式表达相应的信息间的关系。学生只有通过对规律的学习，内化了这些关系，其大脑才可以按这些关系的要求来思考相关问题。只是知道或是记住了规律而没有获取这些关系，其大脑就不可以按这些关系自动思考相关问题。学生从学科规律中获得的、能直接支配其思维的信息间的关系就是规律承载默会知识。也正如第三章第一节的讨论，学生获取了规律承载默会知识的表现是：利用规律解决相关问题时，不需要有意识地思考自己是用什么规律来解决这个问题的，也不需要有意识地思考规律的具体表达式，而是利用从规律中获取的规律承载默会知识直接加工相关信息。此时，学生一般不会意识到这种规律承载默会知识的存在，他感到这样的思考是简单和自然的，不认为自己的思考有多么深奥。而没有获取规律承载默会知识的学生，其在利用规律思考问题时，不能离开规律的表达式，其利用规律的过程实际上是将规律和问题进行比对的过程，这需要学生有意识地选择规律，有意识地回顾规律的表达式，而后再有意

识地比对。这个过程有以下不足。

第一，学生对规律的选择和回顾都是有意识的，或是说是在意识的支配下进行的。这相对于获取规律承载默会知识后对规律的自动选择和应用，是有巨大差别的。前者表现为思考慢、容易出错和容易疲惫。

第二，学生没有获取规律承载默会知识，就不会在深入分析问题中信息间的关系的基础上运用规律，其对规律的有意识选择和应用就偏离了对问题中信息间的关系的分析。而获取规律承载默会知识的学生则必须通过深入分析题目中信息间的关系，才能思考和解决问题，这种分析促进了学生思维能力的提高。所以，在没有获取规律承载默会知识的情况下，学生的思维能力实际上是很难得到锻炼和有效提升的。

因此，只有从对学科规律的学习中获取了规律承载默会知识，才能说学生真正完成了学科规律的学习，才能说学生获得了“我们理解世界和与世界互动的系统”，也即皮亚杰所讲的“心理结构”。[①]

从上述理论分析的角度上讲，学生应该通过对规律的学习获取规律承载默会知识，但正如我们在第三章中通过一道有关向心力、向心加速度的题目所发现的那样，现实的教学中，大多数学生并没有成功获取规律承载默会知识。这里，我们不妨接着分析一下，大多数学生在解决这道题目的过程中，其暴露出的不健康的思维方式（有毒的策略性默会知识）具有怎样的特点。

特点一，面对向心力、向心加速度的问题，学生无法深入分析题目中信息间的关系，或是缺乏深入分析题目中信息间的关系的意识。他们怎么做呢？他们只能根据题目的表面信息有意识地选择相关公式。

特点二，利用向心力、向心加速度公式解决问题时，他们或是把记住的公式写出来与题目进行对照，或是在大脑中呈现着公式的具体表达式，将眼前的题目与大脑中的公式进行对照。这两种利用公式的方式都是照单比较、机械套用，只是熟练程度不一样而已。

特点三，这种问题解决方式，谈不上对问题的理解。其造成的结果是，学生学习效率极其低下，对知识和问题还很容易忘记。要想较长时间后还会解答

① WOOLFOLK A. 教育心理学［M］. 何先友，等，译. 10版. 北京：中国轻工业出版社，2008：31.

这样的问题，必须经过大量做题、不断重复。这极大加重了学生的学习负担。

特点四，这种照单比较、机械套用的学习方式，谈不上思维能力的培养。接下来无论怎样大量做题和多次重复，都是对这种不健康的思维方式的重复和强化，都不会在这种多次重复和强化的基础上使学生获取规律承载默会知识。根据学生对规律承载默会知识的获取情况和由此引起的不健康的思维方式的分析，我们可以断定，当前学生对规律承载默会知识的获取情况普遍是不到位的。

此外，规律承载默会知识的获取与否还会直接影响一般程序性默会知识的获取。我们已经知道，学生对规律的掌握是通过范例（题目就是一个个范例）来实现的；学生对规律理解得好、掌握得好，说明学生对题目理解得也较好。同样，学生对题目理解得好，对规律的理解一般也会比较好。所以，如果学生不能获取规律承载默会知识，学生做题时也就谈不上对问题的深入理解，其在获取一般程序性默会知识时也就会大打折扣；如果学生获取了规律承载默会知识，其做题时对问题的理解就会深入而灵活，其对一般程序性默会知识的获取也会很有效率。我们基本可以这样讲，如果学生对大部分规律都成功获取了相应的规律承载默会知识，那么，学生在获取一般程序性默会知识方面也将会是成功的，进而，学生在获取整个程序性默会知识方面都会是成功的；如果学生对大部分规律都没有成功地获取规律承载默会知识，那么，学生在获取一般程序性默会知识方面也不会是成功的，进而，学生在获取整个程序性默会知识方面也不会是成功的。也就是说，学生对规律承载默会知识的获取情况，基本上就可以代表学生对程序性默会知识的获取情况。简洁起见，本节在接下来对学生做题过程和老师授课方法的讨论中，将不再对规律承载默会知识的获取和一般程序性默会知识的获取分开来谈，而是将两者统称为程序性默会知识的获取。

（二）老师别无选择的授课方法

现实教学中，解决问题是学生学习的最主要方式。这是由科学教育的本质所决定的。哲学家库恩说得很明确："科学教育的本性告诉我们，人们不是通过抽象的方式学习科学理论的，而是通过对科学理论的具体应用来学习的。理论的应用总是具体的，所以通过应用来学习科学理论，实质上就是通过具体的范例来学习。”[①] 郁振华教授也说，“就默会能力的培养而言，范例之于规则具有优先性。在通过范例来学习的过程中，人们获得了一种……默会能力”[②]。这些观点表明，解决问题是学生学习的最主要方式。其实，解决问题在学习中的重要性，还可以从现实教学中学生解决问题所花费的时间在学生学习总时间中所占比例中看出来。就整个高中而言，据我本人的不完全统计，如将主要学科都计算在内的话，听老师讲题和学生自己做题的时间占学生全部学习时间的比例一般都超过四分之三，这一比例在某些学校和学生那里甚至会超过五分之四。由此可以看出解决问题在学生学习中的重要性。通过前一章的讨论，我们已经知道，程序性默会知识的获取途径关键是“思维+默会”，并且，获取规律承载默会知识时，需要学习者运用主动搜索相关范例的基本策略。根据前面的分析我们还知道，尽管多数学生已经获取了这个策略，但是大多数学生在学习时还是放弃使用这个策略。尽管解决问题在学生学习过程中地位极其重要，但由于学生对规律的掌握普遍是不到位的，对程序性默会知识的获取普遍是不够成功的。因此，大多数学生面对考查单个知识点的新问题，或所需公式指向明确的新问题，多少还会独立解决出其中一些（其间缘由我们之前分析过，在此不再赘述）；而对那些综合一点儿的新问题，即那些涉及公式较多、所需公式指向不明确的新问题，学生是很难独立将其解决的（其缘由前文讨论过，同样不再赘述）。那么，在教学的过程中，认识到做题重要性的老师，又是怎样应对学生普遍缺乏程序性默会知识、难以独立解决各类题目的现状的呢？

对此，老师们能做的，就只能是将学生遇到的题目都以典型例题的形式分门别类地讲解给学生，以此为其主要的授课方式，除此之外，别无选择。如果哪一类题目没有对学生讲解过，学生就会很难独立解决这类问题。为什么老师讲解之后，学生就可以解决问题了呢？前文讨论过，因为这样讲解例题后，学生遇到题目时，都能从老师讲解的例题里找到可以仿效的对象，通过对例题解决过程的模仿和套用，学生就可以逐步解决相应的综合一点儿的题目了。

受此影响，老师们在教学上便会如此自我要求：一要努力将学生遇到的和

---

① 郁振华. 人类知识的默会维度［M］. 北京：北京大学出版社，2012：218.
② 同①，第 214 页。

考试可能考到的题目，都详细、准确地区分门类；二要努力在每个门类中选出具有典型性和代表性的题目，作为例题来讲解；三要努力将每个例题都讲详细、讲清楚，以让学生尽量理解、消除疑问。

众所周知，这样的自我要求是过于理想化的，正常情况下很难达到。怎么办？加班加点、加课补课，不断增加讲解授课的时间就成了最实在的方法。因为，只要对题目多讲一次，这个方法就会被强化一次，学生只要多做一道题目，对这个方法的套用和模仿就会更熟练一些。所以，不断增加授课时间，就可以给学生多强化一些例题，就可以让学生多强化一些方法，学生的考试分数就会多一些。这也从一个侧面解释了为什么在有关部门三令五申之下，加课补课在学校教育中仍会大行其道的原因。

（三）学生的问题解决方法

学生普遍在获取程序性默会知识方面的欠缺，加上上述老师为应对学生做题现状而选择的授课方式，使得学生对问题的解决，主要不是在程序性默会知识的支配下进行的，而是通过模仿和套用过去的方法展开的。这就造成了学生解决问题的一种最主要方式：以回忆和回顾为基础，通过模仿和套用的方式解决问题。因为没有获取信息间的关系，不能在信息间的关系的支配下独立做出思维判断，又因为要解决的题目一般都有可以仿效的对象，长此以往，学生解决问题不是或是更多的不是独立地分析题目的条件和要求，不是独立地发现包括题目的条件和要求在内的信息间的关系，不是在独立地发现信息间的关系的基础上发现有针对性的问题解决方法，而主要是根据题目的表面信息回顾老师讲授过的相应例题的解决方法，或是回顾自己做过的相应题目的解决方法，而后通过模仿和套用解决。

这样，以回忆和回顾为基础，通过模仿和套用的方式解决问题，就成了学生主要的问题解决方法。据我观察，现实教学中，这种问题解决方法有如下四种典型表现。

表现一，多年来我和高二、高三至少两百多名学习水平处于不同层次的学生进行过单独、深入的交流。我发现，几乎每个学生都有通过回忆和回顾过去的问题来解决当前问题的经历。一个典型的表现是，对于稍难一点的问题，学生会首先有意识地回忆是否“见过”这类问题，其次才会来确定问题的解决方法。在我的调查中，超过80%（若排除各类因素的干扰，我认为实际的比例可能还要更高）的学生经常会选择通过回忆和回顾过去问题的解决方法来解决当前问题，并且他们能清晰地意识到这一点。或许，到这里，可能没有人认为这种问题解决方法有什么不对之处，但以下现象却令人吃惊——过半数的学生将回忆和回顾过去问题的解决方法当成解决当前问题的首选，即看到题目后不是具体问题具体分析，而是首先根据题目的表面信息努力回顾老师曾经讲过或自己曾经做过的相似题目，以便效仿着解决问题。如果回忆不出来，这类学生便会感到自己不会做这个题目。

表现二，教学中有这样的现象，学生在解决某道题目时做错了，在老师的讲解下，或是在答案的启示下，学生知道自己错在了什么地方，并对今后正确解决这样的问题充满信心，但一段时间过后，再次面对同一题目时，学生会有这样的表现：看到题目，发现自己曾经做过这个题目，也知道自己曾经做错了，也知道自己当时就改正了，至于怎样做是正确的、怎样做是错误的，自己现在却不能判定了。为什么不能判定了呢？因为学生是以回忆和回顾为基础确定问题解决方法的，其对正确方法和错误方法的判定并没有建立在理解的基础上，而是根据记忆来判断的。学生之所以当时对改正这个错误有信心，是因为他自认为能记住这个正确的方法。但是，当一段时间后，记忆稍模糊，就不知道哪个是正确的、哪个是错误的了。此外，这类学生在做题时也会有这样的表现：看到题目，发现自己曾经做过这个题目，也知道自己曾经做错了，便提醒自己这次要努力做对，于是就选了一种自己认为对的方法解决这个题目。但是，实际上，其选择的方法却又是错误的。发现又做错后，学生的感觉是“又粗心”、“我真傻”。为什么学生还会选择错误的方法呢？这还是因为，学生对方法的采用是以记忆为基础回忆和回顾的，当时对正确和错误方法的判定没有落实到“合理性”上。相比而言，学生恰恰对错误的方法印象深刻，对正确的方法印象反倒不深刻。这样，就选择了印象深刻的错误方法。这和我们的生活经验是一致的：让年幼的孩子去小区买酱油，孩子一般会直接买回酱油来；但如果刻意告诫孩子一定不要错买成醋时，这个孩子说不定就把醋买回来了。说起来有些好笑，但这恰恰说明，孩子对被强调的“醋”的印象很深刻，选择印象深刻的选项是自然的。以上两种情况都说明，在学习过程中，学生不是根据题目的信息间的关系判定正确方法和错误方法，而是根据印象的深刻程度确定方法，这本身就说明了学生以回忆和回顾为基础、通过模仿和套用的方法解决问题的现状。

表现三，以回忆和回顾为基础、通过模仿和套用的方法解决问题的现状，决定了学生通过记忆强化自己曾经出错的地方来改正自己的错误是有效果的。在这种情况下，利用错题本改正错误的做法就被学生和老师公认为好的学习方式——将自己做错的题目记在本子上，将正确答案或是正确的解答过程同时也记下来。这里，将错题和正确答案记下来的过程，强化了对出错地方的记忆，再次遇到这个地方，改正的可能性就大；考试前看错题本，就有助于在考试的时候减少和避免曾经出现过的错误。在学生通过大量重复做题以提高分数的现状下，在学生遇到的所有题目都属于有限几个类型的情况下，在学生记忆为基础通过模仿和套用解决问题的习惯作用下，这种利用错题本的做法对提高分数是有效的。但是，不管学生感到这种做法是多么的有效，在遇到形式上属于不同类型、解决方法类似的问题时，甚至其他学科中遇到相似的问题时，这种利用错题本的做法却不能起到任何作用。因为，对这种错误的改正只能通过对信息间的关系的判定来实现，这种利用错题本的做法只是对记忆的强化，其在信息间的关系的判定方面，是没有效用的。我们的结论是，对错题本的过度推崇，正是以回忆和回顾为基础、通过模仿和套用的方法解决问题的现状所造成的学习怪象。

表现四，通过回忆和回顾解决问题的方法，是通过回忆和回顾提取的。只要是通过回忆和回顾提取的东西，都是容易忘掉的。表现在，学生“独立”做过的题目，一段时间后记忆模糊，又不会做了；学生曾经“独立”做过的原题，甚至做过几遍的原题，考试时却有相当的失分。对此，有多年教学经验的教师一般都不得不接受这个现实，最后又都不得不认为这是正常现象。事实上，这是一种在非正常教学现状下的“正常现象”。因为这和我们正常的思维判断有着明显的不同。正常情况下，我们对于困扰自己的问题，一旦想通后就理解了，除非发现了新的疑问，不存在理解后又困惑的现象。这就是波兰尼所讲的，由“困惑”到“理解”是“不可逆”过程，是不能撤回的。

这一点，也和以下现象是一致的。很多老师讲授的“好”方法，学生听懂了、明白了，问题解决得也很简捷，但用起来往往不是很顺手，甚至很快就放弃。与此形成对照的是，学生自己发现的问题解决方法，哪怕显得很笨拙，甚至被老师批评为“偏”和“怪”，但学生自己用得得心应手，甚至长时间后在相应的题目中还会自然而顺畅地应用。怎么解释这个现象呢？因为自己发现的方法是在分析信息间的关系的基础上发现的，即这种方法建立在相应的默会知识的基础上，这种方法是不需要有意识地记忆就长久不忘的，此后遇到满足这个关系的问题，这个方法就自然被激活了；而老师讲授的方法是以接受为基础的，对方法的理解不是分析信息间的关系后得到的，而是对可意识的方法的接受和可意识内容的确认。当记忆模糊了，对这个方法就难以激活和套用了。

现实教学中，学生的绝大多数问题解决方法都是教师传授的，怎样实现对这些方法的灵活运用呢？答案是，现实教学中，所谓的灵活运用方法，大多都是靠大量做题、不断重复实现的！每次做题都是对相应方法的套用，每次套用都是对这一方法的强化。这样，重复得多了，分数自然就上去了。所以，大量做题而不是深入理解问题，就成了学校和学生提高分数的法宝。一个学校的学生，或是一个班的学生，如果做题的氛围好，能完成老师布置的大量作业，其分数也就自然会高。

（四）三者之间恶性循环的关系

现实教学中，学生普遍对规律（问题）理解得不到位，老师别无选择的授课方法，以及学生的问题解决方法，三者之间形成了恶性循环的关系。老师要将题目分门别类地以典型例题的形式详细地讲解清楚，以便使学生对每个题目都有可以仿效的对象。在学生看来，以老师对题目的深切把握，其讲解的方法就像如来佛祖的手掌，可以囊括一切，相距十万八千里的东西，都能被圈进其中，考试中要解决的各种题日都能从中找到模仿对象。前文谈到过，因为“原方法依赖倾向”的认知特点，学生就不再具体、深入地判定问题中信息间的关系，而是只需要通过回忆和回顾老师的方法并从中做出选择就可以了。这样，老师的授课方法不仅不会促进学生对规律（问题）的理解，相反倒会使学生对规律（问题）的理解停留在表层，阻碍了学生对规律（问题）的深入理解。学生对规律（问题）理解得不到位，使学生不能通过深入理解问题来发现有针对性的问题解决方法，这当然限定了学生的思维方式和角度。学生以回忆和回顾为基础，通过模仿和套用来解决问题，就成为必然。反过来，这种问题解决方法，必然要求老师给学生更多、更具代表性和更具典型性的效仿材料，要求教师加课、补课、多讲课，但不要求老师帮助学生深入理解问题。同时，这种问题解决方法会促使学生在听课时只关注可明确意识的知识和方法，因为只有可明确意识的知识和方法才是解决问题时需要回忆和回顾的内容。所以，这种问题解决方法又反过来阻碍了学生对问题的审视和判断，阻碍了学生对规律（问题）的深入理解。

由此可见，学生对规律（问题）理解得不到位、老师的授课方法、学生一般性的问题解决方法，三者之间已经形成了恶性循环的关系。

恶性循环的三者之间，老师的授课方法处于主导地位，学生对问题理解的不到位处于基础地位，学生一般性的问题解决方法则处于关键位置。老师的授课方法对学生学习的主导作用是显而易见的，因为老师主要通过授课影响学生的学习，尽管后者也会有反作用。老师授课的目的是促进学生对问题的理解，学生的学习包括问题解决也要落脚到对问题的理解上，所以，学生对规律（问题）理解的不到位在这三者之间处于基础地位。基于做题在学生学习中的重要作用，通过改变学生的问题解决方法以加深学生对规律（问题）的理解，围绕改善学生的问题解决方法来改进老师的授课方法，就成了突破目前困局的关键一环。正如前面的分析，当前这些老师的授课方法不仅没有促进学生对规律

（问题）的深入理解，反而在相当程度上阻碍了对规律（问题）的深入理解；这些老师的授课方法不仅没有引导学生通过具体深入地分析信息间的关系来解决问题，而是在相当程度上加剧学生通过回忆和回顾、通过模仿和套用的方式来解决问题。这说明，当前教学现状下，老师的授课方法并没有很好地发挥其正面的主导作用。但是，如果将问题的全部原因都归结为现有老师的授课方法也不客观。当前的困局不是一朝一夕间形成的，同时，学生对问题理解的不到位以及学生一般性的问题解决方法对教师的授课方法也有着极强的反作用。甚至可以说，学生自小学起就逐步适应了老师的这种授课方法，自小学起就开始运用这种问题解决方法，而这种问题解决方法对老师的这种授课方法又有着内在的依赖。所以，现实教学中，上述三者之间的恶性循环关系绝不是由一时（某一学习阶段）、一科（某一学科）、一人（某一老师）所形成，也绝非靠一时、一科、一人的改变所能改善。

综上所述，我们的结论是：老师的授课方法、学生对规律（问题）认识的不到位、学生一般性的问题解决方法三者之间已经形成了恶性的循环关系。这种恶性循环的结果是，学生普遍地形成了一种有毒的策略性默会知识：面对问题，学生不是深入分析问题的信息间的关系，而是以回忆和回顾为基础、通过模仿和套用的方式解决问题，并且这种思维方式成了学生解决问题时惯常的思维定式。这种有毒的策略性默会知识影响学生思维能力的提高，也影响了学生发现意识和创新能力的提高。

有毒的策略性默会知识的运用何以被加剧？

在经过上述分析，我们已经了解到形成这种有毒的策略性默会知识的原因。在此基础上，我们反观当前的学校教育便会发现，学生运用这种有毒的策略性默会知识的情况不仅没有被改变的趋势，相反，它却被加剧了。究其原因，有两个方面：一是人类普遍的认知特点决定了学生无法靠个人的努力改变这种有毒的策略性默会知识；二是人们的分数情结加剧了这种有毒的策略性默会知识。

（一）认知特点决定了这种有毒的策略性默会知识难以被改变

正如前面的分析，改变学生以回忆和回顾为基础、通过模仿和套用来做题的问题解决方法，是解决目前困局的关键。这自然使我们想到，如果将这种不健康的问题解决方法的弊端告诉学生，靠学生个人有意识地控制，能不能改变这种问题解决方法呢？或是说，学生能不能在自我努力下，有意识地不是回忆和回顾过去问题的解决办法，而是对问题中信息间的关系作具体深入的分析和判断，根据自己的分析和判断得到有针对性的问题解决办法呢？如果是这样，这种弊端不就可以逐步改变了？能不能靠学生有意识的自我努力做到这一点呢？

在上一章中，我们讨论了一个关于水罐的心理学实验。在这个实验中，由于“原方法依赖倾向”的认知特点，大学生在解决第二个以及后面几个问题的过程中，总是在直接套用其在面对第一个问题时的解决办法。并且，在这个实验中，所有的大学生都用同样的方法 B-A-2C 解决第五个问题，而不用简单的方法 A+C；解决第六个问题时，也不用简单的方法 A-C，而是继续用烦琐的原方法 B-A-2C；更令人吃惊的是，面对第七个问题，当意识到原方法不能解决这一问题时，学生也不去具体分析信息间的关系，而是在原方法基础上尝试更复杂的方法。这个例子充分说明人的“原方法依赖倾向”是多么的明显。

同样的，教学中，当教师分门别类地讲解问题后，学生遇到的绝大多数问题，都是非新问题，这样在思考问题时，学生就会在某种相似性的引导下回忆和回顾过去问题的解决方法，倾向于通过模仿和套用过去问题的解决方法解决现在的问题。

到这里，我们就可以回答前面的问题了。将当前这种不健康的问题解决方法的弊端明确地告诉学生，靠学生个人有意识地控制，使学生遇到题目时，不管是自己曾经见过的还是没有见过的，都能通过对题目中信息间的关系作具体深入的分析和判断，并根据自己的分析和判断得到有针对性的问题解决办法，这几乎是不可能实现的！因为“原方法依赖倾向”是一种不可抗的认知规律，是由大脑节约心理能量的本能所决定的。在这种认知规律的支配下，学生不仅无法改变自己有毒的策略性默会知识，反而会更加倾向于运用这一有毒的策略性默会知识。

那么，这是否意味着，在当前教学的环境下，学生压根儿就没有具体、深入地分析信息间的关系的机会了呢？也不是！大家请看下面这两个问题，这两个问题，我曾多次对学生即时提问过：

问题一：某次考试，满分 120 分，小明考了 90 分。如果这份试卷的满分是 100 分，小明应该考多少分？

问题二：身体检查时，小明站在满刻度为 150 公斤的台秤上称量体重，称得体重是 75 公斤。如果让他站在满刻度为 100 公斤的台秤上称量体重，那么称得的体重应该是多少？

回答了第一个问题后，在解决第二个问题时，有的学生便中了“圈套”，回答说是 50 公斤；但多数学生都能正确回答这后一个问题。但是，每个学生都会感到自己的思维被“挡”了一下。为什么有的学生会回答 50 公斤呢？为什么学生都感到自己的思维被“挡”了一下呢？如果不考虑第一个问题，直接考虑第二个问题，每个学生都会成功解决问题而不会有被“挡”一下的感觉。之所以会产生这种感觉，是因为学生在解决第一个问题时，经过分析信息间的关系，形成了一个问题解决方法。解决第二个问题时，由于第二个问题和第一个问题具有某种形式上的相似性，在这一相似性的引导下，学生倾向于套用第一个问题的方法，而不再具体分析信息间的关系。只不过在套用的过程中发现了错误，才不得不重新具体分析信息间的关系，以确定新的解决方法。

这告诉我们，即便学生以记忆和回顾为基础，通过模仿和套用解决问题，如果发现自己做错了，学生还是会回头再次分析问题的。就像我们在上一章中讨论的那样，当出现了和思维结论直接相矛盾的证据后，人们会重新审视支配做出这个思维结论的信息间的关系。

这当然是很好的。但是，当通过模仿和套用来解决问题的方式在学校教育中大行其道时，即便学生发现自己做错题目，他也很难重新审视支配自己做出错误结论的信息间的关系，而是会马上尝试换一个模仿对象，因为这样更简单、更节约自身的心理能量。这样一来，现实教学中期望学生在发现自己做错题目后，或是在不能解决问题的时候，都能深入分析问题也是不现实的。当然，客观地讲，我们也不能排除有部分学生在发现自己做错题目后能回头深入分析信息间的关系的可能性。

总的来看，由于认知特点的限制，学生很难放弃使用这种有毒的策略性默会知识，即便有机会重新审视题目、深入分析其中信息间的关系，学生事实上仍然很难做到。但是，这并不意味着对于这种有毒的策略性默会知识，我们就一点儿办法都没有了。在我看来，扭转目前学生以回忆和回顾为基础，通过模仿和套用来解决问题的思维现状，必须改变老师习以为常的授课方法，不再分门别类、事无巨细地讲解题目，而是把更多原汁原味的题目还给学生，让学生抓住解决新问题的大好时机，自己独立解决问题，坚决杜绝越俎代庖地帮助学生"咀嚼"题目的授课方式，坚决避免将"咀嚼"后的题目讲给学生。这样一来，或许能够彻底改变学生对有毒的策略性默会知识的运用，转而形成健康的思维方式和正确合理的思维角度。

（二）分数情结加剧了学生对有毒的策略性默会知识的运用

受到"原方法依赖倾向"的认知特点的影响，学生很难改变对有毒的策略性默会知识的运用。然而，这只是问题的一个方面。更为重要的是，由于高考等多种评价制度改革的相对滞后，片面追求分数、以考试分数作为衡量教学成效唯一标准的意识，更加剧了学生对上述有毒的策略性默会知识的使用。这种意识在一些地方和学校盛行，已经形成了一种扭曲的分数情结。

这种扭曲的分数情结是如何加剧了学生对有毒的策略性默会知识的使用呢？简单来说，面对相对单一的评价标准，学校和老师必须千方百计地在有限的教学时间内，让学生"掌握"尽可能多的知识、技能，以求在考试中做出、做对更多的题目，获得更高的分数。这样一来，势必会使大量学生在尚未充分"咀嚼"和独立思考的情况下，被动、机械地接受老师通过讲解给出的问题解决思路，久而久之，学生便习惯于不假思索地接受老师的方法，习惯于解决问题时模仿和套用老师传授的方法，有毒的策略性默会知识便日益固化在学生思维之中了。就这样，这种扭曲的分数情结不断加剧着学生对有毒的策略性默会知识的使用。

许多老师或许深有体会，这种加剧学生使用有毒的策略性默会知识的分数情结，在很多学校和地方是非常强烈的。当然，这其中的原因很多，也很复杂。这里，我们不妨从默会认识论的角度来略做分析。从默会认识论的角度来看，人们怀有强烈的分数情结，其原因大致有以下四个：一是老师们普遍并不了解当前教学中，学生对问题（规律）掌握肤浅的现状，即不了解学生普遍没有成功获取程序性默会知识的现状；二是老师们普遍对当前“方法陈列式”的教学方式的弊端缺乏足够的认识，不了解自己的教学操作正在造成的后果；三是我们对学生运用有毒的策略性默会知识的危害缺乏了解，即对以回忆和回顾为基础、通过模仿和套用来解决问题的方法的危害缺乏认识，不了解学生运用这类知识和方法解决问题的后果；四是包括我们老师在内的大多数人，都普遍地混淆了学生在学校教育环境下的得分能力和真实情境下的问题解决能力之间的差别，虽然在口头上并不承认，但却在内心深处将高分数等同于高能力。

关于前三个原因，我们实际上在前文中已经较详尽地讨论过了，关于后一个原因，即学校环境下的得分能力和真实情境下的问题解决能力之间的差别，心理学家事实上也早已进行过相关的研究。例如，拉维（Lave）等人的研究表明：人们在杂货店内的算术运算几乎完美——准确率高达98%，这一数据与同样这些人在“类似学校里的”算术测验中59%的平均准确率相比，显然存在显著的差异①。类似的，塞西（Ceci）和罗兹（Roazzi）描述了一个研究成果：对沿街叫卖的巴西儿童进行研究发现，给这些儿童一些真实生活情境中常见的问题时（例如，实验者给儿童诸如“一只大椰子值76元，小的值50元，那么两只一共多少钱”这样的问题），儿童的表现有98%是正确的。当给他们正规测验（“76加50等于多少”）时，平均只有37%的回答是正确的。②

这两项研究都说明，在学校环境中的得分能力，和真实情境中的问题解决能力几乎没有相关性。即学生考试的分数高，不能说明学生在真实情境下的问题解决能力就强。

新课改的领军人刘坚教授曾说过，对于小学三四年级的学生，在其掌握加减乘除规则的前提下，学生解决相应题目的正确率能达到80%已经非常不错了，而我们的小学生要得到94~95分甚至更高，这显然是机械重复的结果，应该考

---

①② GALOTTI K M. 认知心理学［M］. 吴国宏，等，译. 3版. 西安：陕西师范大学出版社，2005：394.

虑这种机械重复对学生的影响。①

社会中常见的一类现象也印证了上述专家的研究和论述：很多人在工作、创业中表现出了独到的发现意识和创新能力，但是，这些人在学校的“成绩”往往却不理想，甚至考不上大学。可见，工作、创业（即真实情境）中所需的问题解决能力，与学校环境中学生的得分能力之间是存在差别的。同样，这也从一个侧面启示我们，当前学校教育中弥漫的这种强烈的分数情结是不合理的、扭曲的。

这种强烈而扭曲的分数情结危害极大，但若想改变它，却是很难的，仅仅依靠口头的宣传是难以实现的。从默会认识论的角度来看，要想改变这种分数情结，就既要认识到这种情结的不合理性及其带来的后果（这一点，我们在前文已做了充分的讨论），还要让人们认识到应该进行怎样的教学改进以及为什么要进行这种改进，关于这一点，我们将在后文中逐步展开分析。

综上所述，由老师的授课方法、学生对规律（问题）认识的不到位以及学生一般性的问题解决方法三者之间形成的恶性循环关系，使得学生形成了这种有毒的策略性默会知识，在认知特点和强烈而扭曲的分数情节的影响下，学生

① 观点及数据源自刘坚教授2011年秋在济南的报告。

运用有毒的策略性默会知识的情况又被大大加剧。（如图 4-1 所示）非但如此，随着这种情况的加剧，学生对有毒的策略性默会知识的使用将会出现过度化的趋势，这一趋势会对学生造成怎样的影响，我们将在下文中逐一分析。

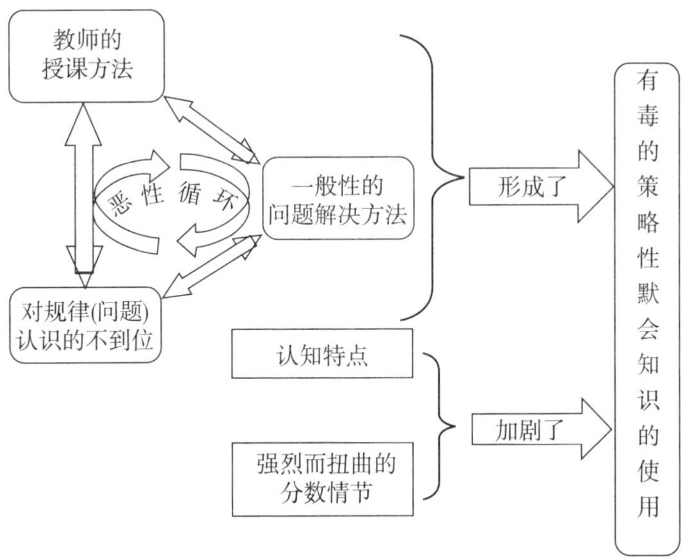

图 4-1　有毒的策略性默会知识的形成及其在使用中被加剧的流程

有毒的策略性默会知识被过度强化的后果

经过前面的分析，我们已经知道，在现实的教学背景下，学生的思维过程中形成了一种有毒的策略性默会知识。它使学生在面对题目时，不是在深入分析信息间的关系的基础上确定有针对性的问题解决办法，而是根据题目的表面信息，以回忆和回顾为基础，通过模仿和套用来解决问题，并且，这种思维方式已经成了许多学生惯常的思维定式。在这种情况下，一方面，老师分门别类地讲解问题时，总试图传授给学生具有普适性的问题解决方法；另一方面，学生所面对的问题大都是重复性的，其对知识和方法的使用是通过大量做题、不断重复实现的。这些因素使得学生在解决问题时离开了对具体问题的深入理解，采用的问题解决方法也就不再具有相对于问题的针对性。其结果，不可避免地走向问题解决的套路化，并且在套路化的基础上造成极为复杂的其他不良后果。

有毒的策略性默会知识造成了问题解决的套路化

什么是问题解决的套路化呢？面对问题，学生考虑的是和自己掌握的问题的解决套路的匹配性（即“是什么”），而不是问题的决定性因素（即“为什么”）。长时间地这样考虑问题就造成了学生在解决问题时对套路的依赖。套路依赖的结果是：学生对问题的思维判断不能离开套路的要求。直接的表现是：做题时以套用套路为手段，以得到结果为目标；解决了问题，但是不理解问题。这种问题解决的套路化是过度使用和强化上述有毒的策略性默会知识后的结果。这种情况下，学生对问题的解决也就谈不上什么发现和创新了，除了又一次强化套路本身之外，没有别的意义。为了说明学生解决问题时的套路化，以及由此引起的后果，我曾就下面的题目，做了一次调查。

题目 1

一艘船在它额定状态下航行时，相对水的速度是 $v_{船}=10\text{km/h}$。船在河的上下游甲、乙两港口之间航行，两港口之间的距离是 $s=60\text{km}$。保持船的功率不变，在静水时，水不流动，船在甲乙两港口之间往返一次的时间是 t_1；在流水时，水流动的速度 $v_{水}=2km/h$，且保持不变，船在甲乙两港口之间往返一次的时间是 t_2。问 t_1 和 t_2 哪个长？

就这个题目，我请高中生、大学本科生、在读硕士研究生、在读博士研究生（包括认知心理学专业研究生）、年轻的高中物理教师各自独立来做。尽管表达方法不完全相同，但他们都基本上是按如下思路来解决这一问题的：

解：第一步，确认距离、速度和时间之间的关系：$t=s/v$。

第二步，按这个关系列方程。

在静水中来回的时间：$t_1=2s/v_{船}$

流水时顺水航行的时间：$t_{顺}=s/(v_{船}+v_{水})$

流水时逆水航行的时间：$t_{逆}=s/(v_{船}-v_{水})$

在流水中往返一次的时间：$t_2=t_{顺}+t_{逆}$

第三步，按数学逻辑推导、化简、计算、出结果。

代入数据得：

$t_1=12$（h）

$t_2=12.5$（h）

所以，$t_1<t_2$。

这个题目很简单，所考查的不过是物理学科中的基本知识，我调查到的每个人也都基本上是按照上述问题解决思路和步骤，得出了正确答案。需要特别说明的是，这个问题的解决思路和步骤，也正是高中物理教学中反复强调的、规范严谨的思路和步骤。

紧接着，我又对上述调查对象进行了追问并补充了新的题目，具体如下。

我的追问是：为什么 $t_1<t_2$ 呢？对此，几乎每位调查对象的回答都是——“没有为什么啊，就这样，式子明摆着，你看看！”调查对象这种一致的回答，说明他们尽管解决了问题，但他们实际上可能并不理解问题，不知道造成两个时间不相同的决定性因素是什么。同时，这也说明，即便学生能够按照当前教学要求的规范、严谨的思路和步骤解决了问题，但这也并不意味着他们真正理解了问题！

我补充的题目如下：

题目 2

一艘船沿大河由某港口顺流航行，经过时间 t，这艘船转向大河的支流逆水航行，又经过相等的时间 t 到达目的地。已知，船一直在额定状态下航行，大河和其支流水的流速相同。问：因为大河和其支流水的流动，使这次航行用时多了还是少了？

题目 3

一艘海船在它额定状态下航行，相对海水的速度是 $v_{船}$。这艘海船在甲乙两海港之间航行，两港口之间的距离是 s。一次，这艘海船在额定状态下由甲海港向乙海港航行，结果在前半程刚好是顺海流航行，后半程刚好是逆海流航行，而且顺、逆航行时海水的流速是等大的。海船返回时，没有海流，海水静止不动，海船还是在额定状态下航行。问：这次由甲到乙的航行和返回时相比较，用时多了还是少了？

在做第二、第三道题目时，我注意到，所有的调查对象，包括那些认知心理学专业的研究生、在读博士生，没有一个人因为做过第一道题目而使他们在解决后两个问题上更省时、省力。解决第一道题目时需要列的各类关系式和所需要的各类步骤，到解决后两道题目时，一个都没有少，并且，他们普遍感到，这两道题目更加不好做，他们平均在解决这两道题目上的用时更长。

事实上，三道题目属于同类问题。为什么调查对象普遍能够快速、准确地解决第一道题目，却感到后两道题目很难，解决起来很费时呢？通过前文的讨论，我们便不难分析背后的原因了。之所以会出现上述情况，是因为按照他们的思路，其解决第一个问题只是再一次强化早已熟悉的问题解决套路，没有从中获得认识上的进步。在解决后面两道同类题目的时候，其思维不能达到更高的层次，故而感觉后两道题目更难解决，解决起来也费时更长。

进一步分析，为什么第一道题目的解决没能让调查对象们的思维达到更高的层次，没能帮助其分析后来的同类问题呢？这需要从分析他们的问题解决思路入手，调查对象们在解决第一道题目时所用的问题解决思路，基本上是下面这样的：

第一步，通过分析题目知道，要解决的问题是匀速运动中时间、距离、速度之间的关系。这使他们考虑的问题是时间、距离、速度之间的关系是什么，进而激活了大脑中描述这个关系的基本公式：$t=s/v$。

第二步，考虑公式 $t=s/v$ 所描述的基本关系在这个具体问题中的具体表达是什么，而后针对具体问题列出方程：静水中往返的方程是 $t_1=2s/v_{船}$，顺水航行的方程是 $t_{顺}=s/(v_{船}+v_{水})$，逆水航行的方程是 $t_{逆}=s/(v_{船}-v_{水})$。

第三步，根据方程，利用数学的逻辑推导、化简、计算，最终得出结果。

分析这一问题解决思路便知，第一步和第二步中，调查对象考虑的是满足的关系是什么、具体表达式是什么。对这两步，只要判断出基本公式是什么和基本公式在具体问题中的表达是什么，就可以列出方程。至于第三步，只需要按数学的逻辑，推导、演算就可以得到结果。就整个过程来看，他们采用的问题解决思路没有引导他们去考虑造成两个时间不同的原因究竟是什么，没有产生任何对原因的追问。这种问题解决思路只是引导他们考虑问题是什么、满足问题要求的规律是什么，而后按数学的逻辑推导、演算，最后引导他们做出结果。这就是他们即便做出、做对了题目的结果，也不能理解问题的真正原因。在这种问题解决思路中，调查对象根本没有考虑问题的决定性因素是什么。为了便于研究，我们将这种问题解决思路称之为：只关注“是什么”的问题解决思路。

到了解决第二、第三道题目时，调查对象们都感到这两个题目更不好做。那么，他们为什么会有这种感觉呢？这是因为，在只关注“是什么”的问题解决思路下，他们辨别的不是信息间的关系，而是如何套用自己惯常的套路。而恰恰后两道题目的形式烦琐了，套用原先的套路来解决起问题显得不那么顺畅，所以，他们普遍感到这两道题目不好做。在惯常的问题解决套路下，调查对象们的思路是只关注“是什么”，或者说他们只关注题目符合套路的部分“是什么”；在这种问题解决思路的影响下，调查对象们对问题难易的判断往往不是根据信息间的关系是否容易，而是受制于问题形式的烦琐程度，换个角度来说，即套用套路的方便程度。

上述调查结果，与我们实际教学（尤其是数理化等学科的教学）中的状况极为相似——我们引导学生解决问题的基本套路不就是在只关注“是什么”的思路下列方程、解方程、出结果吗？学生解决问题时列出的方程，不就是学生判断的规律在问题中的具体表达式吗？解方程、出结果的过程不就是按数学的逻辑推导、演算的过程吗？只关注“是什么”的问题解决思路，正是我们许多老师在教学过程中无数遍“倾心强化”的问题解决套路！例如，物理学科中，各类考卷中总有几道分数值相对较高的“大题”，这类题目都有固定的问题解决步骤。解决这类题目时，学生和老师讲解、操作过程中反映出的套路就更为明显了。除了物理外，其他学科如数学、化学、生物、语文、历史，等等，同样存在着问题解决套路被过度强化的问题，只不过这种套路的表现形式会各有不同。

回到前面的那三道题目上，只关注“是什么”的问题解决思路是唯一的问题解决思路吗？为了让调查对象们能理解决定两个时间不相等的因素，我又针对第一道题目对他们做了如下三步引导：

第一步，之所以两个时间不相等了，是因为水流动的结果。

第二步，在流水的情况下，船顺水行驶，水流促进船的运动，这个因素使总时间变短，船逆水行驶，水流阻碍船的运动，这个因素使总时间变长。决定最后结果的是，促进的因素和阻碍的因素，哪个因素起的作用更大。

第三步，在流水的情况下，船顺水行驶的时间长，还是逆水行驶的时间长？促进的因素和阻碍的因素哪个作用大呢？

尽管这些调查对象并不是同时同地接受我的调查和引导，但在我给出上述三步引导之后，他们的表现却出奇地一致：

表现一，他们每一个人都感到恍然大悟；

表现二，他们每一个人都感到，如果早理解了这一点，对题目 2 和题目 3，根本不需要设未知数，不需要列方程，不需要推导、化简。读懂题意后，马上就可以得到问题的答案，就不会感到题目 2 和题目 3 更难了。

到这里，问题已经非常明显了。如果调查对象能按上述引导的思路来审视第一道题目。那么，对问题的决定性因素，或是说造成两个时间不相等的原因就非常清楚了，由此再来解决题目 2 和题目 3 时，可以解决得又快又准，感到问题简单，对结果充满自信。

从默会认识论的角度来看，上述问题的决定性因素的确定，实际上是通过判断和发现信息间的关系实现的，问题的最终解决也是依靠对信息间的关系的判断和把握。当学生独立判断信息间的关系后，就内化了这个信息间的关系，使它变成了程序性默会知识。此后，面对同类问题时，在这个程序性默会知识的支配下，学生就会寻求其所要求的信息。这种情况下，学生不会根据题目是否烦琐判断题目的难易。因为学生根据程序性默会知识的需要，很容易过滤掉无关和次要的因素，会将更多的注意力投放到核心和关键的信息上。这样解决问题，是对学生思维能力的培养。因为，学生的思维能力就表现为学生对明确信息的选择和应用的能力，即只选择有用的而不管其他的。所以，通过判断信息间的关系，认识到问题的决定性因素后，即便再遇到形式上相差很多的题目，也会快捷、准确、自信地予以解决，甚至不需要重复前面的列方程、解方程等烦琐例行的套路化工作。

上述三步引导呈现的思路，为学生思考问题的本质创造了条件，或者说，这一思路能够引导学生思考问题的决定性因素，并根据本质或决定性因素得到问题的最终结果。为了便于说明问题，我们将这种问题解决思路称之为：追问“为什么”的问题解决思路。

在现实的教学中，上述三步引导所体现的问题解决思路被大大压抑了，在课堂教学中几乎不能寻觅到它的踪影。相反，众多学生却在只关注“是什么”的思路下形成了固定的套路化思维：面对问题，考虑的是和自己掌握的问题解决套路的匹配性（是什么），而不是问题的决定性因素（为什么）。这使得学生做题以套用套路为手段，以得到结果为目标。他们对问题的思维判断不能离开套路的要求，解决了问题，但却不能理解问题。这样，学生对问题的解决也就谈不上什么发现和启迪，除了又一次强化套路外，没有别的意义。

综上所述，我们基本上可以得出这样的结论：由于老师们总试图传授给学生具有普适性的问题解决方法，再加上学生所面对的问题大都是重复性的，其对知识和方法的掌握是通过大量做题、不断重复而实现的，这就使得有毒的策略性默会知识被过度强化了，表现为固定的套路化思维：学生面对问题，思维受套路的束缚，不能考虑到套路以外的问题和关系，甚至解决了问题也不理解问题。

这种有毒的策略性默会知识被过度强化的流程，如图 4-2 所示：

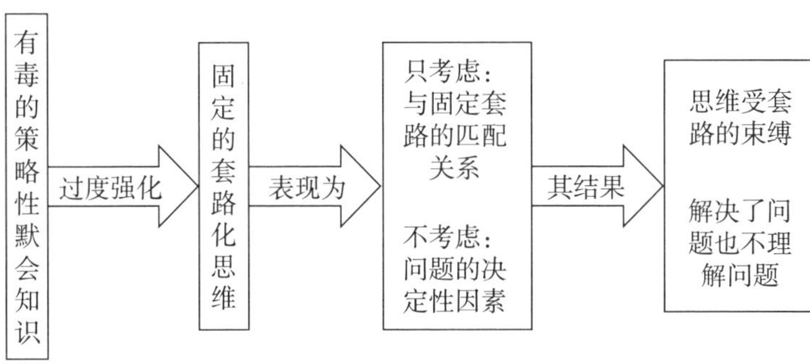

图 4-2　有毒的策略性默会知识被过度强化的流程

有毒的策略性默会知识被过度强化后造成的其他后果

通过前文的分析，我们了解到，有毒的策略性默会知识使学生在面对新问题时，不是深入分析信息间的关系，而是根据题目的表面信息，以回忆和回顾为基础，通过模仿和套用来解决问题。生活经验告诉我们，任何人在分析问题时，都会回顾过去的经验，包括有意识地回顾过去的经验。那么，有人或许会产生疑问：回顾过去的经验难道不可以吗？有毒的策略性默会知识支配下的对过去问题的回顾，和生活中用以解决现实的问题时对过去经验的回顾难道有什么不同吗？通过前面的讨论，我们还了解到，有毒的策略性默会知识被过度强化后，会导致学生解决问题的套路化，除此之外，过度强化的有毒的策略性默会知识又会对我们的教学造成哪些不良后果呢？下面，我们来逐一回答上述这些疑问。

（一）两种不同性质的回顾

日常生活中，我们会有这样的体会，在解决某一个新的问题时，我们都不免会想到要借用过去的经验。甚至可以说，如果一个人完全离开了过去的经验，就会像新生的婴儿一样，除了依着本能吸吮母乳，可能无法解决任何其他问题；那么，在这种有毒的策略性默会知识支配下对过去问题的回顾，和正常情况下借用过去的经验来解决现在的问题之间有什么区别呢？

借助过去的经验解决稍综合一点的问题（主要指那些并非只凭记忆就可以解决的问题）时，对过去经验的利用必须伴随对现有问题中信息间的关系的深入分析。并且，对过去经验的利用更多的是借用过去问题中信息间的关系。尽管人们这样做的时候，往往不能明确地意识到自身对信息间的关系的借用，并且很多时候，这种借用主要是在潜意识中实现的，但是，这些都不能否认借用过去信息间的关系的事实。关于这一点，心理学的研究也给出了证据：人们在困惑中往往是以灵感和顿悟的形式突然发现问题解决方法的，并且自身不能意识到这个发现过程的合理性。这种“不能意识”，实际上就是人们借助过去信息间的关系解决现在问题的非意识性。

相应的，学生面对新问题时，常常会经过一番思考，最终发现了问题的解决方法。如果这时问学生，他是怎样发现这个方法的。学生往往会回答：“没有为什么，就这样。”这是学生真实的感受。如果让学生必须回答自己是怎样发现这个方法的，学生的回答无外乎两个方面：一是按这个方法解决问题的思路；二是这个方法本身的合理性。但是，回答的第一个方面是在这个方法被其发现后想到的，第二个方面是在回答提问的时候才想到的，它们都不是真实的问题解决方法的发现过程。这也证明了人们借助过去信息间的关系解决现在问题的非意识性。

由此可见，利用过去的经验解决现在的非记忆性的问题，或是经过一定的回忆和回顾解决现在的非记忆性的问题是人们普遍的、正常的做法。但是，这种问题解决策略必须同时伴随对现有问题的深入分析，其对过去经验的利用也主要是对信息间的关系的借用，并且这种借用往往是不能被明确意识到的。

回到前面的问题，在有毒的策略性默会知识支配下，以回忆和回顾为基础解决问题，和正常的、利用过去的经验解决问题的区别何在？在我看来，二者的区别主要表现在以下四个方面。

第一，有毒的策略性默会知识使学生离开了对问题中信息间的关系的深入分析，只是根据题目的表面信息回顾过去问题的解决方法。这在教学中的表现是，学生看到问题，将回忆和回顾作为解决问题的第一步，即看到题目首先确定是否在哪个地方“见过”这类题目。

第二，有毒的策略性默会知识使学生回顾的是可以明确意识到的问题解决方法，而不是借用过去一般不能被明确意识到的信息间的关系。这在教学中的表现是，学生意识到在哪里“见过”后，再慢慢回忆起问题的解决方法，这与正常情况下对问题解决方法的“突然发现”是有本质区别的。

第三，受有毒的策略性默会知识影响，学生对过去问题解决方法的套用，是在明确意识的支配下实现的。表现是，如果发现了自己套用的错误，学生会告诫或是提示自己应该考虑什么问题以及不需要考虑什么问题，提示和告诫下的思维判断都不是自动进行的，而是靠意识支配的。在意识支配下，如果记忆不清楚，就可能出现“忘了”考虑某一点的现象。此时，学生往往提醒自己“一定要记着，别忘了”、“别粗心”、“粗心容易忘”，等等。对过去信息间的关系的非意识借用则不是这样，在过去信息间的关系的支配下，对信息的关注和选择是自动的，不需要特别提醒什么，一旦成功，就会表现出灵感和顿悟的突然性，并会伴随成就感和畅通感。

第四，正常情况下，人们借助过去的经验解决现在的问题时，是在信息间的关系的启示下，采用和现在问题具有匹配性的方法，这种方法具有针对问题的灵活性，表现为解决问题者能够举一反三。而在有毒的策略性默会知识支配下，学生面对问题，则会选择直接套用过去的方法。这在现实教学中的表现是，面对本质相同、形式稍变的问题，学生就难以应对。

（二）能力规则的意识化——有毒的策略性默会知识带来的又一不良后果

前文已经分析过，有毒的策略性默会知识是在当前不健康的教学氛围中形成的，它造成了学生解决问题的套路化。此外，这种有毒的策略性默会知识给教学带来的后果也是严重的，其中，最直接的后果是能力规则的意识化。什么是能力规则的意识化呢？这需要从回顾学生听课、做题时的思维特点说起。

在现实教学中，受这种有毒的策略性默会知识的影响，无论是听课还是做题，学生关注更多的是问题“是什么”，即学生将更多的精力投放到判断相关的明确知识，而不是调动自己的默会能力上。为什么会这样呢？因为，对于学生来说，只有那些可意识到的、关于“是什么”的明确知识，才是其在解决问题时，一旦需要就能有意识地回忆和回顾出的内容。

受这种有毒的策略性默会知识的影响，学生将注意力集中在那些老师明确表达的知识和方法上，因为只有这些东西，才是有意识地回忆和回顾的内容，才是模仿和套用的对象。这决定了很多学生事实上并不喜欢对问题深入地探究，也不愿意判断信息间的关系，倒是更愿意直接接受结论。在这些学生看来，那些探究和判断的过程，都是在浪费时间，是不必要的。这决定了这类学生对学科知识只要知道是什么、自己感到“明白了”就可以了，少有判断和辨别，没有自己的观点，不能提出问题，表现为思维懒惰。课后，尽管回顾这堂课时，学生对授课内容感到清楚明白，感到没有疑问和困惑。但是，在面对要解决的新问题时，需要判断信息间的关系时，学生就显得不能胜任了。实际上，对授课内容感到清楚明白恰恰是对可意识的明确知识的感受，不是对信息间的关系判定后的感受；没有疑问和困惑恰恰是缺少对信息间的关系的发现和判定的表现。所以，上课一听就懂，下课就是不能独立解决问题，就成了最为典型的表现了。

此外，在平时做题时，多数学生还有一个明显的现象，面对一道题目时，感到自己会做、能解决，但实际一做就做不对了。这就是“题一看就会、一做就错”的现象。究其原因，也正是受上述思维方式的影响。看到题目时，学生考虑或回顾的是相关明确知识的内容是什么，感到自己会做，只是因为在自己的大脑中储备着相应的明确知识的内容。至于支配思维的信息间的关系，即相关的程序性默会知识有还是没有，自己是不能意识到的。如果没有，就会出现“题一看就会、一做就错”的现象。

学生听课和考虑问题时只考虑明确的可意识内容，这就使学生忽视或是淡化了不能明确意识的默会知识的获得。为了更明确地说明学生的这种思维特点，我们可以将上述“上课一听就懂，下课就是不能独立解决问题”的现象和做题时“一看就会、一做就错”的现象，做如下比喻：有这种思维特点的学生，如同下图中的矿工一样，在漆黑的晚上，头戴发出明亮光芒的探照灯，顺灯光的方向看过去，目及之处，一片光明，一片光明之处是自己可以意识到的明确知识；而目力所不能及之处，即更大部分的黑影，却是不能明确意识的默会知识。

学生感到有光亮、看得到的地方是自己可意识的明确知识，感觉黑暗的、看不到的地方是支配思维的默会知识。这样的学生在听课和做题时获取支配思

维的默会知识就变得很困难。由于任何人获得支配思维的默会知识后，对默会知识或是感受不到或是感到不值得一提，这会使得学生对不能获取支配思维的默会知识的学习现状“自我感觉良好”。

那么，什么是能力规则的意识化呢？现实教学中，受有毒的策略性默会知识的影响，学生面对问题时，会更多地关注问题“是什么”，关注其中可意识的明确知识是什么，而不是判断其中的信息间的关系。这就反过来要求老师要将问题讲得清楚、仔细，甚至要求老师把解决问题过程中应先考虑什么、再考虑什么都要清楚、明白地讲解出来。在此过程中，老师实际上是在试着将题目中直接支配思维的、自动起作用的信息间的关系转变为可意识到的内容，并将之明确表达出来；受到老师这种教学的影响，学生在解决问题时，也不去对信息间的关系进行深入分析，而是试图将支配思维的东西明确地回顾出来。我们将这种做法称为能力规则的意识化。

能力规则，这里实际上是指直接支配思维的信息间的关系，主要属于程序性默会知识，这种能力规则具有以下特点：第一，经久不忘——这和其他各类能力是一致的，都是一旦拥有，便会经久不忘甚至终生拥有的；第二，自动起作用——一旦拥有，在合适的时候不经过意识控制就自动起作用（所有能力，都不是靠有意识地回忆提取的，都是不经过意识控制而自动起作用的）；第三，令人感到简单甚至不值得一提——正常情况下，这种能力规则不能意识到，没有人对其感到神秘和复杂。与此形成鲜明对比的是，可意识的明确知识则容易忘记，需要依靠回忆和回顾提取，需要凭借意识的支配起作用，有时候会使人感到神秘和复杂。

因为这种差别的存在，能力规则意识化的直接后果是：将感到不值得一提的、在需要的时候自动起作用的、经久不忘的信息间关系，转化为可意识的明确知识，而由于这种明确知识是靠回忆和回顾的方式提取的，容易忘记，容易使人感到神秘和复杂，甚至难以操作，从而大大影响了学生思维能力的培养。

不可否认的是，人的一些能力是需要在有意识地获取后，通过大量练习达到自动化的。比如，体操运动员的一些动作要领，是在教练讲解后，经过大量练习才能掌握达到自动化的。但是，学生对信息间的关系的获取则不需要经历这样大量、反复的练习过程。比如，学生独立发现了一个问题解决方法。这一问题解决方法实际就是在分析和判定信息间的关系的基础上得到的。经过较长时间之后，学生在相应的问题（包括那些形式上相差很多的问题）中，还会自然而顺畅地运用这一方法。这说明，学生对信息间的关系的获取，是不需要多次的练习就可以掌握的。不仅如此，如果为获取信息间的关系而有意识地让学生大量练习、不断重复的话，恰恰会阻碍学生深入分析信息间的关系。因为，“原方法依赖倾向”的认知特点，容易使学生在重复接触同类问题时，不去分析、判断、确认信息间的关系，而是仅凭回忆和回顾过去的做题方法来解决问题。关于在获取信息间的关系问题上是否需要重复、应该重复什么的问题，我们在上一章中，已经较详细地讨论过了，这里不再赘述。

综上所述，有毒的策略性默会知识不仅造成问题解决的套路化，还直接导致了教学过程中能力规则的意识化。这种舍本逐末的做法，使得学生不得不依靠大量练习和不断重复来获取高分，“题海战术”长时间、大范围地蔓延不绝，极大地增加了学生的课业负担。更为严重的是，这种能力规则的意识化，使学生形式上解决了问题但是实际上并不理解问题，阻碍了学生思维能力的培养和提高，降低了学生的学习效果。

（三）教育不需要这样的方法移植

分析有毒的策略性默会知识所造成的后果，我们不难发现，这些后果折射出的问题，已不再只是教学操作层面的问题，而是更为严重的教育意识、教育理念的问题。为了清楚地说明这一点，我们有必要正确评价套路化的问题解决方法。

客观地说，人类生活中，套路化的问题解决方法因其实用和便捷，不失为一种成功和得力的问题解决方法。在中国古代数学中，对一些典型问题的解决方法，人们大都会通过口诀来表达。比如，韩信点兵问题的解决方法就是这样。韩信点兵问题很复杂，一般人难以理解。不过，即便不理解为什么，如果背过了口诀、稍加计算，正确结果就出来了。①

利用口诀解决问题，就是利用套路解决问题。利用套路解决问题时，人们不需要去弄明白这个套路的原理，也不需要了解这个套路是怎么来的。只要记住了这个套路，套用这个套路就可以解决对应的问题、得到正确的结果。

除了中国古代数学问题，很多生活中的问题也是利用套路解决的。中国农民根据二十四节气种植农作物，一背口诀，就知道到什么时候应该种植什么作物了。至于节气与农作物种植的真正关系为何，则根本不需要知道。过去，农村的老爷爷头戴瓜皮小帽教小孩打算盘时，主要是教其口诀，小孩子只要听话，只要跟着学，不用问为什么，经过充分练习，保证算盘打得好。

① 韩信点兵问题：韩信是我国汉代著名的大将，曾经统率过千军万马，他对手下士兵人数了如指掌。相传他统计士兵人数有独特的方法，后人称为“韩信点兵”。他的方法是这样的，部队集合齐后，他让士兵从1至3、从1至5、从1至7各报一次数，然后让随从把每次的余数再报告给他，他便知道部队的实际人数和缺席人数。他的这种计算方法历史上还称为“鬼谷算”、“隔墙算”、“剪管术”，外国人则叫“中国剩余定理”。有人用一首诗（口诀）概括了这个问题的解法：三人同行七十稀，五树梅花廿一枝，七子团圆月正半，除百零五便得知。这意思就是，第一次余数乘以70，第二次余数乘以21，第三次余数乘以15，把这三次运算的结果加起来，再除以105，所得的除不尽的余数便是所求之数（即总数）。例如，如果像韩信点兵那样，1至3报数余1，1至5报数余2，1至7报数余3，则总数为52。算式为：$1\times70+2\times21+3\times15=157$；$157\div105=1\cdots\cdots52$。

尽管套路化的问题解决方法，在历史上、在生活中的多个领域里，是一种成功和得力的问题解决方法。但是，将这种方法运用在教育上，却是非常不合时宜的。因为，基础教育特别是学科教学的核心是要培养学生的思维能力。面对问题，学生不只是要解决，更要将之理解和融会贯通，并在此过程中形成和提高思维能力。表面上看，各类标准化考试是在考查学生能否解决问题，实际上，其背后的真正目的是通过学生对问题解决的情况考查出学生对知识掌握的情况和对问题的理解程度。但是，当上述套路化的问题解决方法被过度强化后，学生的学习就成了为做题而做题，离开了对问题的深入理解，只追求解决问题的结果，脱离了基础教育人才培养的真正目标，走向了追求考试分数的极端。

现实的教学中，老师们或许会有这样的体会，如果考试中出现了某类型的题目，而这类题目的解决方法又没有被包括在自己强调的通法即套路中时，我们就会感到自己的教学出现了失误，甚至会对学生产生一定程度的内疚感。在很多老师的理想中，如果学生对考试中的每道题目都可以从自己讲解过的例题里找到可以模仿和可以套用的方法，就说明自己的课堂教学是高效的。学生因此便可以解决更多的问题，分数也会相应地提高。在学生那里，“好”的问题解决方法来自于自己崇拜的老师，这类方法具有涵盖一切的“神奇功效”。学生对这样的方法不经过审视、不经过判断、不经过挑剔、不经过对干扰信息的排除、不经过对信息间的关系的判定和对方法的独立确认，就接受下来。并且，学生自己的学习经验证明，这种接受毫无疑问是正确的，谁如果想对之挑战一下，或是试图发现新的东西，注定是要失败的！这样教学的结果，相对于学生独立的思维判断，在快速获取较高的考试分数方面是具有优势的。这种暂时的分数回报反过来也鼓舞和强化了老师的这种套路化的教学方式。

然而，我们已经知道，过度强化有毒的策略性默会知识带来的套路化的问题解决方法，使得学生面对问题时，只考虑和自己掌握的问题解决套路的匹配性（是什么），而不考虑问题的决定性因素（为什么）。这种意识使学生偏离了对问题具体、深入的分析，在快速获取高分的功利刺激之下，学生更加不能离开套路来对问题进行独立判断，其通过大量、反复练习获取的套路却束缚了自己对思维空间的进一步开拓，学生变得难以发现套路之外的问题和关系，对问题难以形成深入的探讨。由此，学生的发现意识和创新能力不仅不会随着受教育年限的延长而增强，相反，还有可能随着受教育年限的延长而减弱。培养具有发现意识和创新能力的人才，回答钱学森之问，都绕不开上述这个问题。现实教育中，这种有毒的策略性默会知识带来的，已不再只是教学操作层面上的问题，而是更为严重的教育意识、教育理念的问题，应当引起我们足够的重视。

对策之一：培养对问题规则的发现意识

在前面的讨论中，我们已经知道，有毒的策略性默会知识，是由老师的授课方法、学生对规律（问题）认识的不到位以及学生一般性的问题解决方法三者之间形成的恶性循环关系所导致的。这其中，形成这种有毒的策略性默会知识的根本原因，是学生对规律（问题）的认识、理解不到位。学生对规律（问题）理解得不到位，是因为学生将问题只理解到明确知识的层面，即认为知道明确知识的内容就是理解，会套用明确的方法就是掌握，没有达到获取程序性默会知识的程度。所以，纠正这种有毒的策略性默会知识就有必要引导学生凡遇到问题都会努力深入分析，发现和内化信息间的关系，并且将这变为思考问题的思维策略。达到这个目的，需要使学生获取健康的策略性默会知识，即凡遇到问题都会努力深入分析、发现和内化信息间的关系的策略性默会知识。也就是说，纠正有这种毒的策略性默会知识需要学生获取另一种健康的策略性默会知识。

为说明这种健康的策略性默会知识，我们有必要讨论获取程序性默会知识所需要的对问题的理解层次。在此基础上，再来说明这种健康的策略性默会知识。下面，我们通过范例探讨学生理解问题的二个层次，借以说明问题。

学生对问题理解的三个层次

（一）第一个层次：问题的类别和表面信息

2008 年 2 月 10 日，我受“鸡兔同笼”问题的启发，依次问了 9 岁的孩子几个问题：

［问题 1］　有鸡兔共四十只，它们共有一百条腿，问有多少只鸡、多少只兔子？

孩子考虑了一会儿，回答说，有三十只鸡、十只兔子。我问孩子是怎么做出来的，她回答说，你看，假设有二十只鸡、二十只兔子，一共就有一百二十条腿，三十只鸡、十只兔子一共就有一百条腿。

这说明，孩子是通过取特殊的数值、多次尝试计算出来的。我注意到，对这个问题的解决，大多数人包括成年人也都是利用这种方法，即取特殊的数值逐步尝试以靠近答案的方法。还需要注意的是，尽管这个方法对这类问题普遍适用，但是，这个方法没有明确体现问题中信息间的关系。对这个方法的采用也不需要具体深入地分析信息间的关系。为说明问题，我们将这种并不明确体现信息间的关系却能普遍解决一类问题的方法称为通法。

尽管大多数人都采用通法，但是如果数值不是很好算，利用通法解决问题就非常不方便了。如，鸡兔共 3789 只，共有 12356 条腿，问：鸡兔各多少只？如果采用尝试的方法是很烦琐的。因为通法不特别关注问题中信息间的关系，或是不需要将问题中信息间的关系明确出来。所以，所谓的通法，实际上是解决某类问题的一种套路。因为它并不明确代表信息间具体的关系，学生用以解决问题后，很难谈得上对具体问题的深入理解。学生用通法解决问题的效果，主要是对这类套路的强化。尽管人们采用取数尝试的方法解决了上面的问题，也很难说对题目所给的信息间的关系理解了多少，也就谈不上对程序性默会知识获取了多少。同样，如果学生采用取数尝试的方法解决了上面的问题，我们也很难说这对他的思维能力有多少帮助。换句话说，利用这种不代表具体问题中信息间的关系的通法解决问题，不过是让学生熟练了问题解决的套路而已，这对培养和提高其思维能力的作用是很有限的。

到这里，或许又会有人提出疑问，学生针对这个问题取数尝试的过程中，也是利用了数学关系的，其中的数学关系包含了这些数字之间的关系，也即包含了信息间的关系，这能说利用通法不关注信息间的关系吗？实际上，问题的症结也就在这里，这里的数学关系或者说数学逻辑确实包含了信息间的关系，但是，人们在利用套路解决问题时，其思维过程中却没有直接判断信息间的关系，而是将信息间的关系“打包”放进数学逻辑中了。学生学习过程中最能启发学生思维、最能培养学生思维能力的信息间的关系，被“打包”放进数学逻辑中，这使学生避开了对信息间的关系的直接判断，也就避开了对程序性默会知识的获取；学生选择不同套路解决不同问题时，只需根据问题的表面信息判断问题的类别而不需要判断其中的信息间的关系。这正是所有通法或者说套路在培养学生思维能力方面低效的原因。

为了便于研究问题，我们将采用通法解决问题的层次称为问题解决的第一个层次，只达到这个层次的对问题的理解称为理解问题的第一个层次。在这个层次上，学生只需要关注问题的表面信息，根据表面信息判断问题的类别，根据类别确定适用的通法。

因为通法并不特别关注信息间的关系，学生利用通法解决问题后，即按套路解决问题后，难以获取信息间的关系就是自然的了，难以获取程序性默会知识、解决了问题却不一定理解问题也就是自然的了。关于这个问题，针对目前的教学，我们有必要强调几点：第一，这种通法正是目前中学课堂教学中倾力灌输给学生的方法（前文已经讨论过）；第二，也正如前文的分析，这也正是学生通过回忆和回顾而获得、通过模仿和套用来解决问题的方法；第三，对这种方法的掌握，不需要把握信息间的关系，只需要关注问题的类别，或者说只需要关注问题的表面信息，借以判断问题的类别就可以了。所以说，学生利用通法解决了问题、得到了正确的答案，但我们却不能说此时学生就理解了问题，不能说学生就抓住了问题的核心，不能说学生就获取了程序性默会知识。至此，学生只是将问题理解在第一个层次上，其对问题的理解还远远不够充分。

（二）第二个层次：过程、事例及比喻

为了使孩子对问题的理解不停留在第一个层次上，就要引导孩子通过理解问题中信息间的关系来把握问题，以便对她思维判断能力的提高有所帮助，我对孩子做了如下引导：假设四十只动物全是鸡，那么，一共有多少条腿？她说八十条腿。我继续引导：那么，还差二十条腿，我取出其中的十只鸡，给每只鸡按上两条腿，使它们变成兔子——这样来做这道题，好做吗？这时，她恍然大悟，说这样得到的答案也是三十只鸡、十只兔子。

这里，我设计了一个怪诞的过程，这个怪诞的过程没有增加解决这个问题的难度，相反，她感到问题更简单。同时，这个怪诞的过程提供了一种怪诞的问题解决方法，对孩子而言，她感到这样一来问题更好解决了。这里，我们不妨称这个怪诞的问题解决方法为“鸡长腿变兔子法”。

那么，利用“鸡长腿变兔子法”这个怪诞方法，为什么容易解决问题呢？因为上述怪诞的过程代表了题目给出的信息间的关系，所以，按这个过程“走”一遍，信息间的关系就包含在里面了，问题也就解决了。我们把这种方法和通法比较可知，通法在解决问题时，将信息间的关系打包放进数学逻辑中，使学生避开了对信息间的关系的直接判断，直接按通法确定的套路来思考；而怪诞过程的设计，则是将信息间的关系打包放进这个过程中，使学生按这个怪诞的过程来解决问题，这同样避开了对信息间的关系的直接判断，转向对怪诞过程的遵从。和第一个理解层次一样，这个过程也避开对信息间的关系的判断，避开了对程序性默会知识的获取。和学生对通法套路的依赖一样，利用怪诞的过程会造成学生对怪诞过程的依赖，这种依赖表现在，当学生对这个怪诞过程遗忘后，就难以这样解决问题。当然，通法相对抽象和呆板，而怪诞的过程相对形象和生动。所以，对怪诞的过程学生感到新鲜，往往愿意接受，也容易接受，接受后印象深刻，记忆相对牢固。

联系现实的教学，我们不难发现，在平时的教学过程中，为了说明某道理（其背后反映的也常常是信息间的关系），老师经常举例子、做类比、打比喻。其实，这些都是借用事例或是比喻让学生理解信息间的关系。这样借用事例或是比喻，学生容易理解问题，问题的解决方法就容易得到了。需要说明的是，

通过举例子、做类比、打比喻来说明问题和制造“鸡长腿变兔子”的怪诞过程来说明问题，其本质是一样的，都是借用一个能代表信息间的关系的过程来说明学生要理解的问题。我们将通过举例子、做类比、打比喻，直接得到问题解决方法的层次，称为问题解决的第二个层次；只达到这个层次的问题理解称为理解问题的第二个层次。

相对于利用通法解决问题的第一个层次，上述第二个层次借助过程、事例及比喻代表信息间的关系。从对问题的认识深度上，即从对信息间的关系的理解上，第二个层次明显要深入一步。因为，学生需要在一定程度上判断过程、事例和比喻与问题在信息间的关系上的匹配性。但我们还要注意到，通过过程、事例及比喻来说明信息间的关系，是一种间接说明，学生对这个问题的理解是通过对借用的过程、事例和比喻的理解来实现的。在这个理解过程中，问题中信息间的关系并没有直接显示出来。所以，我们不能说在这个层次上学生就将信息间的关系内化为程序性默会知识了。这造成的结果是，事后对于类似的问题解决方法，学生就只能通过借用的过程、事例及比喻来发现，而不能够根据信息间的关系直接得到。然而，经过前面的分析，我们已经知道，能直接自动支配思维的是程序性默会知识，获取这个关系才意味着思维能力的提高。所以说，如果学生的理解只是到了第二个层次，或者说，如果学生没有在这个层次上进一步把握信息间的关系，他们便很难从中获得直接支配其思维的程序性默会知识。在当前的教学环境下，作为权威的老师通过举例了、做类比、打比喻给学生讲解信息间的关系，学生对此经常是接受，一旦发现两者之间存在某种程度的相似性，就会在只关注“是什么”的思维方式（关于只关注“是什么”的思维方式的弊端，我们将在下一节具体讨论）下很放心地接受下来。在这种思维方式下，学生实际理解到了什么层次，就不得而知了。要使学生能够把握问题中没有凸显出来的信息间的关系，并在形式不同的问题中将之运用，还有一段路要走。一般而言，现实的教学中，多数学生是否还会走这段路，是很值得怀疑的。

在第二个层次上，我们只能说学生借助事例、过程或是比喻对信息间的关系有所认识，但还不能说学生已经内化了信息间的关系。也就是说，在这个层次上，很难讲学生的思维能力会有切实的提高。那么，如果学生对问题只是理解到这个层次上，学生会有什么样的表现呢？其表现是，遇到同类问题时，他不是根据已经掌握的信息间的关系直接、自动、快捷、自信地做出判断——因为他还没有获取程序性默会知识，而是必须再次借助具体的事例或是比喻来获得问题的解决方法。这种通过对事例或是比喻的回忆（而不是根据程序性默会知识）直接确认问题解决方法的思维方式，同样也是一种对方法的模仿和套用。相应的，这种模仿和套用也仍然是通过回忆和回顾实现的。这与我们在前面讨论过的以回忆和回顾为基础、通过模仿和套用的方法来解决问题的情况本质上是一样的。

为了明确“鸡长腿变兔子”的怪诞方法是否使孩子真正获取了直接支配思维的程序性默会知识，我又问了孩子第二个问题：

[问题 2]

幼儿园共有三十个小朋友，男孩每人分一个苹果，女孩每人分两个苹果，共分下去四十个苹果，问：一共有多少个男孩、多少个女孩？

过了一会她回答：二十个男孩、十个女孩。我问为什么？她很自信地解释说，你看，每人分一个是三十个苹果，还有十个，再分给十个女孩，不是二十个男孩、十个女孩吗？

分析孩子的思维过程可知，尽管没有出现类似“鸡长腿变兔子”的表达，但是，她的表达里明显出现了“男孩分苹果变女孩”的过程。这显然是借助了“鸡长腿变兔子”的思维过程来解决问题的，是对事例、过程或是比喻的套用。这说明，她并没有获取程序性默会知识，因而就没有办法根据程序性默会知识直接解决问题。到这一步，尽管孩子感到自己成功解决了问题，尽管在老师的眼中，学生利用自己所举事例或是比喻成功解决了问题，但是，学生对类似问题的解决，仍然是以对事例、过程和比喻的套用为手段的，学生仍然没有把握信息间的关系，没有将这样的关系内化为直接支配思维的程序性默会知识。

通过问题 2 的验证，我们可以再次确信我们的结论，即将问题理解到第二个层次上，还不能说明学生获取了程序性默会知识。

（三）第三个层次：问题规则的发现

如果学生获取了程序性默会知识，学生对问题的解决就可以不经过对方法的套用而是根据信息间的关系直接、自动、快捷、自信地进行判断。所以，为使孩子能从问题中获得直接支配其思维判断的程序性默会知识，有必要引导孩子获取信息间的关系。

循着问题 2 设计的情境，我接着引导孩子考虑下面的问题：苹果数是四十个，这个数字比小朋友的人数三十多多少，就有多少个女孩，对吗？她停顿了一下，若有所悟地说，是的，是的！

这里，我注意到孩子并没有很明确地理解我要传达给她的意思，便继续问她，男同学体重一百零一斤，女同学体重一百斤，有六个学生共六百零三斤，共有几个男同学、几个女同学？她轻快地回答：当然是三个男同学、三个女同学了。这里，孩子回答我的问题的过程，实际是利用自己对问题的理解判断我的说法的过程。她之所以能轻快地回答我的问题，是以她对信息间的关系的获取为前提的。

尽管如此，我还是问，六百“零几斤”就说明有几个男同学，对吗？她肯定地回答，对！这里，我强化一个方法：苹果数量减去小朋友的人数，就是女孩的人数。这个方法代表了信息间的关系！即这个方法代表了男孩人数、女孩人数、苹果数量三者之间的关系。这个关系就是这类问题中信息间的最本质的关系。这个关系被内化后，就是程序性默会知识了，被内化后，它就可以直接支配大脑的思维判断了。学生在这个基础上发现问题解决方法便是自然的了。

为说明问题，有必要再稍微提及一下上一章中详细讨论过的程序性默会知识。我们已经知道，程序性默会知识是被内化了的信息间的关系。大脑会按程序性默会知识的要求，自动选择和应用信息，形成一段符合这个程序性默会知识的思维过程。但是，还需要注意的是，有的程序性默会知识只是形成一段思维过程而已，并不与问题的解决方法直接相关。比如，前文讨论的排比句中信息间的关系以及一些类比和比喻所表达的信息间的关系，其作用都只是形成符合它们的思维过程，涉及不到问题解决，更涉及不到问题解决方法。但是，在问题解决中的信息间的关系，比如，前文讨论的水罐问题中信息间的关系，却能直接给出问题的解决方法。我们将这种直接说明问题解决方法的信息间的关系称为问题规则。当问题规则被内化后，就成为直接支配思维判断的思维规则，它是与问题的解决方法直接相联系的信息间的关系，属于程序性默会知识。前文中，“男孩数、女孩数、苹果数三者之间的关系”就属于问题规则，“苹果数减去小朋友数，就是女孩数”，这就是这个问题规则直接给出的问题解决方法。问题规则作为程序性默会知识，不能直接被传授和传播，只能通过独立的思维判断才能获得和应用。通过对问题独立的思维判断，发现问题规则的过程，就叫作问题规则的发现。

到这里，看起来，孩子是发现问题规则了。为了验证这一点，过了一段时间后，我又提问孩子：有五十个小朋友，男孩每人一个糖果，女孩每人两个糖果，共分了六十个糖果，有多少个男孩、多少个女孩，她脱口就说：十个女孩、四十个男孩。我问，是怎么得到结果的。她说：直接减的，六十减五十是十个，就是十个女孩。我又问，有五十个小朋友，男孩每人一个糖果，女孩每人三个糖果，共分了六十个糖果，有多少个男孩、多少个女孩？她说，六十减五十是十个，十个除以二就是五个，共有五个女孩、四十五个男孩。这里，我们要注意的是：第一，她直接用六十减五十，这是对信息间关系的直接应用；第二，她再也没有套用过去“鸡长腿变兔子”的怪诞过程。

这说明，孩子发现了问题规则，或是说孩子获取了相关程序性默会知识，其表现是直接利用它解决了相关的问题。到这一步，孩子对这类问题的思维能力得到了明显提高，不再需要对套路进行模仿和套用了，也不需要借助怪诞的过程来理解问题了。在建立起问题规则的基础上，孩子会针对不同的具体问题，得到具体的解决办法。这里，无论是“六十减五十是十个女孩”，还是“六十减五十是十个、十个除以二就是五个女孩”，都是在把握问题规则基础上直接得到的问题解决方法。

为了便于说明，这里，我们把通过独立的思维判断发现问题规则，进而利用问题规则直接解决问题的层次称为问题解决的第三个层次；相应的理解层次称为问题理解的第三个层次。这个层次即获取相关程序性默会知识的层次。

多年之后，我问起孩子“鸡兔同笼”的问题，她还可以表达出对这个问题的具体做法，她也记得“鸡长腿变兔子”的解决方法。她还告诉我，对这类问题，在她小学五年级时，她的数学老师曾介绍过“砍腿法”，并教给他们列方程解决的方法，但是她感到麻烦，不如我教给她的方法简单。

事实上，我们这里谈的问题规则和心理学上讲的启发式是一致的。只不过，启发式偏重于从问题解决方法的角度描述，而问题规则偏重于从对问题理解的角度，即从信息间的关系的角度描述。或者说，两者是从不同的角度描述同一个问题。不过，在教学过程中培养学生的思维能力，首先应当考虑学生对问题的理解，所以，相对来说，从问题规则的角度研究问题解决，对教学更具有现实意义。

对三个理解层次的分析

（一）第一个层次，并没有理解

问题解决的第一个层次，是采用通法解决问题的层次。通法是针对教学过程讲的，在心理学上，则有一个与之大致相当的名词，叫算法。默会认识论的创立者波兰尼则称通法为“系统解决”，即按程序系统操作解决问题之意。心理学上讲，算法是一个相对固定的操作程序。在这里，我们讲的通法比心理学上的算法范围更大。它不仅包括了心理学上的算法，还包括了引导学生运用某种规律的解题步骤，以及解决某类问题的操作步骤。实际上，我们讲的通法和波兰尼的“系统解决”更相近。通法是我们在教学过程中重点强调的问题解决方法，它主要强调了解决某类问题的共性，学生对通法的选择是通过对问题类别的判定实现的，缺乏具体分析问题中信息间的关系的针对性。就目前教学来讲，这种对问题类别的判定主要是基于问题的表面信息，不是通过对信息间关系的判定实现的。以韩信点兵问题为例，只要是这类问题（注意，人们在这里关注的是“这类”），就可以套用这个口诀（套路），至于这个口诀（套路）的合理性，则不需要去理解。人们要成功运用这个口诀解决这类问题，需要记住这类问题的表面信息而不是理解这类问题；需要记住这个口诀而不是理解这个口诀。这决定了，现有教学环境下，强调通法的教学，对问题中具体的、充满个性的信息间的关系关注较少。正是因为这一点，学生做题的过程实际上变成了对套路强化的过程。这样一来，学生做出了题目却不理解问题就是必然的了。

我们在前文中曾多次讨论过学生问题解决的套路化现象，利用套路解决问题，是不利于学生理解和掌握问题的。从思维的角度也可以说明这一点。一方面，有深度地思考问题，首先关注到的是题目提供的具体信息，再逐步深入判断具体信息之间的关系。只是根据表面信息判断这类问题的类别，这是没有深入思考问题的表现。另一方面，学生学习的知识对于学生而言，一般都是还没有被很好掌握的东西，有关将问题归类的知识在学生的大脑中是缺乏的。所以，学生在面对一道题目的时候，他是难以做到对这个问题准确地归类、判断的。学生所能做的就只剩下强化对这类问题的记忆，通过模仿和套用解决问题。在这种情况下，老师如果也不引导学生深入分析具体问题，而是强调通法，试图将可以囊括一类问题的通法传授给学生，就在很大程度上进一步压抑了学生对信息间的关系的具体判断，转向对通法的模仿和套用。虽然这样做能够使学生一时在模仿和套用的情况下解决较多的问题，但从长远看，这样做是不利于学生对问题的理解的。

心理学中，通过研究人类问题解决的普遍规律所得的三个相关研究结论也支持了上述观点。第一，“我们根本不可能肯定所有的问题都有算法”，这在教学上的表现是，尽管老师将大部分问题做了归类，但是没有办法将所有题目都包含在自己的归类中，更没有办法将今后可能会出现的新题目都包含在自己的归类中，这样一来，学生也就没有办法利用老师的通法解决所有题目。第二，“一些问题虽然有算法，但是，利用启发式能更快捷有效地解决问题”。这在教学上也是有所表现的，比如，教学中有钻研精神的学生经常会发现，有时利用一个简单的思路几步就可以解决一道题目，而老师却会按通法将这道题目的解法讲解半天。第三，“在很多问题上，算法过于烦琐，实际上无法加以利用，必须使用启发式”。这一点在教学上比较常见。比如，尽管按通法列方程、解方程，一般都能解决问题。但是，有时列出了方程，却可能解不出方程。此时，若换一个思路，或许可以轻易地解决问题。①

当然，我们需要注意到，以上心理学的研究结论只是落脚在能否解决问题上，至于在教学过程中，有关通法对学生思维能力培养的影响，则没有直接的研究成果。尽管没有直接的研究成果，但通法教学在培养学生思维能力上的弊端，经过我们前文的分析，实际上已经暴露无遗了。学生刚刚学习某知识后，大脑中不可能储备那么多归类方面的知识，面对一道题目怎么解决呢？只有根据自己的理解，努力将自己的思维向老师讲授的方法上靠。具体讲，就是以回忆和回顾为基础，通过模仿和套用的办法解决问题。至于对信息间的关系的具体分析，则被大大弱化了，因为这种对通法的利用根本不需要深入地分析信息间的关系。这种强调记忆、忽略理解的做法，本身也会增大解决问题的难度。因为只有真正理解的东西才感到简单，停留在记忆层面的东西反倒会让人感到困难。前文提到过，我给孩子讲“鸡长腿变兔子”方法后，引导她发现了问题规则。此后，虽然她的老师讲了列方程解决相关问题的方法，但她的感觉却是老师教的方法不如我引导的方法简单，个中缘由，正在于此。

当前的课堂教学中，老师们普遍重视通法教学。这种通法教学的普遍性，可以从以下这些大多数老师都曾有过的经历中得到印证。

经历一，在教学的过程中，我们在讲授完一个定理、定律后，总想要讲清楚利用这个定理、定律解决问题的一般步骤（通法），包括先考虑什么、后考虑什么，怎样套用，等等。因为在我们的经验里，如果不这样讲解，学生面对题目可能就会无从下手。

经历二，在讲授完一个定理、定律及解决相关问题的通法后，我们才会让学生练习做题。我们的目的，是让学生能利用自己在课堂上讲解的通法解决问题，以使学生掌握这个规律。在我们的潜意识中，学生只要能按我们的方法解决问题了，就说明学生已经基本掌握这个规律了。

经历三，在习题课中，我们要将对应的题目进行分类，以强化针对不同类型题目的解决方法。我们会向学生强调，某种解决方法（通法）是针对某种类型的问题的。我们在对具体单个题目进行讲解的过程中，也总是尝试向针对这

---

① 蒯超英．学习策略［M］．武汉：湖北教育出版社，2000：106.

类题目的通法靠拢，即以单个题目为抓手，讲授解决这类问题的通法，甚至会有人说这样的通法具有“一扎一大串，一扫一大片”的功效。

经历四，我们习惯了通过典型例题将每一块知识对应的题目分门别类地讲解到位，如果哪类题目没有讲到，就感到好像少了一点什么似的，就像自己犯了多大的错误似的。以我们的切身经验，如果某个类型的题目没有讲，学生就会在这个类型的题目上出问题；而如果我们讲了某类型的题目后，学生就容易解决这类题目。

如果老师们大都有以上四点体会经历，就能充分说明在实际的教学过程中，我们重点讲授的问题解决方法是通法。也正如前面的分析，利用通法解决问题，需要学生根据问题的表面信息而不是根据信息间的关系确定问题的解决方法，这使得学生尽管解决了问题，但还是没有很好地理解问题。

（二）第二个层次，没有很好地理解

正如我们前文探讨的，当我们经过独立分析和判断问题后获取了程序性默会知识时，没有一个人会感到信息间的关系是复杂的，相反，都感到很简单，甚至简单到不值得一提。但是，如果要将这个简单的东西表达出来，则我们会感到不能直接、充分地表达。这是信息间的关系作为程序性默会知识所具有的特点。如果非要直接表达出信息间的关系，即便表达者感到自己直接表达出来了，也会显得干瘪乏味，听者也不能据此将其把握。怎么办呢？正如我在前面讲的“鸡长腿变兔子”一样，人们便尝试通过举事例、设过程、打比喻的方法，间接地让他人理解信息间的关系。这样的事例、过程和比喻都涵盖了信息间的关系，同时也是学生熟悉的或是容易构思的。所以，教学中，通过举事例、设过程、打比喻的方法讲解信息间的关系（或是说道理）是很普遍的。这样讲起来学生也感到生动、形象、愿意听、容易接受。

虽然学生在这种情况下接受了我们的讲解，并可以凭借这种事例、过程和比喻解决相关问题，但是，到了这个层次，我们说，学生仍然还没有很好地理解其中的信息间的关系，或是说还没有很好地获取程序性默会知识。这表现在如下两个方面。

第一，通过举事例、设过程、打比喻来说明信息间的关系是一种间接说明，

学生对这个问题的理解是通过对借用的事例、过程和比喻实现的。要想使学生的思维能力得到提高，即得到对学生思维起直接支配作用的程序性默会知识，还需要学生的进一步工作，不能只停留在对事例、过程和比喻的理解和记忆上。

第二，列举的事例、过程和比喻，是老师提出的，学生不会怀疑作为权威的老师所讲内容的正确性，因此，对其所讲内容往往批判的少、直接接受的多。此时，即便学生感到自己明白了，其对信息间的关系是否真的掌握了，也还很难讲。

第三，学生如果真正理解了问题中信息间的关系，会感到这种关系十分简单、不值得一提，但在第二个层次下，学生对问题的解决是通过对老师所讲的事例、过程和比喻的回忆实现的，在这一层次下，学生在解决问题后，不会有上述“十分简单、不值得一提”的感觉，这便说明，学生并没有真正把握住其中信息间的关系。

实际上，借助事例、过程和比喻来说明问题，只是借助它们来表征问题，对学生来讲，只是提供了又一种问题的表征方式。心理学的研究告诉我们，对问题表征的方式直接影响问题的解决。但是，我们需要注意的是，这里只是从问题解决的难度和方便与否的角度讨论问题的表征，是说不同的问题表征影响了问题解决的难易和方便与否。这并没有从对学生思维能力培养的角度讨论问题表征，而这一点，恰恰是教育者需要考虑的。作为教育者要明确，相对问题解决的难度和方式，老师应该更关注学生思维能力的获取和提高。所以，我们的结论是，老师借助事例、过程和比喻讲解问题是一种“可选项”，但如果教学只是停留到这个层次，其对学生思维能力的提高是不够直接和有效的。

由此，我们说，到了问题解决的第二个层次，还不应该算结束，还应该临门一脚，即引导学生内化信息间的关系，即获取程序性默会知识。

（三）第三个层次，理解到位了

第三个层次即学生获取程序性默会知识的层次，或者说是获取了信息间的关系即发现问题规则的层次。到了这个层次，学生就可以不需要有意识地回忆什么，直接利用程序性默会知识来思考问题了。在此过程中，学生甚至不能意识到自己是怎样思考问题的，也不能意识到自己为什么这样思考问题。下面，我们讨论引导学生发现问题规则的重要性，借以说明为什么到了第三个层次，学生才算是真正理解了相应的信息间的关系。

前文已经分析过，学生在发现问题规则后，就可以很容易地解决问题。问题规则直接与问题解决方法相联系，这种问题解决方法即心理学上讲的启发式，它是有效而直接的问题解决方法。正如前文所讨论的，问题规则和启发式是一个问题的两个方面，问题规则偏重学生思维的角度，启发式偏重问题解决的角度。心理学中，对启发式的研究较多，我们不妨首先回顾一下心理学的大致论述。

在心理学中，启发式被称为“凭借经验的问题解决方法”、“问题解决的经验规则”①。启发式是在一定启发信息指导下，对于问题空间进行部分的、不穷尽的搜索策略。在很多问题上，算法过于烦琐，实际上无法加以利用，必须使用启发式。“人类解决问题，特别是解决复杂的问题，主要是应用启发式。”②

关于掌握了大量启发式的人和没有掌握很多启发式、只是依靠通法解决问题的人在解决问题上的区别，研究人员说，（前者）“总是用简单、容易理解的办法解决问题，而新手则用学科上的方程式解决问题”③，这些论述足以说明，启发式这种问题解决方法的重要性，进而也就说明了问题规则的重要性。在学生的学习过程中，引导学生发现和应用问题规则就很重要，可以说，对于学生面临的大部分学科问题，应用问题规则更有利于解决问题，问题解决得也更简单，学生容易在此过程中获取学习兴趣。

默会认识论的创立者波兰尼区分了问题的系统解决（可以理解为通法解决）和启发性解决（即发现问题规则，利用启发式解决）。比如，要在房间里找一只水笔，只要搜遍房间的每个角落，肯定最终能找到它；下棋时，只要机械地穷尽各种可能的正面下法和反面下法的组合，就能解决下棋方面的问题；我们也可以用系统方法来解决数学问题，虽然在实际的计算和证明中，往往会因为工作量过大而难以完成，但这在逻辑上并非不可能。波兰尼指出，“任何这样的系统操作并不通过跨越逻辑鸿沟而达到一种解决，因而不构成一个启发性行为”。和机械的、连续的系统解决相对，“只有跨越逻辑鸿沟的启发性解决，才称得上

① 蒯超英．学习策略［M］．武汉：湖北教育出版社，2000：105.
② 同①，第107页。
③ 彭聃龄，等．认知心理学［M］．杭州：浙江教育出版社，2004：376.

科学发现，而鸿沟的宽度，是衡量问题的解决所需要独创性的尺度”[①]。我们可以注意到，波兰尼将按固定程序的系统解决（或是说通法）和利用启发式解决看成了两个层次上的问题解决，“启发性解决”，才称得上科学发现，而且具有独创性。借助波兰尼的这种区分，我们不难认识到，发现问题规则是对学生发现和创新能力的要求，引导学生发现问题规则具有重要的教育价值。

培养对问题规则的发现意识

到这里，人们可能要问，既然问题规则这样重要，那么，它是不是很深奥和复杂呢？实际上，问题规则一旦获取都很简单。前文中，我引导孩子发现解决鸡兔同笼问题的问题规则，就是一个很好的例子。看过这个例子的人，应该不会感到这个问题规则有多么深奥和复杂吧！相反，多数人都会感到很简单，没什么，甚至不值得一提。那么问题规则的获取有什么特点呢？下面再通过残缺棋盘的问题，请大家体会一下问题规则及其获取过程。

[问题 1]

下图中，有一个棋盘和一副骨牌。棋盘上共有 144 个方块（有改造），一半是白的，一半是黑的，排列如图所示。骨牌共有 72 块，长方形，每块骨牌恰好可以掩盖 2 个方块，如下图所示。现去掉如图两个方块，问：用 71 块骨牌能掩盖住剩余的全部 142 个方块吗？

① 郁振华．人类知识的默会维度［M］．北京：北京大学出版社，2012：274.

如果没有见过这个问题，我们一般会采用尝试的方法，即采用通法来解决。但是，因为方块太多，实际上又无法利用通法解决，根据前文的讨论，我们可以用启发式的方法来解决。但是，解决这个问题的问题规则是什么呢？

怎么办呢？思考这个问题的同时，大家不妨再来看看下面这道问题。

［问题 2］

在一个偏僻的俄罗斯小村落里，恰巧住着 72 个单身男青年和 72 个未婚女青年。村里的媒人经过多方努力，终于牵成了 72 对和谐美满的姻缘。可是，在结婚之前，有两个单身汉打赌喝酒，因喝酒过多而死亡。那么，媒人在打乱原来的婚配次序后，还能将他们重新撮合成 71 对夫妻吗？

到这里，我们还感到解决前面那道残缺棋盘的问题很困难吗？相信不会再有太多人感到其困难了。因为将白色方块看成女青年，将黑色方块看成男青年，骨牌看成一对夫妻，问题就迎刃而解了！

上面两道问题的解决过程，启发我们思考以下问题。

（1）对于问题 1，人们普遍采用通法尝试来解决。那么，通法可以将其解决吗？理论上是可以解决的，但是，实际操作起来却几乎不可能。因为要得到最后否定的答案，需要将所有可能性都尝试一遍，但是可能性过多，这几乎不可能。从这里，我们又一次看出利用通法解决问题的弊端。

（2）为什么理解了问题 2 后，问题 1 也容易解决了呢？这是因为，两个问题的问题规则即信息间的关系是一样的，都是一对一的关系，只不过在问题2中，信息间的关系更为凸显和明确，对问题2的解决帮助发现了问题1的问题规则，问题1也就解决了。

（3）用以解决问题1的问题规则，难以理解吗？非也！发现前很困惑，发现后很简单，几乎没有人不能理解。

（4）用以解决问题1的问题规则是推理得到的吗？好像不是，因为没有人意识到自己进行了怎样的推理。那么，我们是怎样得到这个看起来很简单的问题规则的呢？是面对问题深入分析后发现的！是一种“直觉发现”！发现前觉得很困惑，发现后又感到很简单。

这就是学生在发现信息间的关系的基础上再来解决问题时，都感到问题很简单的原因；同时，这也能够很好地解释为什么学生能够对自己发现的、在别人看来烦琐的问题解决方法运用得得心应手，以及为什么一旦我们真正理解了某个之前困惑我们的问题后，就必然会完全理解，不存在理解后又不能理解的情况。

在这里，我们要注意两点：第一，问题规则是被发现的，发现问题规则是以深入分析问题为前提的；第二，一旦发现了问题规则，很多问题解决起来就变得得心应手，甚至能实现举一反三。第一点说明引导学生发现问题规则，正是纠正前文谈的有毒的策略性默会知识所需要的，因为正是由于学生对规律（问题）理解得不到位，学生才不得不采用模仿和套用的方法（有毒的策略性默知识）解决问题，教师才不得不采用了不合适的教学方法。第二点说明发现了问题规则，学生容易将深入分析信息间的关系作为解决问题的策略，而这正是健康的策略性默会知识。因为这种健康的策略性默会知识即凡问题都要努力深入分析信息间的关系、努力发现问题规则，所以它与前文讲的有毒的策略性默会知识形成了鲜明的对比。通过发现问题规则，学生就容易解决问题，而且容易做到举一反三。实际上，学生健康的策略性默会知识正是在一次次成功地解决问题的过程中，特别是举一反三的过程中获取的。所以，我们说，培养学生对问题规则的发现意识，能够纠正有毒的策略性默会知识，进而帮助学生获取健康的策略性默会知识。

培养这种发现意识的现实困难

问题规则是简单的，对此，有老师结合实际的教学过程提出了疑问：在教学的过程中，对于很多问题，我们可能向学生讲解半天他们也难以明白，并且这样的学生还不少，让学生深入分析问题、独自发现问题规则，这现实吗？必须承认，讲解半天学生也难以明白，这可能在很多地方、很多学校都是实情，那么，困难在什么地方呢？我们看看学生的表现就知道了：当学生最终理解问题后，我们再问学生：为什么当时不能理解？学生一般都会这样回答：我没有想到……我没有注意……这就说明，学生不能理解问题的一个原因是信息缺失，没有关注到必要的信息，或是没有将必要的信息纳入到自己关注的范围。如果再问学生：这个地方不是反复强调过好几遍吗？学生则会说：（尽管）老师强调了好几遍，我也没有注意到它。这说明，老师讲解问题的过程中，并不是其强调的每一条信息都会被学生关注到。学生因没有关注到相关的信息，也就不能发现信息间的关系。可见，人们感到发现问题规则很困难，一个原因是因为没有关注相关信息。

感到发现问题规则很困难，还有一个原因。这个原因在于，即便学生关注到了相关信息，很多时候学生好像也难以将它们组织在一起进而发现它们之间的关系。这是一个组织信息的问题，更是一个思维方式的问题。即现实的教学中很多学生并没有将获取信息间的关系，作为自己思考问题的努力方向。即学生缺乏了发现信息间的关系的意识，缺乏了对问题规则的发现意识。那么，多数学生的努力方向是什么呢？这一点我们前面已经讨论过多次了，学生追求的是对问题的内容感到“明白了”、“听懂了”，追求会套用方法解决问题，这些反而成了他们努力的方向。在这种情况下，他们判断问题难易的标准是问题和可套用方法的匹配性以及问题解决的烦琐程度。这种情况下，学生就难以把握住信息间的关系，也就难以发现问题规则了。《规则论——研究视阈与核心问题》中论述人们发现规则的过程时说，规则是人的“直觉发现”。“直觉发现”只能是某种思维方式引导的结果，并且这种思维方式必须引导学生去发现信息间的关系而不是引导学生去套用某种方法。所以，我们强调，问题解决过程中学生对问题规则的发现是通过对信息间的关系分析后的直觉发现！对于直觉发现的东西，没有人会感到困难。

到这里，我们再回头分析感到问题规则获取困难的第一个原因——没有关注到相关信息。没有关注到相关信息的原因是很复杂的，甚至很多是教师无能为力的，但是，从思维的角度讲，没有关注到相关信息恰恰也是一个组织信息的问题。正如前面我们所讨论的，程序性默会知识支配人去选择和组织相关信息，如果缺乏了相关的程序性默会知识，学生就会对相关信息视而不见。而要获取程序性默会知识，又恰恰需要深入分析信息间的关系。所以，由于没有关注相关信息而感到问题规则获取困难，在很大程度上也是因为学生没有养成问题规则的发现意识。

结合以上两点，我们的结论是，分析问题时如果没有问题规则的发现意识，而将自己的努力投向使自己对问题感到“听懂了”、“明白了”，投向会套用已有方法解决问题上，那么，学生对问题规则的发现必然是很困难的。

但是，现实的教学中，一些学生确实发现了问题规则。观察学生的学习现象，我们会发现：面对问题时，学生有时会自己琢磨出一种解决方法，这种他自己发现的问题解决方法，哪怕显得很笨拙，甚至被老师批评为“偏”和“怪”，但学生自己用得得心应手，甚至长时间后还可以在相应的题目中自然而顺畅地运用出来；而对于那些很多老师讲授的“好”方法，学生听懂了、明白了，问题解决得也很简捷，但学生用起来往往不是很顺手，甚至很快就放弃使用。

为什么学生独立发现的方法容易被其自由而灵活地运用呢？学生独立发现的问题解决方法，是以自己对信息间的关系的获取为前提的，也即以对问题规则的发现为前提的，信息间的关系一旦被发现，问题的解决途径就贯通了。本质上是信息间的关系的问题规则，就能作为一种能力存在下来。当再次面对这种信息间的关系时，这个问题规则就自然被激活了。所以，学生会在之后运用得自然而顺畅。心理学的研究也表明，人类对于规律性的东西有一种天生的记忆优势。问题规则本身也是一种规律，一旦被获取就难以忘记。这就是学生自己发现的问题解决方法为什么能在长时间后还会被其自由而灵活地运用的原因。这和我们在生活中的感受和体验是一致的，生活中，我们常会遇到一些持续困扰我们的问题，经过长时间的思考后，我们可能会突然想通了，而在此之后，遇到同类问题，便能举一反三，不会出现想通之后又想不通了的现象。

相应地，为什么从老师那里接受的问题解决方法，学生用得却不是很顺手呢？这是因为，对于老师讲授的方法，学生多是直接接受的，感到“明白了”即可，其对相关问题没有建立在把握信息间的关系的基础上，对老师讲授方法的运用也主要是以回忆和回顾为基础的模仿和套用。所以，当再次面对同类问题时，也难以根据信息间的关系直接激活这个方法，而是再次以回忆和回顾为基础，模仿和套用这个方法。这样，对方法的运用就不会很顺手。另外，只要是接受过来的东西，都是可以明确意识到的东西；只要是可以明确意识的东西，都是可以直接传授和传播的；只要是可以直接传授和传播的，就不是能力性质的，也就不是可以自动支配思维的。这种以明确的形式存在于意识层面的东西，都是容易被遗忘掉的。所以，从老师那里接受过来的方法，以可表达的明确知识在学生大脑中存在，以记忆的形式被其提取，在意识的支配下被其套用，自然是容易被学生遗忘掉和放弃的。

现实教学中，学生大量的方法都来源于老师的传授，学生怎样才能比较灵活地将之运用呢？要想在一段时间内（对于高中生而言，也即在高考前）记住并灵活运用这些被动接受而来的、没有建立在把握信息间的关系基础上的方法，唯一的办法就是大量做题、不断重复。一段时间不做题，学生就会感到“手生”，一段时间没有做某一类型的题目，学生就会感到对这一类问题难以下手。但是，只要多做题、多重复，情况就会好转、考试分数就会高。这样，大量做题就成了提高分数的法宝。这也难怪一些所谓名校的校长们会高调地宣称“我们学校升学率很高的秘密是：重复、重复、再重复”。实际上，时至今日，这种大量做题、不断重复的做法，仍然是很多学校借以提高升学率的法宝。

由此，我们可以看出，现实教学中，阻碍学生发现问题规则的一个主要因素，是学生问题解决的套路化。而问题解决的套路化正是前面曾经讨论过的有毒的策略性默会知识被强化后的表现。学生在解决问题时形成了套路化，教师在授课讲解时则形成了能力规则的意识化。这种教师授课时能力规则的意识化，是学生有毒的策略性默会知识的一个间接结果。学生问题解决的套路化，教师授课时能力规则的意识化，这二者，是阻碍学生发现问题规则的直接原因。

在现实的教学中，老师们将应该由学生通过独立分析发现的问题规则，以明确知识的形式讲解给学生；将应该根据信息间的关系得到的问题解决方法，转化为明确的套路，让学生通过回忆和回顾来得到；将直接自动支配学生思维的默会知识，转化为可表达、能传播的明确知识。这实际上就是将学生发现规则后应该感到很简单的问题进行了复杂化处理，是试图将最有价值的、不能被传授和传播的默会的能力性的东西，转变成可以直接传授和传播的、能够被明确意识到的知识性的东西。这一切，直接有悖于培养学生对问题规则的发现意识。

长期以来，中国教育在培养学生发现意识和创新能力方面的低效，为众人所诟病。造成这种低效的原因有很多，从以上的分析可以看出，能力规则的意识化是其中一个主要的原因。能力规则的意识化，强化了学生解决问题的套路化，而后者又反过来阻碍了学生对问题规则的发现。这种恶性的循环，在学生身上有如下若干表现。

第一，学生自小学就养成了通过模仿和套用的方式解决问题的习惯，这造成了多数学生对老师的过度依赖，对自己极端不自信。希望从老师那里得到可以解决一切问题的“灵丹妙药”。这样，在本应该独立分析、判断的地方，学生却转而寻求对老师所讲方法的套用。

第二，学生追求多做题、快做题的意识，阻碍了学生对问题的分析、斟酌和判断，缺乏了应有的默会，影响了学生对问题规则的发现。

第三，学生不是不关注问题，但是，他所关注的问题都是明确的、看起来“有价值的”、沉甸甸的问题。如果学生自己发现了信息间的关系，没有谁会认为其有难度和有价值，于是便不认为这类信息间的关系值得去关注，不认为自己有收获。健康的、能够获取能力的思维过程随之被淡化、省略，从而也就阻碍了学生对问题规则的发现。

第四，老师将问题分门别类，然后讲授对应的方法，这使得学生几乎对每个问题都有了可以仿效的对象，并且学生对这样的方法感到放心、可靠和保真。这样，学生解决问题时的注意力会因为“原方法依赖倾向”的认知特点投向对老师所讲例题的回忆和回顾，这在很大程度上抑制了学生对信息间的关系进行具体、深入的分析。

通过以上分析，可以看出，问题解决的套路化，能力规则的意识化，这些有毒的策略性默会知识的直接表现和间接后果，阻碍了学生对问题规则的发现意识的培养。相对应的，要纠正这种有毒的策略性默会知识，纠正能力规则的意识化和问题解决的套路化，需要培养学生对问题规则的发现意识。

对策之二：转变思维方式

前文我们讨论了一种有毒的策略性默会知识。在它的支配下，学生形成了如下惯常的思维定式：面对问题，其思维方式不是具体、深入地分析问题的信息间的关系，而是根据题目的表面信息回忆和回顾过去相似问题的解决办法，通过模仿和套用过去问题的解决办法解决现在的问题。并且，这种有毒的策略性默会知识又经常是被过度强化了。被过度强化后，学生又形成了固定的问题解决套路：面对问题，学生受套路的束缚，更多考虑的是问题和套路的匹配性，而不去考虑套路外的东西。这不禁促使我们考虑：在这种有毒的策略性默会知识支配下，既然学生缺乏对信息间的关系的判断，那么，学生是根据什么回忆和回顾过去相似的问题呢？学生是根据什么确定问题适用的套路呢？答案只有一个：根据问题的表面信息，回忆和回顾过去相似的问题；根据问题的类别，回忆和回顾适用的问题解决套路。这就要求学生只关注问题的表面信息是什么，在此基础上关注问题的类别是什么。即在这种有毒的策略性默会知识支配下，学生凡问题只关注“是什么”。我们将这种思维方式称为只关注“是什么”的思维方式。与此相对应的，我们将深入分析信息间的关系，不受套路的束缚思考问题的决定性因素的思维方式称为追问“为什么”的思维方式。可以看出只关注“是什么”的思维方式，既是这种有毒的策略性默会知识的结果，也是这种有毒的策略性默会知识的一个原因，它们互成因果。追问“为什么”的思维方式，使人深入分析信息间的关系，不受套路的束缚思考问题，这将促成程序性默会知识的获取，使人获取问题规则。所以，引导学生弱化只关注“是什么”的思维方式，强化追问“为什么”的思维方式，既是引导学生解决问题时获取问题规则所需要的，也是纠正有毒的策略性默会知识所需要的。只关注“是什么”的思维方式，和追问“为什么”的思维方式是有着根本区别的。下面，我们首先讨论只关注“是什么”的思维方式及其现实严重性。

只关注“是什么”的思维方式及其现实严重性

（一）这种思维方式的典型特征

为具体说明这种思维方式，我们有必要重温一下那道我曾做调查时使用过的题目（见本章第二节）：

一艘船在它额定状态下航行时，相对水的速度是 $v_{船}=10\text{km/h}$。船在河的上下游甲、乙两港口之间航行，两港口之间的距离是 $s=60\text{km}$。保持船的功率不变，在静水时，水不流动，船在甲乙两港口之间往返一次的时间是 t_1；在流水时，水流动的速度 $v_{水}=2\text{km/h}$，且保持不变，船在甲乙两港口之间往返一次的时间是 t_2。问：t_1 和 t_2 哪个长？

各类调查对象在有毒的策略性默会知识的支配下，解决上述问题的步骤是三步：第一步，通过分析知道，要解决的问题是匀速运动中时间、距离、速度之间的关系，这促使他们考虑时间、距离、速度之间的关系是什么；第二步，考虑公式 $t=s/v$ 在这个问题中的具体表达式（即方程）是什么；第三步，列出方程，利用数学的逻辑推导、化简、计算出结果。前两步考虑的是满足的关系是什么、具体表达式是什么。这两步只要判断出基本公式是什么和基本公式在具体问题中的表达式是什么就足够了。第三步是按数学的逻辑推理演算。这一步只需要在数学的逻辑中推导就可以了。

就整个过程看，调查对象所采用的问题解决思路没有引导他们去考虑造成两时间不相同的原因，没有对原因进行追问。这种问题解决思路只是引导他们一步步考虑“是什么”，之后便按数学的逻辑推导进行演算。这就是在他们做出了题目的结果后仍旧不能真正理解问题的原因。这一问题解决思路就是只关注“是什么”的问题解决思路；这一思维方式也就相应地被称为只关注“是什么”的思维方式。在这种思维方式下，人们不会考虑问题的深层次原因，不考虑“为什么”，这使得即便解决了问题，人的思维也不会进入一个更高的层次。表现为尽管解决了问题，但却从本质上并没有理解问题。调查中，这些高中生、大学本科生、在读硕士研究生、在读博士研究生（包括认知心理学专业研究生）、年轻的高中物理教师都无一例外地做对了题目，但后来的追问却说明，他们大都不理解为什么两时间不相等。当请这些调查对象继续做后面两道相关的调查题目时，这些调查对象都没有因为解决过类似题目而感到后来的问题解决更简单和更快捷，相反却感到后面两道题目更烦琐。其在解决后两道题目时，所需要的列方程、解方程的步骤一个都没有少。

只关注“是什么”的思维方式，在解决问题时，不考虑问题的内在原因，不考虑问题的决定性因素，只是根据问题的表面信息确定与问题符合的规律，而后确定规律的具体表达式，表现为套路化地解决问题。这使得人们在解决问题后，其思维不能进入一个更高的层次来看问题。这和前面讨论的学生在学习知识和规律时表现出的被动接受和海绵式思维其实是一样的。学生学习知识和规律时，只关注知识和规律的明确内容是什么，缺乏对信息间的关系的判定，缺乏对范例的审视和默会，只要知道知识和规律的内容是什么，就接受下来，表现为被动接受和海绵式思维。这使得学生的认识只停留在可意识的层面，上升不到默会层面。所以，只关注“是什么”的思维方式，实际上是学生学习知识和规律时被动接受和海绵式思维在解决问题阶段的延续。被动接受和海绵式思维将学生对知识的学习过程，变成了货物在仓库中的堆积过程；只关注“是什么”的思维方式将学生的问题解决过程变成了按某种程序机械操作的重复活动。

（二）这种思维方式使学生失去了判断力

只关注“是什么”的思维方式使学生缺乏对问题的审视、辨别和批判，不去追问深层次原因，因而使学生失去了判断力。对此，我的一段授课经历可以做很好的证明——

在物理课上，讲到电磁波谱的时候，会涉及紫外线的性质。为了让学生更好地理解相关问题，我总会结合一些生活中的常识来讲解，于是，我经常会这样讲到：

紫外线照到我们的皮肤上，会使我们的皮肤产生黑色素。如果产生的黑色素过多，会使皮肤变黑而使我们不那么漂亮。夏天，因为紫外线非常强烈，会使我们产生过量的黑色素。为了保持我们的容颜，我们不得不采取一些防护措施。比如涂抹防晒霜。防晒霜从防晒原理上讲有两种，一种是化学防晒，一种是物理防晒。化学防晒是防晒霜吸收紫外线，从而使紫外线在照射到我们的皮肤之前已经被吸收了，达到了防晒的目的。物理防晒是防晒霜反射紫外线，将紫外线反射出去，达到保护皮肤的目的。

不妨假设一下，夏天在紫外线非常强烈的时候，一个非常漂亮的女士在自己脸上涂抹了反射效果非常好的防晒霜，那么，你在看她的脸时，是不是会有很多紫外线反射到你的眼睛里？紫外线对眼睛不好，我们要保护眼睛。所以，大家注意，夏天要尽量少看漂亮女士的脸。

另一方面，我还要对这位漂亮女士说几句：你涂了防晒霜后，大量紫外线会进入看你的人的眼睛里，你知道紫外线在人眼中呈什么颜色吗？当然，我们人是看不见紫外线的，因为人的眼睛对紫外线是不感光的。但是，蜜蜂和狗等动物对紫外线却是感光的。那你知道，你反射的紫外线在蜜蜂和狗的眼中是什么颜色吗？我告诉你，是蓝色！你想一想，本来是非常好的面庞，却在动物眼里变成了蓝色，好看吗？

到了这个地方，学生总会笑声一片。此时，我往往会有意停下来，希望能有学生提出问题来。但是，遗憾的是，这么多年下来，从没有学生就我说的上述话主动提出过问题——可见，学生对作为学术权威的老师是多么信服！对老师讲的结论是多么放心地接受！这实际正是只关注“是什么”的思维方式在起作用。

为了提示学生进一步思考问题，我便替学生问：狗看见的紫外线是蓝色，我是怎么知道的？

这时，学生似乎恍然大悟，眼睛一亮，来了精神，要求听我的解释。我慢慢地回答：是我的老师告诉我的！

这时，没有学生觉得我的回答不够严谨，又恢复“没有疑问、十分信服”的状态。这样，我不得不再次替学生问：我的老师是怎么知道的？

听到这个地方，学生又来了精神，要求我进一步解释。我说：我的老师是科学家，他通过做实验发现，紫外线照射到狗的视神经细胞上所引起的反应和同等强度的蓝光照射到视神经细胞上所引起的反应完全相同。所以，在蜜蜂和狗的眼中，涂了大量防晒霜的女士的脸呈蓝色。

这时，学生理解到了问题的真正原因，表情显得很愉悦。最后，为了使学生不产生对防晒霜的心理障碍，我又讲，实际上，狗是色盲，不会分辨颜色，大家尽可以放心使用防晒霜，刚才只是讲笑话而已。

这里，我们要注意，三个问题都是老师提出来的，为什么学生不主动提问呢？唯一的原因是学生只关注“是什么”，没有独立的思考、判断，学生当时努力考虑的是搞清楚老师讲的“真理”是什么，然后便非常放心地接受。这个过程中没有审视和辨别，更没有挑剔和批判。

只关注“是什么”的思维方式，使学生失去了应有的判断力。在这种思维方式的支配下，学生以知道老师讲的内容是什么为“理解了”、“明白了”、“懂了”，缺乏独立的审视和判断。受这种思维方式的影响，凡是老师所讲的问题，学生都全盘接受、没有异议，这样一来，即便最终对问题有了一定的理解，却也形不成自己独到的见解，久而久之，培养学生的发现意识和创新能力也就无从谈起了。

（三）这种思维方式是一个认知陷阱

只关注“是什么”的思维方式之所以在课堂教学中被极力强化这么多年而不被改正，其背后的原因有很多，其中一个，便是人们容易坠入它所造成的认知陷阱而不自觉。请分析下面的两个案例。

[案例 1]

有人针对年轻人结婚后出现大量婚姻问题的现状，提出要对年轻人进行婚前教育。结果有人反对，反对者是这样表达的：“教育无法让男人和女人为婚姻做好准备。这就好比教我们游泳却不让我们下水一样，是根本行不通的！”

请思考一下，反对者的理由合理吗？

很多人不怀疑这个理由的合理性。实际上，深入分析或是追问一下“为什么”就可以看出，反对者的理由是站不住脚的。为什么呢？因为，游泳的主要技巧是动作技巧；而建立成功的婚姻所需要的技巧不同于动作技巧。至少，像婚姻需要的管理财产和沟通这样的技巧，是可以在婚姻关系产生之前就能去学习的。两者之间表面上具有一定的相似性，实际上基本没有可类比性。

但是，为什么很多人不怀疑反对者的理由呢？这是因为，从表面上看，学习游泳技能和学习婚姻技能，都是学习，在表面上有一点儿相似性。这样，人们在表面相似性的驱使下，将在实践中获得游泳技能的观点移植到了对婚姻技能的学习上，所以对反对者的理由就马上接受了。在这个过程中，人们思考学习游泳技能需要的条件“是什么”，在表面相似性的引导下，将这个条件又移植到了婚姻上。在这个过程中，人们实际上采用的是只关注“是什么”的思维方式。

[**案例 2**]

有一位妻子对丈夫吸烟的行为很是恼火，诘问道：“如果每天叫你服用一小勺砒霜，你肯定不乐意。所以，我实在不明白，你为什么每天坚持吸烟。吸烟和服用砒霜都能置你于死地呀！”

请思考一下，这位妻子的理由成立吗？

很多人听到这句话后，可能都不会质疑这位妻子理由的合理性。但是，如果追问一下“为什么”，就可以看出，这个理由同样是站不住脚的。因为，砒霜导致的死亡是即时的、必然的。从统计学的角度看，吸烟导致的死亡既不是即时的，也不是必然的。还有，吸烟能使人获得很大的、即时的快感；砒霜却不能。那么，为什么很多人认为妻子的理由是合理的呢？还是因为吸烟和服用砒霜多少有那么一点儿相似性，在只关注“是什么”的思维方式下，人们考虑的是砒霜对人造成的危害“是什么”，之后将砒霜对人造成的危害移植到了香烟上，而缺失了对问题的审视和辨别。

只关注“是什么”的思维方式容易使人坠入类似上述案例这样的认知陷阱，这一点不只表现在现实生活中，在历史上，人们在考虑和判断一些重大问题时，也容易因这种思维方式而坠入认知陷阱。

考古知识告诉我们，早在仰韶文化①前期（甚至更早，即仰韶文化之前），很多人就认为人是灵魂与肉体的结合，肉体可以死亡，但是灵魂却是不会死亡的。人死后，灵魂会离开肉体再次转生，继而生死轮回。（这种观点至今仍为许多人所坚信）

但是，和我们现代人类的思维习惯一样，当时的人类虽然提出了这种观点，却也需要寻求一定的证据来支撑这种观点。他们苦苦寻求着支撑这个观点的证据。终于发现，有这样一种小虫，到生命的最后关头，吐丝做茧将自己包裹起来，本来自己是能活动的小虫，包裹起来之后变成了不能活动的蛹。在古人看来，这个蛹就是虫的死尸。到这个时候，虫就死掉了。继续观察后发现，一段时间后，茧的上面出现了一个小孔，美丽的蝶从里面飞了出来——这美丽的蝶，不就是离开尸体的灵魂吗？蝶从里面飞出来后产卵，卵又孵化出新的小虫，小虫长大再吐丝做茧……这不就是生命的轮回吗？从这个当时的重大发现中，古人找到了支撑生死轮回观点的证据，并开始对之深信不疑。何以见得人们对此深信不疑呢？有三个证据：

① 仰韶文化是黄河中下游地区重要的新石器时代文化。1921 年在河南省三门峡市渑池县仰韶村被发现，所以被命名为仰韶文化，持续时间为距今约 5000 年至 7000 年。

证据一，从造字的角度来看，古人将这个表征生命循环的虫，叫作天虫，也即我们今天所说的蚕。

证据二，当时富裕的人死后，其尸体大都会用蚕丝做的昂贵的丝绸包裹起来，人们认为，蚕丝对人的灵魂有保护作用，否则“蝶”飞不出来。在考古发掘的很多古代大墓里，我们常能见到，尸体被厚厚的丝绸包裹着。甚至到西汉时期，马王堆汉墓里的尸体，还是被厚厚的丝绸包裹着。

证据三，仰韶文化时期的瓮棺，其形状酷似蚕茧，上面还留有一个小孔，这个孔不就是想便于灵魂飞出去吗？

这些都说明，生死轮回的观点，由来已久，很多古人对此是深信不疑的。

回到现实，我们不妨来分析一下，古人这个“重大发现”，其推理过程是合理的吗？显然极其不合理！为什么呢？古人只是看到了自己心目中的轮回再生过程和蚕的生命过程存在很大的相似性，就在这个相似性的引导下，用蚕的生命过程说明自己轮回再生的观点，这在逻辑上显然是讲不通的。这又是在只关注“是什么”的思维方式引导下得到的错误结论！

在部分或是一些非本质的相似性的引导下，将问题移植和借用而造成错误和偏差，这正是只关注“是什么”的思维方式容易使人坠入认知陷阱的原因。

其实，不只是古人和我们这些普通人，就连公认的聪明睿智的人，在问题未能被研究透彻之前，也容易因只关注“是什么”的思维方式而坠入认知陷阱。请看下面这段法国皇帝拿破仑的荒谬逻辑：

“女人天生是我们的奴隶，……是我们的财产……她们属于我们，就像硕果累累的果树属于园丁一样。要求给予女人平等权利的思想是多么愚蠢，多么疯狂啊！……女人仅仅是生孩子的机器而已。”①

不难看出，拿破仑抓住女人生孩子和果树结果子这点相似性，论证因为果树属于园丁，女人就应该属于男人；果树是园丁的财产，女人就应该是男人的财产。当然，我们现在一眼就看出了这个逻辑的荒谬，但是，如果不是在男女平等思想早已被普及的今天，我们很可能会像当时拿破仑的信徒一样被拿破仑

① BROWNE M N，KEELEY S M. 学会提问：批判性思维指南［M］. 赵玉芳，等，译. 北京：中国轻工业出版社，2008：146.

的推论所蒙蔽。

从以上案例、事实中，我们可以清楚地看出，只关注明确知识的内容是什么，而后不加审视和辨别地接收下来；只考虑问题是什么、相似性是什么，而后不加审视地将方法、观点移植过来，这是一个认知陷阱。从以上案例、事实中，我们还可以看出，这样的认知陷阱即使在我们的日常生活中，也是比比皆是。在当前的教学中，学生听课时的被动接受，不也是关注作为权威的老师所传授的明确知识的内容是什么，而后不加审视和辨别地接受吗？当下学生对问题的解决，不也是仅仅在某种相似性的引导下，就以回忆和回顾为基础、通过模仿和套用的方式将过去的问题解决套路借用过来吗？在以培养人为己任的教育者这里，更是应该认识到其危害，从而要力戒其危害。

这种僵化思维方式的克星——追问为什么

在前面航船的问题中，尽管在只关注“是什么”的思维方式下，人们不能解释原因，但是一追问“为什么”，问题就很容易解释了（详见本章第二节的相关论述）；在前面关于年轻人婚姻问题和丈夫吸烟问题的案例中，在只关注“是什么”的思维方式下，不能发现其不合理性，但若是追问一下原因，便能很容易就发现其不合理性。所以，只关注“是什么”的思维方式的克星和有力补充便是追问“为什么”。

为进一步说明上述结论，我们不妨先来思考下面这个问题。

高中物理课上，在讲动量定理的时候，为引导学生理解动量定理，老师们一般都要提出类似这样的问题供学生分析：一只茶杯，用铁锤敲击了一下，茶杯被打坏了；但是，如果用等质量的橡皮锤以等大的速度敲击这只茶杯，茶杯却没有坏。为什么呢？

对此，我们一般都会习惯性地作如下解释：

动量定理的内容是动量的改变等于力和作用时间的乘积；两种情况下，铁锤和橡皮锤动量的改变量可以认为是相同的，铁锤和橡皮锤对茶杯作用力的大小和作用的时间的乘积基本相同；铁锤和茶杯的作用时间短，作用力大；橡皮锤和茶杯的作用时间长，作用力小；因为用铁锤敲击时作用力大，所以茶杯坏了，因为用橡皮锤敲击时作用力小，所以茶杯没有坏。

尽管这个解释是绝大多数学习完动量定理的人的解释，但是它是不合适的。为什么这样讲呢？我们先分析茶杯被打坏的决定性因素。从根本上讲，茶杯被打坏还是没有被打坏，应从外界对茶杯本身的影响上找原因。在铁锤的作用下，茶杯被打坏了，是因为在铁锤的作用下，茶杯发生的形变超出了它自身允许的最大形变；而在橡皮锤的作用下，茶杯没有坏，是因为在橡皮锤的作用下，茶杯发生的形变没有超出它自身允许的最大形变。从这里，可以看出，相比上面的解释，这后一种解释更具本质性，接近了问题的核心。

前一种解释，只是从力大小的角度展开，实际推敲起来，也是不符合学科理性的！我们可以设想，给茶杯以更大的力，这个力甚至超出了铁锤对茶杯敲击力的两倍，但是作用的时间极短，时间变成十分之一甚至百分之一。这种设计在现有的技术条件下，是可以实现的。但是，茶杯也可能不会坏。所以，从力的大小角度解释茶杯是否被打坏，这本身是不符合学科理性的！

既然这种解释是不合适的，为什么人们偏偏这样解释这个现象呢？因为这符合人们习惯了的思维方式——只关注“是什么”的思维方式。动量定理表达的是动量的改变量与作用时间和作用力大小之间的关系。在这个问题中，恰恰出现了茶杯和铁锤（橡皮锤）之间力和作用时间的关系问题，这正是动量定理描述的规律。即铁锤敲击茶杯和橡皮锤敲击茶杯的例子能代表动量定理所表达的关系。只关注“是什么”的思维方式只考虑了问题情境满足的关系是什么，只要符合这个关系，那就是可以考虑的。所以，人们就直接套用动量定理来解释这个现象了。至于这个关系有没有描述问题的本质，则不再考虑的范围之内。在这种情况下，人们就错误地解释了这个现象。人们对这个解释不加怀疑，正是被大大强化了的只关注“是什么”的思维方式造成的。

尽管人们对前一种普遍的解释深信不疑，但是，只要一追问原因，或者说追问“为什么”，这种解释的破绽还是很容易看出来的。同样，在前文对航船问题的解决中，尽管这么多人只关注“是什么”，但是，只要一追问造成两个时间不相同的原因，就立刻显示出只关注“是什么”的思维方式的弊端。还是在这个航船问题中，人们按只关注“是什么”的思维方式解决问题后，不能从根本上理解问题，思维也不能进入一个更高的层次来看待同类问题，表现是对于同类的题目 2 和题目 3 不会因为前面问题的解决而感到更简单。但是，在用追问“为什么”的思维方式解决了题目 1 后，思维便很快进入了一个更高的层次看待同类问题，表现是对于同类的题目 2 和题目 3 感到很简单。对于题目 2 和题目 3，不需要设未知数，不需要列方程，弄懂题意后，可以立即出答案，并且自信正确。所以，面对追问“为什么”的思维方式，只关注“是什么”的思维方式的弊端暴露无遗。我们说，追问“为什么”的思维方式是只关注“是什么”思维方式的克星和有力补充，正是在这个意义上得出的结论。

经过上面的分析，我们可以看出，在只关注“是什么”的思维方式下，人们难以深入认识问题，难以发现问题的决定性因素，也就难以发现问题规则，难以获取相关的程序性默会知识。只关注“是什么”的思维方式和前文讲述的有毒的策略性默会知识是相互助长的关系，是互为因果的关系。所以，强化学生追问“为什么”的思维方式，既是纠正只关注“是什么”的思维方式的需要，也是纠正有毒的策略性默会知识的需要。

培养学生追问“为什么” 的思维方式

(一) 给学生的思维松绑

在当前教学环境下，学生被束缚在问题解决的套路中，只关注“是什么”，这已经是普遍的思维方式了，并且这种思维方式对我们的教育造成了巨大的伤害。为改变现状，有必要给学生的思维松绑，以培养学生追问“为什么”的思维方式。为此，应该做好以下工作。

1. 认识并尊重学生的探索能力

青少年的思维是很活跃的，他们往往在我们意想不到的地方提出独特的看法。这说明学生本有的探索能力是很强的。但是，现实的教学中，我们对学生的探索能力是缺乏认识的，我们关注的是学生是否能套用老师的方法做出题目，而看不到学生身上表现出的探索倾向。研究发现，高等动物和人类的早期就表现出了非常强的探索特性。我们可以通过心理学的实验体会一下这种探索特性。心理学家将一只不饥饿的猴子放进一间屋子，里面有野果和装有相同野果的、用铁条封闭起来的箱子。箱子可以打开，并且这只猴子曾经在付出努力后打开过。在这样的环境中，猴子会花两个小时去摸索着打开箱子来获取箱子中的野果吃，却不顺手去拿身边同样的野果。

这说明，猴子摸索打开箱子的动力不是来自获取野果，而是来自摸索打开箱子的探索过程。人类作为比猴子更具智慧的高级动物，自然比猴子更具有探索性。并且人都是天生的探索者。关于这一点，我们可以通过以下事实体会一下：任何人有了困惑后，都有解决困惑的心理需求；任何人对于自己困惑的问题都高度敏感，表现在对于相关的信息不需要有意识记忆就忘不了，还很容易和其他相关知识联系起来通盘考虑；任何人一旦想通困扰自己的这些问题，就都会有一种豁然开朗的愉悦感，并且，此后人们在心理上会关注相近的问题，以便通过再次解决这类问题获取愉悦感。

令人惊奇的是，人类对问题的探索不只表现在有意识的探索上，还表现在潜意识的探索中，甚至表现在睡眠状态下的探索中。人类历史上，就有一些发明创造是发明者将问题装入大脑后，在潜意识中或是睡眠状态中实现的。比如，苯环结构的发现者，就是将疑问储存于大脑中，之后，他将座椅移到炉火边，在炉火的烘烤下进入半睡眠状态。这时的他，关注到了一个梦境：多条蛇咬住尾巴。在这个梦境的启示下，他激发了灵感，进而解除了多年的困惑，发现了苯环的结构。美国心理学家加洛蒂（Galotti）在回忆自己的学习经历时说，自己在上大学学习微积分的时候，发现其中的问题难以解答，尝试多种方法而不能解决后，只能将问题搁置一边。当天晚上从睡梦中惊醒后，就会从一种全新的视觉看待这个问题，此时通常会发现一个正确的解决方法。学生的学习也是这样，比如，几乎每个高中学生都有这样的经历，考试的时候，遇到不会做的题目，就越过去，做后面的题目。在做后面题目的过程中，即便后面的题目和前面的题目没有相似性，也会在做后面题目的过程中突然想到前面题目的解决方法。为什么呢？因为在考虑这个问题的时候，学生已经将问题装入大脑了。大脑就会在潜意识中对它加工，探索问题的解决。所以，在做后面题目的过程中，会突然想到前面问题的解决方法。

以上案例告诉我们，人的探索特性是我们培养学生追问“为什么”的思维方式的良好心理基础，我们应该认识这个基础、尊重这个基础、利用这个基础。

2. 创设探索的土壤

正如前文的讨论，有经验的老师可以注意到，学生在正常的交流中或是在轻松的状态下已经掌握的思维策略，到了正式做题时或考试时却又被其弃之不用；一些学生反应快捷、表情丰富、眼神生机灵动，但是一坐进教室，俨然木呆地像换了一个人似的，变得一问三不知；“课下像松鼠，课上像木鸡”，或是“课下像老虎，课上像绵羊”。这些现象说明，在学科学习和课堂教学中，学生正常的思维被扭曲了，学生本有的探索特性被压抑了。怎么办呢？在课堂上创设适宜探索的土壤！

现实的教学中，探索的土壤实在太贫瘠了！因为，我们过于相信“严师出高徒”，过于相信老师“管教”的神奇力量。我们对学生的约束过多，这根本不利于对学生追问“为什么”的思维方式的培养。关于这一点，借助心理学家的研究更有说服力。有心理学家列举了在鼓励学生创造性方面要避免的 4 种危险①，它们说明了对学生减轻外在约束的重要性。

危险一，“避免催得太急，以免儿童掌握一个领域的内在热情成为对外在奖励的渴望”。例如，现实教学中，由于学生的作业量过多，一些学生受到急于完成作业的外在压力，在这种情况下，学生对问题的内在加工就受到抑制了。

危险二，“避免严厉的惩罚，以免儿童后来回忆起童年时感到不幸福”。严厉的惩罚（包括体罚），会造成学生对所学内容的排斥和厌恶感，阻碍学生深入思考问题。

危险三，“在完成方式上，避免限制学生使用技术上看起来安全、有效的方式”。现实教学中，我们的很多要求是出于保证学生能够在考试中获得高分的需要，这种要求本身，就限制了学生的思维。

危险四，“当儿童时期做得很完美的人，到了成人期会碌碌无为，他不是继续做得完美——没有创造某些新东西，而是什么都不做，对这样的人要小心他接下来的心理创伤”。这是说，我们不应该培养一切都守规矩的完美的学生，在学习上我们不应该用很多规矩约束住学生，并以对规矩的遵守作为衡量学生品格的尺度，因为这样做，对学生很容易造成终生难以弥补的伤害，不利于学生的长远发展。

上述这四种危险，充分说明了对学生减轻外在约束的重要性。必须承认，这些可能存在的危险，在我们现实教学中都或多或少地存在着。过多的约束无法为学生提供适合探索的土壤，从而也就阻碍了对学生追问“为什么”的思维方式的培养。关于创设探索的土壤，美国心理学家伍尔福克（Woolfolk）提出的“玩问题”对我们很有启发。他说，引导学生和问题“玩”是有好处的，例如，可以“试着进行情景性思考而不是孤立思考，进行发散思维而不是集中思维……”。关于玩的好处，弗洛伊德说：“每一个儿童在玩的时候就像一个有创意的作家，因为他创造了他自己的世界，或者，更正确地说，他以一种能使他快乐的方式重组了他的世界，难道我们不能这样说吗？有创意的作家和儿童玩的时候做的一样。他创造了一个幻想的世界，他非常认真地对待这个世界——

① WOOLFOLK A. 教育心理学［M］. 何先友，等，译. 10 版. 北京：中国轻工业出版社，2008：324.

那就是他投入了大量的感情”[①]。其实，这些要求的目的可以用伍尔福克的话表达：“鼓励所有年龄的学生更具有思考力——在观点的形成、发展和重组上花时间。”[②] 需要注意的是，这些心理学家的要求，和波兰尼关于默会认识论的论述一样，恰恰是从不同的方面谈了同一个问题。

创设适宜探索的土壤，一方面需要我们教师反思我们的各种教学要求，从学生思维的角度反思我们的各种要求的价值；另一方面需要我们深入认识学生的各种行为表现，鼓励其中有利于学生探索的行为。这里既有教学理念的问题，也有对问题认识深度的问题。所以，创设适宜探索的土壤，需要我们提高对教育规律的深入认识，需要我们更新原有的教育理念。这样，我们才能减少对学生思维活动的大量束缚，才可以鼓励学生多花一点时间在对“问题”的反复咀嚼上，才可以有效避免引起学生的焦躁情绪，培养他们冷静、细致地思考问题的习惯。创设适宜探索的土壤，考验着我们教育者的智慧和眼光。

3. 埋下探索的种子

让学生探索，需要教师埋下探索的种子。什么是探索的种子呢？是疑问，是明确的疑问！关于疑问的作用，美国心理学家费斯廷格（Festinger）认为，个体有保持心理平衡的倾向，当个体对同一事物产生两种（或是多种）不一致的认知时，就会产生心理紧张的失衡现象。个体为恢复平衡，产生了旨在消除认知不一致的行为的动力，因而认知失衡具有认知动机的作用。[③] 这里的认知失衡，实际就是疑问，也就是掌握的信息之间不一致、有矛盾。形成了疑问，人们就会在疑问的作用下，关注与疑问相关的信息，努力实现认知的统一。所以，疑问具有思维导向的作用，或者说疑问是探索的种子。

需要说明的是，同样是疑问，疑问的导向作用是不一样的。有的疑问在学生的大脑中是模糊的，其导向作用很弱；有的疑问是明确的，其导向作用很强。对于学生来说，模糊的疑问意味着其对于哪些信息之间有矛盾、哪些信息之间是不一致的并不明确。对于这样的疑问，学生除了感到困顿和不理解外，并不

---

① WOOLFOLK A. 教育心理学［M］. 何先友，等，译. 10版. 北京：中国轻工业出版社，2008：323.

② 同①，第324页。

③ 王一良. 心理学［M］. 北京：台海出版社，2006：167.

知道自己的疑问具体是什么，不能将疑问清楚地表达出来。这种疑问对思维的导向作用就很弱了。关于这一点，几乎每个老师都有如下经历：学生问问题时，往往这样表达，“老师，这个题目不会做”。意思是想请老师为自己讲清楚。如果此时问学生：“这是什么题呀，你告诉我？”学生一般会说，“我再看看”。这说明，学生此时把这个问题是什么都给忘记了，或是压根就不知道问题是什么。如果给学生说，“我不看题，把你的疑问告诉我，我再给你解释”。这时学生一般不能表达出自己的疑问。他们甚至说：“我就是不明白，你自己看。”这说明，学生做题做到这一步，除了感到题目不会做之外，对疑问本身是什么毫无概念。这种“感到题目不会做”的疑问，就不会对思维起到明显的导向作用。可以称之为模糊的疑问。但是，如果疑问是明确的，哪些信息之间是矛盾的或是不一致的，学生就会非常清楚，这样，大脑就会特别关注与此相关的信息，就给疑问的解决指示了一个方向或是角度，使问题得到解决。

需要说明的是，模糊疑问不仅不能起到应有的思维导向作用，还会使学生形成对同类问题的排斥，进而造成学习障碍。不管是明确的疑问，还是模糊的疑问，都属于疑问，学生的感受都是阻塞、困顿等不愉悦的感受。但是明确的疑问因其导向作用强，容易使学生解决疑问，进而形成解决疑问的愉悦感和畅通感，这会使学生形成再次解决这类问题的预期，激起学习兴趣；而模糊的疑问，不会引导学生解决疑问，进而不能形成疑问解决后的愉悦感和畅通感，相反，它使学生总处于阻塞、困顿的状态中，这会使学生形成对这类问题的排斥感，进而造成学习障碍。

模糊疑问的思维导向作用很弱，明确疑问的思维导向作用很强。所以，我们说，只有明确的疑问才是学生“探索”的种子，并且疑问越是明确，这个“种子”的“萌发率”就会越高。所以，引导学生凡问题都要有意识地明确出已知的方面、未知的方面，尽可能使不懂的问题以明确疑问的形式存在于大脑中，这项工作意义重大。

4. 修正“听话教育”

要培养学生追问“为什么”的意识，就要培养学生独立思维、敢于怀疑、不盲从权威的意识。现实教学中，学生普遍存在盲从“真理”、迷信权威的意识。他们对“真理”不怀疑、不审视、不批判，只要知道了“是什么”，就吸收下来。这也是只关注“是什么”的思维方式能在今天大行其道的原因之一。针对这个意识，有必要明确地告诉学生，即便对于“万古不变的、放之四海皆准的”真理，我们也要考虑它的合理性。任何真理不管它客观上有多么真实，如果它的“真”不能被自己认识到，不能经过自己独立的审视和检验，这些真理对我们来讲就只是一个外壳而已。就像任何明确的知识都是鸡蛋的外壳，而默会知识才是其内核一样。也正如默会认识论告诉我们的，离开内核的明确知识不管看起来是多么的圆润和无可挑剔，都是没有价值的。

为强化这一点，我们可以明确地告诉学生：直接接受过来的真理都是空洞的，只有经过自己的思维判断，作为其内核的默会知识才能“复活”，而且，作为其内核的默会知识的丰富度和牢固度恰恰取决于我们自己独立思考的深度和广度。

与这种观点形成明显对比的是，我们一直在培养学生的“听话”意识。从小学到高中，学生一直接受着“听话教育”。我们一直在灌输这种观念：“只要听话，就会学习好，就是好学生”、“老师的要求都是对的，都是为自己好。”这种意识反映在学习上，就表现为非常放心地接受明确知识，根本不去怀疑，认为只要怀疑“真理”，肯定是在做无用功。

这种意识，与当前教育者所普遍信奉的“亲其师，信其道”的观念其实是一致的。这里的“信其道”，不就是让学生对其知识理论深信不疑、努力接受吗？如此一来，我们甚至有必要重新检视自己的这类信念，“亲其师，信其道”似乎也应该改为“亲其师，思其道”。

关于“信其道”和“思其道”之间的巨大差别，很多人不以为然。对此，我们不妨举例说明。几年前，中央电视台《百家讲坛》栏目播出了《于丹品论语》。节目播出后，受到很多人欢迎，但同时，也招致了很多人的反对。欢迎者认为，于丹将难以理解的《论语》以浅显的形式表达给了我们，能对我们做人、做事有所启示。甚至有人说，通过于丹的讲解，“我们终于找回了自己”。反对者认为，于丹对《论语》内容的理解有失偏颇，甚至有错误。一些对《论语》有过深入研究的人，甚至以画文身和打横幅的方式站出来，坚定地反对于丹对《论语》的解释。作为教育者，出于培养学生思维方式的需要，我们应该特别注意的是，欢迎者将焦点聚焦在了于丹表达的《论语》的内容是什么以及对于自己学习传统文化的意义上；反对者则聚焦在了于丹表达的内容和《论语》的真实意思之间的差别上，以及于丹是否表达出了《论语》的真实意思上。无论欢迎者还是反对者，他们都将视角聚焦在于丹表达的意思是什么上了，要么认为于丹表达得对，要么认为于丹表达得不对。

这些纷纷扰扰的欢迎和反对，都有一个共同的心理基础：亲“孔子”，信“《论语》”。《论语》的内容是至理名言、终极真理，如果其中有哪一点被后人解读出了错误或不足，那都是由人们错误的理解、解释造成的。人们欢迎于丹品《论语》，是因为通过于丹，人们窥见了《论语》的真容，使自己接近得道；人们批判《于丹品论语》，则是因为于丹错误和片面地阐释了《论语》，没有将《论语》的真容展示出来。总之，两派人物都在追求《论语》的真谛，一派感到从《于丹品论语》中得道了，一派则力图捍卫《论语》的真谛。

凡是了解“于丹品论语”这一社会现象者，大多会认可上述两种观点中的一种，并且，可能也没有谁会觉得这些观点有什么问题。为了说明问题，我们不妨看看哲学家会怎样思考《论语》的内容。著名的德国哲学家黑格尔在《论语》翻译成德文之前，对《论语》很是向往，对孔子充满了想象和崇拜。当《论语》被翻译后，黑格尔迫不及待地学习起来。学习后，黑格尔很是失望，他说，这不就是一些行为规范吗？他认为，《论语》的内容缺乏逻辑层次。

到这里，我们似乎可以对比一下了。国人努力追寻的是《论语》的真实意思是什么，至于其真实意思是否合理、正确，则是不容怀疑的。在一些人看来，只要得到《论语》的真实意思，就是得道了，甚至会为后人对之的解读是否是《论语》的真实意思而辨别一番，很是坚决和革命。黑格尔则是从逻辑的角度考虑《论语》的，他关注的是《论语》内容的合理性，更多的考虑是“为什么”。这种区别实际是“信其道”和“思其道”之间的区别。

黑格尔对孔子充满了崇拜，是心向往之。这说明黑格尔是亲孔子的，或者说是“亲其师”的。这种“亲其师”决定了《论语》被翻译成德文之后，黑格尔便迫不及待地学习起来。我们要注意的是，“亲其师”没有妨害黑格尔“思其道”。所以，“信其道”和“思其道”与是否“亲其师”并无直接关联，二者本质上反映的，可能是思维方式的问题。

在这里，我们丝毫没有否定孔夫子的意思，上述讨论事实上也丝毫影响不了《论语》这部作品的重要价值。但是，值得注意的是，对任何一部无论多么伟大、重要的作品，我们都应具有探讨和批判的意识。一部作品如果启发了人们的探讨和批判，这其实才是作品的真正价值所在。如果人们只局限于对《论语》的顶礼膜拜中，显然不能充分发挥《论语》的教育启迪作用。尽管“亲其师，信其道”的观念根深蒂固，但是，作为教育工作者，我们应该首先对这个问题有一个正确的认识，因为这一点，对于我们培养学生的发现意识与创新能力是极为重要的。

值得一提的是，培养学生追问“为什么”的意识，不妨引导学生学习和阅读一些马克思的思想与著作。据称，马克思生前最钟爱的座右铭翻译过来有三个版本：批判一切、思考一切、怀疑一切。不管哪个版本，都说明马克思独立思维的思维品质和批判精神。在他那里，人们找不到一点盲从的影子，所以，他才可以批判性地继承和发扬黑格尔和费尔巴哈的哲学思想，为人类思想史的发展进步做出了巨大的、创造性的贡献。

5. 引导学生大胆思维

现实的教学中，学生总有一种意识——害怕出错。考试的时候，是因为做错题才被扣分；学习的时候，出的错多了，要受老师批评；平时面对老师的提问，回答错了更是在老师同学面前感觉“很丢面子”。怎样才能少出错呢？关注作为权威的老师所说的一切！因为，来自老师的知识和方法是权威、保真和令人放心的；独立的思考最后还是要落脚到老师给出的结论上，否则有可能出现错误或是偏差。在这种情况下，学生倾向于关注来自权威（老师）或是书本上的正确内容是什么，而不喜欢真正按自己的思路追问“为什么”，这就过度强化了只关注“是什么”的思维方式，阻碍了对学生追问“为什么”的思维方式的培养。所以，我们说，学生害怕出错的意识，也阻碍了学生的独立思考。

鉴于这个问题，我们说，培养学生追问“为什么”的思维方式，有必要打消其害怕出错的意识。

为此，应该鼓励学生，只要有困惑或是疑问，就要尽可能地追问下去，努力向着解决困惑和疑问的方向进行独立思考；还应该让学生意识到，只要自己独立思考了，不管思考的结论是正确还是错误，对于培养自己追问“为什么”

的思维方式都是有巨大价值的。很多著名的科学家在回顾自己的重大发现和成就的最初来源时，往往会说它来源于儿时的灵感和想法。儿时的灵感和想法当然来自儿时的独立思考。正所谓“风起青萍之末”①。即便儿时对一些问题经过独立思考后的结论是错误的，它对学生思维能力的培养也是价值巨大的。因为结论错误并不影响思维方式的价值，而思维方式的价值是更为重要的、更加值得珍视的。所以，只要是经过了自己的独立思考判断的东西，不管结论是否正确，其价值都是巨大的。作为学生，要有意识珍视和保护自己独立的思维判断。

在独立思考问题的过程中，只要有困惑，一定要向着解决困惑的方向努力思考下去。现实中，大多数学生总是受只关注“是什么”思维方式的影响，很轻易地就向老师寻求答案。实际上，很多时候，老师的解答会影响学生的独立思考，甚至会阻碍对这个问题的真正理解。所以，学生应该认识到，自己才是思考过程的主力军，虽然可以寻求老师的帮助，但老师的解答只能作为自己下一步思考的材料。对于疑问和困惑，学生要有“不撞南墙不死心”的毅力。如果“撞了南墙”还是有困惑，还要有“撞了南墙心不死”的魄力。总之，要坚信独立思考的价值，争取通过自身的努力，把问题搞个水落石出。

（二）变革问题的解决思路

课堂教学中，学生将大部分时间用在了听讲题目和做题目上，改变做题的思路，则是培养学生追问“为什么”的思维方式的基本途径。变革做题的思路实际是变当前只关注“是什么”的做题思路为追问“为什么”的做题思路。这要求根据原因而不是根据满足的规律是什么对问题做出解答。前文中提到的航船问题，因为只涉及初中知识，各学科老师理解起来相对容易，所以我们仍然先以这个题目为例，说明两种问题解决思路的差异，随后辅之以另外两道题目来一起尝试找到变革思路的办法。

为研究的方便，我们将前文中的航船问题略作如下改动：

---

① “风起青萍之末”，是楚人宋玉的《风赋》中的一句，原意指风从地上产生出来，开始时先在青萍草头上轻轻飞旋，最后会成为劲猛彪悍的大风，即是说大风是自小风发展而来。我们可以借助这句话说明，学生独立的思维判断的价值。

一艘船在它额定状态下航行，相对水的速度是 $v_{船}=10\text{km/h}$。船在河的上下游甲、乙两港口之间航行，两港口之间的距离是 $s=60\text{km}$。保持船的功率不变，在静水时，水不流动，船在甲、乙两港口之间往返一次的时间是 t_1；在流水时，水流动的速度 $v_{水}=2\text{km/h}$，且水速保持不变，船在甲、乙两港口之间往返一次的时间是 t_2，问 t_1 和 t_2 哪个大，差多少？

这个题目略做了改动。为说明问题，我们将两种思路对比列在下面。

(1) 按只关注“是什么”的思路：

解：

第一步，确认距离、速度和时间之间的基本关系：$t=s/v$

第二步，按这个关系列方程：

在静水中来回的时间表达为 $t_1=2s/v_{船}$

流水期顺水航行的时间表达为 $t_{顺}=s/(v_{船}+v_{水})$

流水期逆水航行的时间表达 $t_{逆}=s/(v_{船}-v_{水})$

在流水中往返一次的时间 $t_2=t_{顺}+t_{逆}$

第三步，按数学逻辑推导、化简、计算、出结果：

代入数据得：$t_1=12$（h）　　$t_2=12.5$（h）

所以，$t_2-t_1=0.5$（h）

(2) 按追问“为什么”的思路：

解：

第一步，原因追问。如果两个时间不相等，是因为顺水时和逆水时水流对船促进的作用和阻碍的作用大小不一样。

第二步，原因呈现。

顺水时间 $t_{顺}=s/(v_{船}+v_{水})=5$（h），

逆水时间 $t_{逆}=s/(v_{船}-v_{水})=7.5$（h）

这样水起反作用多的时间 $t_{顺}-t_{逆}=2.5$（h）

水流使船多航行的距离 $(t_{顺}-t_{逆})\times v_{水}=5$（km）

第三步，得到结论。

船不得不多用的时间 $t=5/v_{船}=0.5$（h）

我们注意到，尽管追问“为什么”的思路形式上也是列方程、解方程，但是，这和只关注“是什么”的思路有着天壤之别。只关注“是什么”的思路在列方程时，只是考虑原始方程在题目情境中的具体表达是什么。而追问“为什么”的思路则需要考虑问题的决定性素，否则这个方程是列不出来的。同样，如果不理解问题的决定性因素，对这个方程也是不能理解的。从形式上看，后一种解法不比前一种解法简单多少，但是，因为后一种解法以考虑问题的决定性因素为前提，其价值就显得更加重要。

再来看一道简单的初中数学问题：

请证明公式：$(x+y)^2=x^2+y^2+2xy$

通过和学生交流，我发现，对这个公式，学生更多的是记住它，认为只要知道了这个公式是什么并多次重复、熟练运用就可以了，学生普遍缺乏对公式的深入理解。

我问过很多学生，为什么这两个式子是相等的，学生的回答是：就这样，推出来的。还有的说，数学不就是推导吗？能讲清楚为什么吗？

究其原因，是因为我们老师就是在只关注“是什么”的思维方式下证明这个公式的。在只关注“是什么”的思维方式下，直接按数学逻辑相乘整理得到结果。$(x+y)$ 乘以 $(x+y)$ 等于 x^2+y^2+2xy。

尽管根据老师们的反馈，通过这种方式教学，学生对这个公式接受得很好，提不出什么异议，但实际上，学生并没有真正理解这个公式，之所以提不出异议，也主要是因为受困于只关注“是什么”的思维方式。在这个层次上，学生对这个公式谈不上理解。学生所能做的是记住公式，而后在需要运用的时候条件反射式地套用就可以了。

实际上，为了加深学生理解为什么上述两个式子是相等的，我们可以利用右边的图形。右图中，$(x+y)^2$ 的整个面积等于 a、b、c、d 四个区的面积之和，a 区面积是 x^2，b 区面积是 y^2，c 和 d 的面积都是 xy，这样加到一块就是 x^2+y^2+2xy。这样一来，学生对问题的理解就要深刻多了。

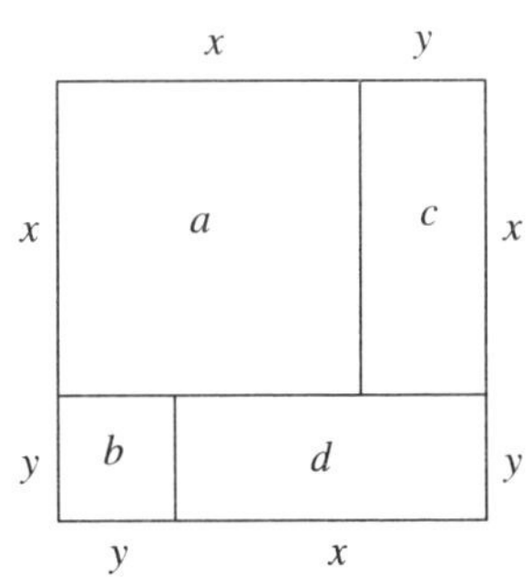

下面是一道高中物理学科中的基础题目，学习完动能定理后，学生一般都会遇到类似问题。

一辆汽车拖其拖车沿平直公路匀速前进，已知汽车质量和拖车质量分别是 M 和 m，它们所受阻力都与其质量成正比。某时刻，拖车脱钩。脱钩后，汽车仍以原牵引力前进，汽车前进 L 距离后，司机发现拖车脱钩，于是立即关闭发动机，但是没有制动（即汽车只是撤去了动力，所受阻力不变）。问汽车和拖车都停下后，两者相距的距离是多少？

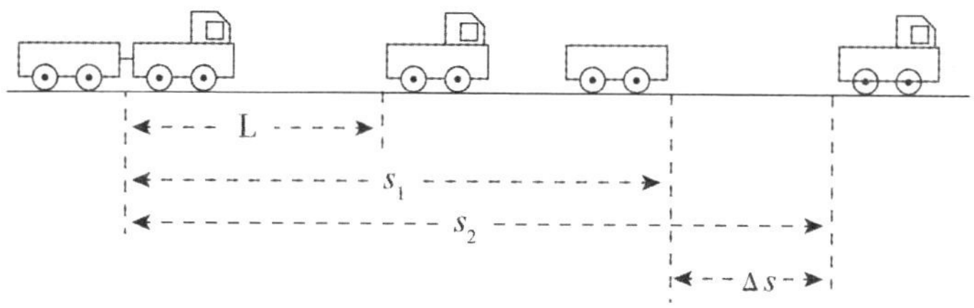

1. 按只关注“是什么”思路

第一步，判断过程满足的规律是什么。问题涉及摩擦力做功、牵引力做功和动能的变化，求距离。过程遵从动能定理，根据动能定理解答这个问题。

第二步，在问题情境下，判断动能定理的具体表达是什么。

对拖车：$0-\frac{1}{2}mv_0{}^2=-kmgs_1$

对汽车：$0-\frac{1}{2}Mv_0{}^2=FL-kmgs_2$

又：$F=(M+m)gk$

第三步，按数学的逻辑推导演算。

解得：$\Delta s=s_2-s_1=\frac{M+m}{M}L$

2. 按追问“为什么”思路

第一步，原因追问：造成之间拉开距离的原因是什么？原因是，脱钩后，汽车的发动机继续工作，牵引力继续做功。因为如果脱钩的同时发动机停止工作，之间将不会拉开距离。

第二步，原因呈现：

$FL=\Delta s\ (Mgk)$

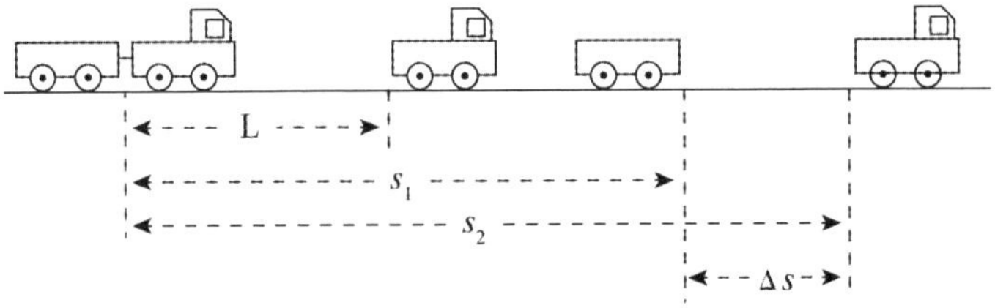

又：$F=(M+m)gk$

第三步，得到结论：

$$\Delta s=\frac{M+m}{M}L$$

可以看出，原因追问的问题解决思路，直指原因。这是只关注“是什么”的思路所不能企及的。这种追问反映了一种批判性思维，而这正是现实教学中所最欠缺的。

现实的教学中，如果我们能够鼓励学生对题目按追问“为什么”的思路解决，就可以大大改善其思维方式。所以，按追问“为什么”的思维方式设计题目，按追问“为什么”的思维方式解决题目，是当下教学所急需的。

培养学生的发现意识和创新能力

培养创新人才是教育的最高目标。创新的第一步是发现。“发现”是一个很广义的词。从教育学、心理学的角度看，发现是个体意义上的发现，而不是种系意义上的发现。也就是说，发现和没有发现是针对个人的，而与别人是否曾经发现过没有关系。所以，在教学上，学生发现了他个人未曾注意过的东西，和科学家发现了人类未曾注意过的东西是等价的。

发现不同、发现疑问、发现需求、发现矛盾、发现规律、发现观点，等等，都是发现，我们统称为发现问题。在发现基础上进一步探讨、研究出新的规律、结论、方法、技术、产品就是创新。当然，我们谈的发现和创新是教育学、心理学意义上的发现和创新。教育学、心理学意义上学生的发现和创新不同于社会意义上的发现和创新，还因为社会意义上的创新需要一定社会资源的调动，而教育学、心理学意义上学生的创新，则较少有社会资源的调动。就像思维是选择和运用信息的过程一样，教育学、心理学意义上的发现和创新主要是一个选择信息和运用信息的过程。发现意识和创新能力与一个人的默会知识直接相关，主要是默会知识而不是明确知识决定了一个人的发现意识和创新能力。

默会知识和默会怀疑对发现和创新的作用

针对当下的课堂教学，有必要强调一点：通过模仿和套用现有套路来解决问题的方法谈不上什么发现和创新。波兰尼认为，通过遵循某种已有的程序和某些现存的规则而得到的问题解决，不能称为科学发现①。因为“任何这样的系统操作并不通过跨越逻辑鸿沟而达到一种解决，因而不构成一个启发性行为”②。波兰尼是针对一个错误观点谈这个问题的。自从培根时代，人们就认为，只要按照一种形式化的程序，将一套明确的规则运用到经验材料之上，就能实现科

① 郁振华．人类知识的默会维度［M］．北京：北京大学出版社，2012：275.

② 同①，第274页。

学发现。波兰尼认为，这“不能说明科学发现，不能阐明科学活动中的原创性因素”，“科学发现，作为一种启发性工作，是难以程式化的，是不能化约为一组规则的”①。和机械的、连续的系统解决相对，跨越逻辑鸿沟的启发性解决，才称得上科学发现，而鸿沟的宽度，是衡量问题的解决所需要独创性的尺度②。这给予我们的启发是，当下学生以回忆和回顾为基础、通过模仿和套用来解决问题的方式，对学生发现意识和创新能力的培养是没有益处的。

发现和创新必须有默会知识的参与。波兰尼说过，“明述知识创新的动力不在现有的言述框架之内，而是在言述框架之外。正是言述框架所不能涵盖的人的默会能力的运用，更新了现有的言述框架，产生了新的明述知识”③。这里“言述框架所不能涵盖的”、“言述框架之外”的东西，是什么呢？是默会知识！波兰尼的观点是很明确的，他强调“默会知识在知识的传递和创新中的核心地位和决定性作用”④，创新的动力在于运用默会知识，发挥默会能力。与波兰尼的观点殊途同归的是《规则论——研究视阈与核心问题》的观点：“回归体验是诸多哲学家取得重大突破的重要方法。（历史上）哲学的每一次重大进步都与体验的回归密不可分。”⑤ 需要注意的是，这里《规则论——研究视阈与核心题》强调的体验，和波兰尼讲的“寓居于其中”的默会，只是在不同领域针对同一个问题的不同描述而已。哲学上的重大发现如此，科学发现无不如此。

由此，我们完全可以得到这样的结论，发现意识和创新能力与一个人的默会知识直接相关，主要是默会知识而不是明确知识决定了一个人的发现意识和创新能力。

与此同时，波兰尼肯定了怀疑在发现和创新中的先导性作用。波兰尼认为，“我们的怀疑必定内在于我们自己的心智活动”⑥，“怀疑是一种启发性原则”。但是，波兰尼更强调默会怀疑的作用。波兰尼认为，“默会怀疑适用于任何一种

---

① 郁振华．人类知识的默会维度［M］．北京：北京大学出版社，2012：275.
② 同①，第 274 页。
③ 同①，第 52 至 53 页。
④ 同①，第 267 页。
⑤ 陈忠．规则论：研究视阈与核心问题［M］．北京：人民出版社，2008：311.
⑥ 同①，第 250 页。

启发性的洞察力：我们总是意识到有某种危险与之相联”[①]。那么，什么是默会怀疑呢？波兰尼说，“瞄准中的射手在扣动扳机之前，可以处于怀疑之中。为了写好一行诗句，诗人在再三的尝试中充满了忧郁”[②]，这都是默会怀疑。虽然没有查到默会怀疑的明确定义，但是，根据波兰尼的描述，我们大致可以这样定义：在不能确认自己的思维、判断、行为之时或是在确认之前，我们似是而非的犹豫和模棱两可的心理状态都属于默会怀疑。《规则论——研究视阈与核心问题》上讲，“怀疑是在一定确定基础上的怀疑，这个确定的基础不是已有知识，而是人的真实体验”[③]。这里强调的体验基础上的怀疑，实际上也是指默会怀疑。

至此，我们可以得到这样的结论：发现和创新离不开默会知识，而默会怀疑是具有启发性的洞察力，是所有发现和创新的先导。为说明默会知识和默会怀疑在发现中的作用，我们先来分析一个历史案例。

李鸿章在 1896 年访问美国，受到了美国历史上少有的热烈欢迎。李鸿章当然也就成为媒体关注的焦点。媒体不久就关注到了一个大发现：李鸿章晚上八点就上床睡觉，早上天不亮就起床。

需要注意的是，李鸿章在中国的几十年的时间里，每天都是如此，没有人关注李鸿章的起居习惯。怎么解释这个现象呢？我们或许可以这样解释，西方

---

① 郁振华．人类知识的默会维度［M］．北京：北京大学出版社 2012：250.
② 同①，第 249 页。
③ 陈忠．规则论：研究视阈与核心问题［M］．北京：人民出版社，2008：311.

人夜生活很丰富，晚上晚睡或是不睡者较多，他们或是娱乐或是工作，到了早上常常又贪床不起、享受热被窝。这些人一直这样生活，感到自己的作息习惯是自然的，甚至从来没有考虑和注意过自己的作息习惯问题。但是，这个没有注意到的作息习惯确实存在于他们的大脑中了，支配着他们的作息。在没有注意到的、存在于大脑中的作息习惯的支配下，他们认为，对于日理万机的大国的主要领导人，晚上更应该是他们工作的好时机，更应该晚睡晚起。那些没有被注意到的、对于他们的思维起支配作用的作息习惯以什么形态存在于他们的大脑中呢？答案是以默会认识①的形态存在于他们的大脑中。当他们看到作为大国主要领导人的李鸿章的作息习惯时，看到的明确信息与自己的默会认识不一致了。对此便感到了好奇，并迅速关注到了这个现象。这里，他们关注李鸿章作息习惯的最初发端，就是由内在的默会认识和眼前信息的不一致引起的，这就是默会怀疑。我们说，明确信息和默会认识之间出现矛盾，就首先表现为默会怀疑。

以默会怀疑为发端，记者会更全面和更细致地关注和观察李鸿章的作息习惯。这个过程是在已有默会认识的支配下实现的，主要观察和已有默会认识不一致的信息。这个过程中，默会认识是在潜意识中起作用的。关于默会怀疑的产生和在默会认识的支配下对问题的关注和观察，我们可以引用神经心理学的一句话来说明——“所有的装置都能自动运转起来，而不需要有意识地深思熟虑”②。那么，人们此时的感受是什么呢？人们的感受是“感到好奇”、“感到惊讶”、“感到不一般”，进而寻求“好奇”、“惊讶”、“不一般”的原因。这种关注使发现新问题成为可能。

李鸿章在中国这么多年，为什么没有人将他的作息习惯当成新发现呢？一般而言，在中国，几千年来，大多数人讲究天人合一，日出而作，日落而息。太阳

---

① 为了展开分析问题，这里做一个说明。人们的认识有正确与错误之分，但是明确知识则没有，若是错误就不是知识了。但默会知识则更复杂。有的默会知识有正确与错误之分，有的默会知识有利于学生思维能力的培养，有的不利于学生思维能力的培养（如前文提及的有毒的策略性默会知识）。默会的东西中，既有正确的可以被称为默会知识的部分，也有错误的不能被称为默会知识的部分，甚至还有很多不能用正确和错误涵盖的部分。为方便表达，我们将这些统称为默会认识。

② 达马西奥 A R. 感受发生的一切：意识产生中的身体和情绪［M］. 杨韶刚，译. 北京：教育科学出版社，2007：41.

落山天黑了，就休息；太阳升起，天亮了就起床，这叫顺应天命，和大自然和谐一致。顺天长寿，逆天折寿。这种观点使很多当时的中国人养成了自己的作息习惯，这个习惯也成了大多数中国人自己没有意识到的默会认识。李鸿章只是有这种生活习惯中的一员，不和其他人的默会认识形成冲突，不会形成默会怀疑，其作息习惯不会使他人关注到。所以，自然也就没有人将这作为重大发现了。

上述案例中，促使美国记者关注的是与文化差异有关的默会认识。这种文化性默会认识引起的关注比较普遍。比如，我们到一个南美洲国家或是非洲国家去旅游，很多时候我们可能会感到新鲜并印象深刻，这其中的很多新鲜感就是由文化性的默会认识引起的，印象深刻则是由默会认识引起的关注的结果。不只文化性默会认识会引起我们的关注，只要和明确信息不一致了，所有默会认识都会引起我们的关注。

关于发现和创新的认知动力，我们还是以在前文中提及的村民争论自行车的故事为例来说明。正如前文的分析，在村民的经验里，前后两个轮子的车子是不能直立的，是会歪倒的。也许，他们从没有将这个经验作为一个客观的结论表达出来，也许，村民之间也从来没有明确地交流过上述经验，甚至他们也可能从来没有意识到过这个经验。但是，这个经验已经以默会知识的形态存在于他们的大脑中了。即他们的默会知识中包含了两轮着地应该歪倒的动力学内容——尽管这个动力学内容他们没有明确意识到，也不能表达出来。当看到自行车两轮着地并能平稳地行驶时，村民感到眼前的东西和自己的默会认识相矛盾了，于是便产生了默会怀疑。此后，在已有默会认识的支配下，便开始关注、观察相关信息，但是，观察到的信息无论如何也不能和自己的默会认识实现统一，大脑中就产生了阻塞感和困惑感。为了解除阻塞感和困惑感，实现自己的默会认识和眼前信息的统一，他们就争论起来。

关于他们争论的动力，我们同样可以借用美国心理学家费斯廷格的解释。费斯廷格认为，个体有保持心理平衡的倾向，当个体对同一事物产生两种（或是多种）不一致的认知时，就会产生心理紧张的失衡现象。个体为恢复平衡，产生了旨在消除认知不一致的行为的动力，因而认知失衡具有认知动机的作用。[①] 这群村

---

① 王一良．心理学［M］．北京：台海出版社，2006：167.

民的认知失衡是自己的默会认识和明确信息之间的不平衡造成的。实际上，单纯的明确知识之间的矛盾一般不启发思考和困惑，因为人们对单纯的明确知识之间的矛盾往往会视而不见。也就是说，启发思考和困惑，必须有默会认识的参与。从这里可以得出这样的结论：明确信息和默会认识之间的矛盾本身就是一种探索动力。明确信息和默会认识出现矛盾会形成默会怀疑，会有探索的动力。但是，生活中，人们明显地感到，无论人们之间对立性的说理、争论、辩论，都在表达和对方明确矛盾的信息，是明确信息之间的矛盾造成对抗。这里需要说明的是，这里表达明确信息的背后，其实是有默会认识的支配的。离开默会认识，就离开了情绪、激动、气愤、阻塞、困顿和愉悦，也就不可能有对立性的说理、争论、辩论。

发现和创新需要默会认识的明确化

默会认识和明确信息之间的矛盾会形成默会怀疑，会促成发现和创新。据此，针对课堂教学，培养学生发现和创新能力需要引导学生做好两方面工作：一是获取丰富而精准的默会知识；二是尊重自己的默会认识。关于使学生获取丰富而精准的默会知识，前文已经有大量探讨了，这里，我们重点讨论如何引导学生尊重自己的默会认识，要做到这一点，首先需要做到默会认识的明确化。

什么是默会认识的明确化？我们已经知道，默会认识镶嵌于人的行为中，当一个人有了某种行为，默会认识就在其中了。在大多数情况下，人们不需要努力就可以将默会认识表达出来。但是，有的时候，特别是在学生学习的时候，是需要将默会认识尽可能地表达出来的。这种表达对于学生学习的促进，对于学生发现意识和创新能力的提高至关重要。因为默会认识的会意性，人们在表达默会知识时，需要借助间接的手段笼统地表达。但即便是这种性质的表达，也是可以实现默会认识充分或一定程度的交流的。这种为实现默会认识的交流而努力表达默会认识的过程，就是默会认识明确化的过程。默会认识明确化，代表着学生的表达能力，对于学生的学习有着特别的意义。下面通过一个实例说明默会认识明确化的过程。

曾经有一个国家的宇航员在完成太空行走的任务后返回太空舱时，发现自己的宇航服在内在气压的作用下涨到了一米八的直径，而太空舱的入口直径只有一米二。怎么办？只能给宇航服减压，直到能进入太空舱。这个过程，宇航员面临生命危险，因为没有别的办法也只能这样做。当然，经历磨难后，这个宇航员终于返回到地面。当记者问在宇航服减压后进入太空舱的过程中有什么感受时，这位宇航员回答说，“恨不得有人递给一片药片，吞下去死掉”。

听到这里，人们普遍以为自己理解了宇航员当时的感受。但事实并非如此，我们不妨对此追问三点：

第一，宇航员直接表达自己的感受了吗？答案是没有！他没有办法直接表达出自己的感受，他通过类比间接表达了自己的感受；

第二，人们普遍认为自己理解了宇航员当时的感受，人们是怎样理解的？人们是通过这个类比，借助自己已有的、与自己身体和物理相关的默会认识体验到的，他们错将体验视为理解；

第三，人们确切知道宇航员此时的感受吗？一般不知道！因为人们的经历不一样，拥有的知识不一样，相关的默会认识会相差很多，整合默会认识后的体验是不一样的。所以说，尽管人们都认为自己理解了宇航员的感受，但是他们的理解是不一样的，当然，不能排除一部分人的理解比较接近宇航员的真实感受。

这里我们要强调两点：一是宇航员试图表达出自己的感受的过程是默会认识明确化的过程；二是这个表达是一种间接表达，是通过对对方相关默会能力的调动实现的。

事实上，默会认识的明确化最初都是通过对交流对象相关默会能力的调动间接实现的，但是，当被约定俗成以后，这种表达就好像是直接的了。比如，我们现在认为“三只手”和“三只眼”是在直接表达“偷东西的人”和“本事大的人”，但是，人们最初用“三只手”和“三只眼”表达相应意思时，却是间接表达的。因为，最初这两种表达可能有具体的所指，也可能是在某些故事里隐含着，人们必须通过理解相关故事才能间接理解它们暗含的、后来被约定俗成的意思。

默会认识的明确化是人类知识发现和创新的主渠道。比如，在古希腊，哲学家、物理学家亚里士多德注意到了以下现象，只有对物体施加力，物体才运动，不施加力时物体就不动。亚里士多德根据这一现象总结得到一个结论：力是维持物体运动的原因，并将此作为科学知识教给学生。尽管这个结论后来被证明是错误的，但是，在很长一段时期内，这个结论是最先进的。需要注意的问题是，当时除了亚里士多德对这个现象有过体验，难道其他人就没有这种体验吗？可以肯定地说，大多数人都会有，并且这种体验都是以默会认识的形态存在于大脑中的，否则，人们不会轻易地接受亚里士多德的结论并深信不疑地接受了两千多年。还应该注意的是，亚里士多德这个结论的得出不是依靠实验证实的，因为当时人们普遍还没有这个意识。那么，为什么是亚里士多德提出了这个结论而不是当时其他的人呢？只能这样解释，是亚里士多德在默会认识明确化方面走在了其他人的前面。也许他确信这个结论前又观察了更多的现象，但是这不能否认这个结论最初起源于默会认识明确化的事实。尽管后来亚里士多德的结论被伽利略证明是错误的，但这不能否认亚里士多德的结论对人类认识的进步的贡献，正是因为亚里士多德的结论才使伽利略的实验被广泛关注，进而才树立了后人的实验意识。

人类经验和知识大多都是默会认识明确化的结果。当然这个过程还需要人们的反思、验证、修正、确认和接受，从而使得人类的知识不断丰富。但是，反思、验证、修正、确认和接受的过程必然伴随着默会怀疑，这离不开默会认识的明确化。所以说，默会认识明确化是人类发现知识和创新知识的主渠道。

在教学中，默会认识的明确化对于学生的学习，包括发现意识和创新能力的培养都有直接的意义。对于学生而言，默会认识的明确化，需要一个心理基础：学生要尊重自己的默会认识。尊重自己的默会认识才可以不去轻易否定自己的默会怀疑，才可以在自己的默会怀疑之路上走得尽可能长。现实教学中，学生在这方面的最大问题是，对自己的默会认识不自信，轻易地否定自己的默会怀疑。特别在面对权威时更是这样。这使得学生不敢想、不敢说、不敢做出判断。

实际上，学生的默会认识是很丰富的，其程度远超我们一般的想象。在我所执教的学校，十六七岁的中学生，个个思维活跃，感受细腻、丰富，对生活、对问题都有自己深刻的体验。实际上，每一个学生在生活和学习过程中都或多或少会有这样的经历：面对某种新鲜情境或是问题时，有一种莫名的感动，并且这种感动是只可意会而不能言传的。这种感动就是对相关默会认识的感受。并且，这些感受一般都是稍纵即逝的，只在默会认识形成的一刹那能感受到，过后可能就永久地被遗忘掉了。针对这种情况，有必要引导学生尊重自己的默会认识，实现默会认识的明确化。关于这一点，我给学生的要求是将自己的感动及时地表达出来并试图表达准确。这个要求就是引导学生尽可能实现默会认识的明确化。我是这样给他们讲的：

你们学习和生活过程中，那些在心而不在口的感觉，那些可意会而不可言传的体会，那些怦然心动而又难以表达出的冲动，那些稍纵即逝的灵感，都是对人生、对生活、对知识、对问题的感悟。它们是你们生命进程中，上天赐予你们的生命脉动。这些都是你日后无价的财富，这些使你们成熟，使你们有见地，使你们深入认识人生。那么，怎么对待这些宝贵的脉动呢？

借助一句歌词表达就是——“把握生命里每一次感动”。怎么把握呢？将它们记录下来是一个不错的选择。将它们记录下来的过程，是需要字斟句酌的，这个过程是以文字的形式表达出这一脉动的过程，这也是明确和强化这一脉动的过程。记录下来的文字，不是脉动本身，而是表达脉动的一种方式。你们可能表达得准确，也可能表达得不准确；其他人可能通过你们的文字体会到这种脉动，也可能体会不到这种脉动。但是，无论怎样，在你们这里，它确实代表了自己对人生、对生活、对知识、对问题的真情实感，也代表了你们对生活、对学习感悟的深度。只要你们记录了这些脉动，不管表达得是否准确，它们在你们日后的学习、生活中所起的作用将无法替代。它们会使你们学习得很轻松，也会使你们学习得很深入，会使你们在相关的问题上付出很少的努力就可以取得很大的学习效果，也会使你们深入学习、欲罢不能。

效果真这么大吗？我可以以写作能力的获取为例说明这样做的巨大效果。当记录了这种感动，你们在阅读文章时，欣赏诗歌时，看到表达同样体验的优美语句时，还愁没有同感吗？还为难以背会这样的语句而发愁吗？对比自己的表达，还愁自己的表达能力和表达艺术得不到提高吗？在文学上，注意将自己的感悟记录下来是成为真正伟大的作家所需要的。同样，在自然科学、社会科学方面，这也是成为顶尖人物所需要的。

默会认识有着巨大的价值，思想和灵感出现时，将它明确出来、表达出来，这也是发挥其价值的方式。我们注意到，前述村民对自行车问题的争论过程，也是默会认识明确化的过程，设想他们看到自行车产生困惑后，没有争论，那么他们的困惑和设想可能也就稍纵即逝了，过后可能就想不起来了。这也说明默会认识明确化的巨大价值。

基础教育阶段的青少年学生，思维活跃，感受细腻、丰富，隐藏在其身上的默会认识也是异常细腻丰富、精致易变的。如果有人表达出了自己的默会认识，这会使学生很受触动，感到“不说想不到，一说还真是这样”，或者说“你说出了我心中的东西”。同样，学生如果注意将自己细腻、丰富的感动记录下来，其价值也是非常宝贵的。如果自己的记录能调动他人相关的默会知识，这种记录就很吸引人。如果作家的作品在表达这些默会知识方面是成功的，那么这种作品会使人感到有深度、有韵味、回味无穷、妙不可言。

现实教学中，学生普遍缺乏默会认识明确化的意识。在他们的心目中，书本上的、明确的、不可怀疑的、可以表达的知识才是沉甸甸的、有价值的东西。不能表达的感觉和感动是虚无缥缈的，是主观的甚至是错误的。这使他们对自己的默会认识很不自信。一部分学生不去理睬它或是有意识压抑它。还有一部分学生出于某种自卑心理，认为这是非理性的感觉，甚至会认为这是荒唐的，怕被人笑话。这种对自己真实感觉的有意识掩饰或否定，反而极大地损害了自己的默会知识。

综上所述，我们要提醒学生尊重自己的默会认识，珍视和主动记录生活和学习过程中的感动和灵感，努力实现默会认识的明确化。

发现和创新需要培养的品质

形成默会认识和默会怀疑是培养发现意识和创新能力的基础，默会认识的明确化，为发现意识和创新能力的培养创造了更多机会。这些是从人类普遍认知规律的角度来谈的。然而，生活中，我们常常会发现，即便一个人拥有很多知识，其发现意识和创新能力也可能不高。这是因为发现和创新还需要相应的个人品质。针对课堂教学，培养学生发现意识和创新能力还需要努力帮助学生养成如下宝贵的个人品质。

（一）珍视怀疑

反思当前的课堂教学，我们不难感受到，老师们（特别是自然学科的老师们）常常会使学生对学科知识形成这样的感受：明确的、可表达的、统一的、公认的知识才是科学的；真理必须是被验证的；纯净的科学要力戒主观和感性，因为主观和感性意味着错误。在这种思想下，默会的东西就被排斥和压抑了。默会怀疑，这本是发现和创新的先导，但其却在萌芽阶段就被压抑了。所以，引导学生珍视自己的默会怀疑，这是培养学生的发现意识和创新能力所必需的。下面我们不妨通过一个案例，体会一下珍视怀疑的价值所在：

去超市购物的人，会看到商品的标价。看了很多的标价后，会有一个感觉，感到商品价格的末位往往都是非常大的数字，比如9。有了这个感觉，就特别注意商店标注的商品价格是不是都是这样，结果发现，标价中最后一位是“9”的确实最多，如9.9元，49.9元，99元等。进一步总结规律就会确认，商品的标价一般都是尽量接近末位上限的。难道商品的成本加利润所得总是如此巧合地与这些标价一致吗？实际的商品价值不应该总是如此吧！如果将它们改为10元，50元，100元，不是更容易找零和付钱了吗？为什么商家非要这样做呢？这形成了一个困惑。

这个现象全世界都一样。美国一个经济学家研究这个问题，发现这符合了顾客的心理。在顾客的心理上，9.9元和10元，49.9元和50元，99.9元和100元，是在不同层次上的数字，但是实际上，它们相差得很少。只将价格少标一点点，就可以让顾客有物美价廉的感觉，这就是心理学知识在市场营销方面的直接应用。

这位美国的经济学家对此极为关注，并尽心研究。研究这种标价是如何促进消费、促进经济增长的，其研究成果最终得到认可，并获得广泛的应用。

我们看到，这一研究成果来源于最初不敢肯定的感觉，这个不敢肯定的感觉就是默会怀疑。它是由眼前的客观信息与自己的默会认识之间的矛盾对比形成的。眼前的客观信息是商品价格的末位数较大；自己的默会认识是繁杂多样的商品价格应该是随机分布的。尽管这一默会认识自己没有意识到，或是有了感觉后也没有意识到，但是，当眼前的信息和这一默会认识出现矛盾时，这个矛盾对比就形成了。即形成了默会怀疑。在这种默会怀疑的作用下，人们就特别注意商品标注的价格是不是都是这样。结果发现，确实标价中最后一位是“9”的最多。这也是明确信息和默会认识之间的矛盾会引起的关注现象。此后，这位美国的经济学家专心研究，得出研究成果并实现了认识的真正进步。

需要说明的是，类似上述这种默会怀疑在我们每个人身上都是有的。我们和这位经济学家的区别在什么地方呢？在于是否珍视了自己的默会怀疑。是把默会怀疑看成可以引导出发现和创新的契机，还是看成主观和感性的臆想？默会怀疑是需要珍惜，还是需要抛弃？是价值巨大，还是毫无价值？

关于默会怀疑的价值，我们看一看苹果公司的创始人、伟大的发明家乔布斯是怎样说的。乔布斯这样告诫大学生：“人生是短暂的，不要被喧嚣的教条所束缚，要勇敢地接受直觉和心灵的指示。”这里，乔布斯强调的直觉和心灵指示的最初来源是什么呢？在我看来，正是默会怀疑。

（二）尊重客观与理性

人类掌握的明确知识只是外部世界极小的一部分。所以，“在他（波兰尼）看来，外部世界在很大程度上是隐蔽的，它会以无数难以预料的方式来展现自身”①。默会认识就是人类认识世界的得力维度。所有的发现和创新，都只是对外部世界认识的深入。关于这一点，波兰尼说过，“就是最大胆的原创性的技艺

---

① 郁振华．人类知识的默会维度［M］．北京：北京大学出版社，2012：276.

还是要服从如下法则，即它们在这样的预设下发生作用：它们不是创造什么，而仅仅是揭示存在的东西”①。所以，发现和创新了相对于社会原来没有的东西，还是发现和创新了相对于自己原来没有的东西，都是对客观世界认识的深入和对客观世界真实面目的揭示。所以，发现和创新的前提是尊重客观与理性。由此，我们得到结论，尊重客观与理性，是发现和创新的第一法则。否则，只能坠入主观和臆断的泥潭。

关于这一点，我们再举一个反面的案例：

东北某大学一个大二女生，身高1米65，体重才70斤，骨瘦如柴。为什么这么瘦，因为不吃饭！很饿，但看到饭就排斥。

这是一个聪明、要强、有自制力，也很漂亮的女孩。她的家境并不富裕，兄弟姊妹好几个。据她自己回忆，小时候，她穿不起许多女孩喜欢的、符合年龄特点的漂亮衣服。起初，因为年龄小，她并不在意这些，身体也并不瘦。

到了初三，在一次玩耍时，当她和其他女生一起跑过一个她很在意的男同学身边时，这个男同学说：真丑真难看。

因为这样的话出自她在意的男生，尽管没有理由说明这句话是针对她的，尽管她也努力去认为这句话不是针对她的，但是在她的大脑深处，理性的判断说服不了自己，她总感到这句话就是针对她的。

在这个敏感的年龄，可想而知这句话对她的触动有多大！

于是，她要漂亮起来。由于家境并不富裕，不能给她买更多样的衣服，她便从自己身上寻找解决办法。她看到很多明星都很瘦。脚正不怕鞋歪，只要自己瘦下来，即便衣服不是很好，也掩盖不了自己的线条。于是她便要减肥，减肥就要少吃饭、再少吃饭！只要少吃饭，就会瘦，就会漂亮。

饭吃少了就饿，就会难受，但是为了漂亮她还是坚持少吃。为了使自己战胜饥饿，她认定所有的饭都和肥胖与丑陋联系在一起。长时间保持这样的想法，使她对吃饭形成了很强的排斥甚至厌恶的心理。在这个心理的支配下，吃饭时尽量少吃，不能超量。她不是不饿，有时半夜饿得睡不着觉。但是饥饿战胜不了对饭的排斥和厌恶。

---

① 郁振华．人类知识的默会维度［M］．北京：北京大学出版社，2012：276.

几年下来，最轻时64斤，平均70斤，可以说骨瘦如柴。她母亲为了让她多吃口饭，甚至给她下跪、跑到学校去陪读，但是这一切都不管用。长时间建立和强化的心理，使她看到饭或是想到饭便马上产生厌恶和排斥的负面情绪，这种厌恶和排斥情绪的作用大于饥饿和父母规劝的作用，大于因为不吃饭而对自己身体造成伤害的担忧。相反，少吃饭和饥饿却和苗条与漂亮相联系，和女孩的理想相联系。

女孩的父母和其他人，也提出各种理由指出不吃饭的严重后果，劝她吃饭。但是，在对于饭的厌恶和排斥的心理作用下，她无法理解这些道理，无法怀疑自己的减肥选择。相反，在她的意识中，不吃饭是对的。所以，她倒又有了一种想法——以自己不吃饭的事实来证明她父母和其他人是错误的。

女孩在一种心理的支配下，吃饭时尽量少吃，这种心理是什么？是一种错误的默会认识。这种默会认识是在女孩长时间“认定所有的饭都和肥胖与丑陋联系在一起”的过程中形成的。尽管她被这个默会认识所支配，但是她自己并没有意识到这一点，恰恰相反，她还自我感觉良好。

这一默会认识对她的身体造成了很大损害，甚至使她形成了严重的心理疾病。不吃饭会给身体带来严重后果，这是客观理性的明确结论，作为大二的学生不会否认这一点；在家境困难的情况下，父母的规劝和母亲的陪读，可谓晓之以理，动之以情，作为大二的学生不会体谅不到。但是这些和女孩的默会认识之间发生矛盾时，并没有引起女孩的关注。相反，她的想法是：以自己不吃饭的事实来证明她父母和其他人是错误的。在身心俱损的情况下，可以想见，这种预想根本不可能被证实。

女孩的默会认识是错误的。在这个错误的默会认识支配下，符合这个默会认识的观点和看法，她都是可以吸收和采纳的，不符合这个默会认识的观点和看法，她都是一概否定的。她的预想建立在错误的默会认识之上，也就无法被证明是正确的。

女孩的预想为什么不能被证实呢？原因很简单，因为女孩没有尊重客观与理性。如果尊重了客观与理性，那么，其错误的默会认识就会被修正。这启发我们：发现和创新需要尊重客观与理性！

（三）享受孤独

培养学生的发现意识和创新能力，需要引导学生享受孤独。这是因为，从根本上讲，发现和创新是孤独的。因为它“不可能是从众的，相反，它必须是独特的”。波兰尼认为，“在所有其他的人都认为某些实验或猜想不会有什么结果的情况下，科学中的原创性，是指一种对这些实验或猜想保持孤独的信念的才能”①。“原创性所指向的是特见而非共识，是思想的突破而非成规的因袭，所以必然‘逆乎常纬’（康有为语），空所依傍，在一片孤独的境域中，开辟思想的新路径。一句话，创造者是孤独的，原创性总是在孤独的境地中展开的。”②

20世纪初期，苏联学者巴甫洛夫发现了狗进食的条件反射现象，深入研究后写成论文。其实，欧洲的很多养马人，早就在马的身上注意到了这个现象。但是，他们将这个现象当成必然的、应该的现象，当成一种默会认识储存在自己的大脑之中。当他们看到巴甫洛夫的论文后，讥笑巴甫洛夫，说这样的现象，我、我的爸爸、我爸爸的爸爸，在马身上观察了多少年了，它饿了，听到这边的声音就昂首张望、流唾液。这有什么好说的呢？巴甫洛夫没有理睬这些人的批评，“孤独”地进行着自己的研究。实践证明，巴甫洛夫的发现是20世纪初的重大发现之一。

尽管在基础教育阶段，学生可能很难体会到巴甫洛夫这样的孤独，但是，我们应该培养学生的这种意识。因为这是日后发现和创新所应该具有的心理准备。

与孤独相伴的，发现和创新又是充满激情的。“原创性必定是充满激情的”，“科学的原创性工作源于激情，源于科学家对于自己工作强烈的爱”③。发现和创新源于激情，同时，发现和创新也产生激情。激情和创新是交互产生的。“从心理效应上说，一项原创性的科学研究，往往会激起人们的惊奇感”，“科学发现越是大胆和新颖，它所激起的惊奇感就越是强烈”④。这种发现和创新激起的“惊奇感”，不只是对外界、对社会而言，发现和创新者自身也会伴随激情产生

---

① 郁振华．人类知识的默会维度［M］．北京：北京大学出版社，2012：276-277.
②③ 同①，第277页。
④ 同①，第276页。

着强烈的新奇感。

人类有这样的心理特点，豁然打开一片新的认识空间，就会倍感愉悦。同样的，打开一条新的思维路径，比如从一个全新的角度认识一个老问题，或是在困惑后打开新的思路，就会产生新奇感（平时，人们喜欢听笑话、玩脑筋急转弯的游戏，也正源于此）。发现和创新的过程，是从毫无思路的阻塞、困顿到思路发现后豁然开朗的变化过程，是从疲惫无望的艰难曲折到柳暗花明又一村的问题解决过程。所以，发现和创新的过程是充满新奇感和激情的过程，而这又是发现和创新者独有的幸福所在。有一位潜心研究学习方法的人与一位心理学专家交流时，后者对前者赞赏道："很钦佩你这么多年的坚持，所以提出了这么多新颖的观点！"，前者立刻回答说："不是我坚持，而是我不能不坚持——因为它的诱惑实在是太大了，我一旦沉浸于其中，其他的一切全部忘掉了。"

发现和创新的过程，既是跌宕起伏、充满激情的过程，同时也是一个孤独的过程。这个过程充满了人生的意义，也体现着人生的价值。培养学生的发现意识和创新能力，需要引导学生享受这个过程，也即享受孤独。

（四）勇于探索

勇于探索是具有发现意识和创新能力的人所必须具备的品质，它是顽强人格的要求。

1. 勇于探索需要独立判断，不盲从权威

记得在还没有上小学的时候，不知为什么，我对小学老师很是崇拜。一次，大概是秋后，我将一根干草扯断，感到干草和木头在质地上是一样的，只是草松软一些。这个认识出自儿童天然的悟性，是对的。用现在的话说就是，干草和木头都是纤维，分子构成是一致的，只是木头更致密一些。但是，当时没有办法将这个意思清晰表达出来，只是在后来上学时向小学老师和大人们努力这样表达——"以草砸木"。我的意思是，只要将草弄得更密实一些，就可以将其变成为木头。为什么用"砸"这个字呢？因为当时在我的意识中，用锤子砸草后，可以使草更密实一些。当时，我把这样的话讲给大人和自己崇拜的老师，其实当时他们并没有听明白我的话，更没有明白我讲的"砸"的意思，就批评我胡乱想象。特别是我崇拜的小学老师，竟批评我说，不能从小就形成错误的观念，要我改正。面对老师和大人的这种反馈，我难以申辩，但是，在我心中是有一万个不服气的。现在想来，这心中的不服气，正是坚持自己的灵感和想法所需要的。

后来，大约是我上了初中后，知道了一种制造家具的材料叫密度板。我当时了解到，密度板是用农作物的秸秆和锯末压实而成的。这使我突然想到自己小时候得出的“以草砸木”的理论，密度板不就是我“以草砸木”理论的直接验证吗？

这时的我，再来反思先前大人们和老师对我当时提出的“以草砸木”的反应，我开始感到，他们只是拥有僵化的知识，这种知识离相应的实际相差太远；或者，他们的知识可能更多的是听来的，自己也不能辨别对错。从此之后，我不会轻易放掉自己的任何一个想法，并总是尝试在自己想法的路子上尽可能走得更远。如果一时难以走下去，没有办法证明或是否定自己的想法时，我就将这个想法记录下来，整个初中我都是这样做的。

这个意识至今深深影响着我，对我的工作和生活起到了直接的影响。设想当年如果屈服于老师和大人的批判，我可能早就放弃了自己的观点。然而，令我感到遗憾的是，现在的教学中，很多学生凡观点都来自父母和教师，在自己的思路上往往不敢多走一步。这种意识使学生很多的灵感和想法都被泯灭了，其结果是极大地阻碍了学生的独立思维，也使得学生缺乏了钻研和探索精神。

只有独立的判断，才可以发现和创新，只有独立的判断才可以不断地探索，只有独立的判断，自己才可以不被权威的结论所淹没。所以，教育学生要珍惜自己的任何一个灵感、想法，凡问题都力争探究个水落石出。

2. 勇于探索需要充分调动默会能力

默会能力是一个人能成功探索的基础。爱因斯坦的广义相对论是伟大的，它颠覆了当时除了爱因斯坦之外几乎所有人的时空观。爱因斯坦认为，时间和空间都是随速度的改变而改变的。这是天才的判断。随后的卫星上天，原子弹、氢弹爆炸成功，无疑验证了他的结论。那么，他怎么会产生这个当时会令众人感到怪诞的想法呢？据一个研究爱因斯坦的人介绍说，这是因为爱因斯坦受一个感觉的启示。[①] 爱因斯坦在瑞士专利局当教授时，整天凝望着他办公室对面的一栋小楼发呆。有一天，他忽然想到，如果一个人从这栋小楼的楼顶掉下去，因为重力的存在，人会做自由落体运动。尽管重力是存在的，但这个人此时是感受不到重力的存在的。为什么这个人感受不到重力的存在呢？如果根据高中物理知识，这是因为此时这个人已经完全失重。但是，爱因斯坦却给出了另外的解释，他认为，这个人之所以感受不到重力的存在，是因为他所在的空间发生了改变。类似的，对于一部电梯，若砍断其缆绳，电梯将做自由落体运动，里面的人、里面的一切都好像不受重力了，即重力对电梯这个空间来说是不存在的。这个研究爱因斯坦的人介绍说，这一点启发了爱因斯坦空间随运动改变的思想，当然，后来他又将之扩充到时间也随运动的改变而改变。最终，爱因斯坦得到了广义相对论。根据他的理论，时间和空间都不是刚性的，都是可以压缩和拉长的。比如，光经过一个大的天体时，其传播方向要发生改变，经典的解释是因为这个大的天体对这束光的光子有万有引力作用。而爱因斯坦认为，光总是做直线传播，看起来光经过大天体时，光的方向发生了改变，实际是因为在天体的作用下，天体周围的空间发生了改变。

对于这则逸闻趣事，我们要注意的是，启发时空改变思想的是爱因斯坦的一个感受。这个感受是什么呢？是眼前的现实情境和隐藏于爱因斯坦身体内部的相关默会知识的碰撞，即现实情境的默会化。

爱因斯坦想到“如果一个人从小楼的楼顶掉下去”，“这个人此时是感受不到重力的存在的”，这是情境默会化的过程，这个过程中，爱因斯坦结合现实情

---

① 1922 年 12 月爱因斯坦在日本京都大学哲学系的演讲《我是如何发现相对论的》中，也有相关记载。

境调动了相关默会能力，并得到了结论。爱因斯坦的不同之处是，得到结论后，还要更进一步解释这个结论，而他的解释不是利用当时的“科学真理”的解释，而是从远超过当时科学认识水平的角度去解释。我们不应该否定爱因斯坦个人的悟性和洞察力，但人的悟性和洞察力却又是与人的默会能力直接相关的。从这里可以看出，一个人的默会能力在其发现和创新过程中的基础作用。可以说，正是默会能力启发了爱因斯坦时空改变的思想，促成了科学史上的伟大发现。

爱因斯坦调动自己的默会能力取得了伟大发现。但是，我们不知道爱因斯坦这一生有多少次像这样调动了默会能力，其中又有多少次是成功的、有多少次是失败的。尽管如此，可以肯定的是，失败的次数不会少，失败在很多时候是为成功做的准备，失败是成功的必要条件。这告诉我们，调动默会能力时，不要惧怕失败，要在默会认识的支配下，尽可能远地走下去。

发现和创新对课堂教学的要求

通过前面的讨论可以看出，培养学生的发现意识和创新能力是一种对其综合素质的培养。这对课堂教学最基础的要求是引导学生获取默会知识，准确地说，是引导其获取丰富而精准的默会知识。

默会知识反映了知识的默会本质，即明确知识只有被默会化，才能说这个知识被掌握了。所以，实现明确知识和默会认识的统一，意味着认识的真正进步。明确知识和默会认识之间的矛盾会启发疑问，并形成探索动力，这正是人们求知的动力。当前的课堂教学，我们常常会以科学的名义对学生灌输着这样的思想：明确的、可表达的、统一的、公认的知识才是科学的，才是有价值的。纯净的科学、有价值的知识要力戒主观和感性，因为主观和感性常常意味着错误。这种思想客观上排斥着默会知识，使明确知识与默会认识彼此分离，进而压抑了学生的求知动力。为此，我们应该强调明确知识和默会认识统一的价值。

关于默会认识和明确知识统一的价值，诺贝尔奖得主杨振宁在其 89 岁生日当天和宁夏大学师生交流自己治学心得体会时说，“直觉与书本知识冲突，是最好的学习机会，必须抓住这种机会”。那么，什么是直觉与书本知识的冲突呢？其实就是自己的默会认识与书本知识的冲突，是默会认识和明确知识的矛盾。这个机会是激励学生深入调动默会能力、实现认识进步的时机，也是启发学生发现的好机会。这种情况下，学生的发现和思考是最有效率的。需要注意的是，杨振宁用的词是“最好”，没有用“之一”。这也说明，抓住默会认识与书本知识相矛盾的学习机会对于学习者的重要性，甚至这个重要性是无法替代的。在这种情况下得到的知识，是学生切实掌握的知识，因为这种知识就是培根讲的“真正的知识”①。

杨振宁讲的这种“最好的学习机会”在学生的学习过程中经常出现吗？经常出现！比如，我们经常会听到学生说，我对这个问题感到是这样，结果却是那样，尽管说不出为什么，但我想不通；老师讲的是这样，自己按规律推导也是这样，但是总感到别扭，感到不应该如此。这就是直觉和书本知识的冲突。这里的书本知识是明确表达出的、正确的理性知识；而直觉是不经过推理和演算的直观，是在默会认识的支配下实现的。学生的上述表现正是默会认识落后于明确知识时引起的冲突。

如果默会知识超前于明确知识会怎么样呢？学生对这个问题，一看就知道是什么或是应该怎么样，而结果恰如自己所想。尽管学生感到自信，但是却不能说出准确的理由，或是只能表达出牵强的理由。需要注意的是，当学生的默会认识缺乏明确知识的支撑时，其默会认识可能走偏，或是不能更深入。

---

① 培根说：“疑问引导下的知识才是真正的知识。”

如果学生的默会认识和明确知识是统一的，那会怎么样呢？学生对这个问题，一看就知道是什么或是应该怎么样，并且学生对于自己的判断感到很简单和自信。对于其中的道理，学生要么当时并没有意识到，要么意识到了但感到非常简单。但如果非要将道理说出来，学生会前因后果地表达出一大片准确的理由。尽管在别人看来，这些理由方方面面很是复杂，但在学生这里却感到这些理由只是脉络清晰地表达了一个简单的核心，缺少了哪一条又感到不合适。到了这一步，学生实现了默会知识和明确知识的统一，是认识的真正进步。关于默会知识和明确知识的统一，《规则论——研究视阈与核心问题》也给出了同样的表达。《规则论——研究视阈与核心问题》中说："知识无非是对体验的不断确认，专门化、体系化、概念化而已。"这强调了明确知识源于默会知识。同时，《规则论——研究视阈与核心问题》又说，"不能回归于体验的社会知识往往不具有真实可用性"①。这里的社会知识，其实也是明确知识。这强调了明确知识只有回归默会认识才能体现其价值。所以，相关的研究也在强调默会知识和明确知识统一的价值。

现实的教学中，学生很多的默会认识是缺失或是扭曲的。前文提到的那群没有什么学历的村民，因为自己的默会知识中包含了两轮着地会歪倒的动力学内容，看到与此不一致的自行车时，他们就展开了对自行车问题的探讨。而现在，自行车遍地都是，人们从幼时起就开始将自行车两轮着地而不歪倒当成一种必然的、不用去思考的基本事实，一种应该无条件被接受的基本现象。在这种情况下，学生的默会认识就与两轮着地而不歪倒的现象相一致了，即学生的默会认识中就不再包含两轮着地应该歪倒的动力学内容了，也就没有探讨两轮着地而不歪倒的动力了。在这种情况下，即便学生在学习了物理上向心力、向心加速度的知识后，可以轻易地解释自行车两轮着地而不歪倒的现象，学生也懒得用学习过的知识解释这个现象，甚至根本想不到它。我询问过许多高三的学生，问他们是否在学习了物理上的向心力、向心加速度的知识后，想到了自己天天骑的自行车能保持平衡的原因。他们的回答惊人的一致：没有！

学生默会认识缺失或是扭曲的现象透过学生对问题的回答也可以看出来。

---

① 陈忠．规则论：研究视阈与核心问题［M］．北京：人民出版社，2008：310.

我认识这样一位小学生，他对于 1 米 = 10 分米、1 分米 = 10 厘米、1 厘米 = 10 毫米记得很牢固，其换算也很熟练。一次，我问他，天花板到地板的距离有多少米？他回答，这怎么能知道？我说你估算一下，他说 8 米，我说太高了，没有这么高。他又说 1 米。我告诉他大约 3 米。从这段对话中可以看出，尽管学生会做相应的题目，记住了明确的长度换算知识，但是学生没有对长度单位的感性认识，或是说缺乏对于米、分米、厘米、毫米究竟大小几何的默会认识。过了一天，我又问，你说天花板到地板的距离有多少毫米？这个学生还是回答说，这不好说。我说估算一下。这个学生说，100 毫米。我说不对，他说 1000 毫米。我说，还不对，前天不是告诉你大约 3 米吗？3 米是 3000 毫米，忘了吗？这时，他好像被电击了一下，要跳起来，很不服气地说，这怎么能这样算呢，这怎么能这样算呢……我们可以看出，学生可以熟练地做题，但这只是对明确知识的操演。他们完全没有将这些知识和实际的情境结合起来，甚至将二者当成了互不相关的东西，或是当成了不应该关联到一块儿的东西。前后这两段对话，充分说明我们教学中可能存在着一个大问题：默会认识的缺失。

关于默会认识缺失和扭曲的问题，可能会越来越严重。因为现在的很多学生是在虚拟的动画片中成长起来的一代。这些动画片，极具夸张、怪诞和离奇。和现实对比的夸张，这也许是动画制作者们恰恰想要追求的，或许这样的动画制作刺激了儿童的想象力，然而儿童能将它们和现实区分开吗？我们能保证儿童不认为这是世界的本来面目吗？关于这些动画片和现实世界的不同，有一点是肯定的，它们完全缺失了动力学内容，也完全缺失了真实空间中物体大小尺度的对比内容。也许，这些动画片可能成功地向儿童传递了我们努力想要传递给儿童的东西，但是，处于基础地位的默会认识却也很可能就在此过程中被扭曲，而这对儿童的长远影响将会是怎样的，我们不得而知。这可能需要更深入的研究。

事实上，不要说怪诞的动画会引起默会知识的扭曲，就是在以科学名义进行的课堂教学过程里，一些衍生的默会认识被扭曲的现象也是不能忽视的。尽管至今还没有注意到相关的具体资料，但是，我的一个经历可以说明这一点。

在我上大学的时候（20 世纪 90 年代初），美国电话电报公司的一位华裔研究员来学校作学术交流。我们几个学生也有幸旁听了演讲。讲的是光缆的用途。

当时中国的光缆还很少，我们对光缆的理解只处于感性的层面。其中有这么几句：“人们都说美国遍地黄金。遍地黄金是假，遍地光缆倒是真”、“光缆像线一样，连在两个城市之间，不需要消耗多大能量就可以实现信息的大量传输。”随后，为引入后面的内容，他又幽默地说，“如果有谁拿铁锹到美国，随便在地上挖一下，说不定就可以挖断一根光缆”。说到这儿，我们这一群学生就笑声一片，但心中又充满担心。随后，他解释说，“光缆做成网络，这里断了，那里还连着”。

这位研究员的意思其实就三条：一是美国光缆很发达；二是利用光缆通信方便，信息传输量大；三是实用的光缆一般做成网络，局部被挖断不影响通信。

他的演讲形象、直观、幽默，内容跌宕起伏，现场充满了笑声，使我们在愉悦的体验中接受了知识。这本是纯熟的演讲技巧。但是，在我们这些几乎是第一次听说光缆的学生这里，却错误地理解了光缆。至少在我当时的大脑中，光缆是很细的线，做成网络后被非常浅地铺设在美国国土上。不担心某个地方被挖断，因为，已经为此做了准备。

到后来，我们国家也大力发展光缆。在光缆的施工现场，我看到了光缆。光缆有茶杯口粗细，埋藏在地下一米多深的地方，不是用铁锹可以随便挖断的；而且并没有做成我想象中的网络状。起初，我的第一反应是，这不应该是承担大量通信任务的光缆。但是最终了解到，这就是承担大量通信任务的光缆！光缆也不是不怕被挖断，因为在埋藏光缆的地面上，立了石柱，上面写着：“此处光缆，请不要取土”。

现实的光缆和心目中的光缆反差很大，如果不是亲眼看见，我绝不会怀疑自己当初的认识。但是，自己确实错了。当时，我对光缆了解的全部信息都来源于上面研究员的介绍。是这个研究员说错了吗？我们再看看当时研究员的说法，“遍地光缆”、“光缆像线一样”、“ 拿铁锹随便在地上挖一下，说不定就可以挖断一根光缆”、“光缆一般做成网络”。如果结合上下文，这些说法没有任何的不妥，而且充满了演讲智慧。“遍地光缆”，不是其字面意思，而是夸张的修辞方法，说美国光缆很发达；“光缆像线一样”，是形象的说法，是从远距离观察光缆时的表象；“拿铁锹随便在地上挖一下，说不定就可以挖断一跟光缆”，这是幽默，是演讲技巧，是为了引导出下文的意思；“光缆做成网络”，实际指的是以城市为节点，在国土层面上形成网络。但是，这些正确的理解是我在此后了解了更多光缆知识以后才实现的。最初听研究员讲演时，没有这些光缆知识，我是不可能正确理解研究员的话的。

也许有人会挑剔我当时的理解，会反驳说，几千公里铺设的光缆能做成很细的线吗？做成密实的网络铺设在地上有必要吗？如果随便可以挖断光缆，那么光缆通信有保障吗？这样的反驳当然合理，但这些反驳必须是在充分了解光缆知识并能进行一定的推理后的反驳。作为学生，在最初没有相应的知识储备时，是不能进行这样的推理的，所能做的只是接受。另一方面，在听演讲时，在愉悦的情绪状态下接受知识，如果没有直接相矛盾的证据，人们是不去怀疑其正确性的。所以，最初接受的新知识，特别是在愉悦的情绪状态下接受的新知识，人们就更不去怀疑它的合理性了。

从这里，我们可以清晰地看出，我们从美国的华裔研究员那里得到的关于光缆的默会认识不是合适的，而是被扭曲的。这是一个实际的例子。至于现实的教学中，我们到底在哪些地方引入了扭曲的默会认识、我们需要注意什么，这也是一个很大的课题，还有待我们进一步的思考和研究。

后　记

十多年前，我注意到，在我给学生仔细讲解很容易被接受的操作要领后，学生的电工操作技术并没有提高；相反，一些没有听我讲解的学生，他们却能熟练操作这门技术，只不过他们讲不出自己是怎样操作的。后来，我又发现，即便学生能将我传授给他们的知识背诵下来，他们也常常不能够利用自己早已背得滚瓜烂熟的知识来解决具体的问题；相反，一些学生对很多问题甚至没有经过计算，就直接得到了答案，同样，他们也不能明确地表达自己是怎样得到答案的。再后来，参加教师培训时，我注意到有培训者讲了这样两句话，一是“人的所有有目的的实践行为都是受知识支配的”，二是“一种有目的的实践行为背后就有一套系统知识基础的存在”。

这使我大为困惑。学生不能表达的电工操作技术也是受知识支配的吗？学生能表达出明确的知识，但却不能用以解决问题，这又怎样解释？我就这个困惑向老教师讨教，老教师说，理论和实践本就不是一回事，如果你纠结于这些书本上的东西，你就没有办法教书。显然，老教师对于教师培训的内容不屑一顾，并且很排斥。

这样的回答丝毫没有减轻我的困惑，反倒让我开始发现，不只是我们直接传授给学生的知识对学生的动手操作和思维能力的提高没有直接影响，教师接受培训时获取的各种知识与教师的教学操作也同样相去甚远。这说明，仅就我个人的经验而言，我们教师的培训对促进教学操作是不怎么起作用的。表面上，好像我们的课堂教学是重视实际的，但是我们重视的所谓的“实际”只是一个点——学生是否会做题，进而是学生能否考高分。教学过程中最应该重视的“实际”——学生思维能力、发现意识和创新能力的提高，却不能被重视起来。

这个困惑困扰着我，我下意识地感到，这不是一个小问题，可能是教育的内在的核心问题。

此外，在日常教学工作中，我还注意到，学生学习过程中很多现象其实是非常值得分析和研究的，奇怪的是，在各种研讨会、教学经验交流会、教学年会上，我们却很少能听到老师们就总结和分析学生学习现象进行的相关讨论。这使我不能找到解决上述困惑的现成资料。恰恰因为这一点，我越发感到此类资料的重要价值。从此，我开始注意自己总结和分析学生的学习现象。不能不承认，最初总结和分析学生学习现象的直接目的，是为了提高学生的考试分数，是为了使学生能考上更好的大学。事实上，这样做也是很有成效的。我把自己总结和分析的心得讲给学生，让他们借鉴这些心得以考出高的分数。结果，我作为班主任所带的高三毕业班高考成绩两次完成学校任务，并且所带班级成绩都是全年级最高的，其中一次，在整个级部三十多个班级中，只有我所带的这个班完成了学校任务，并且是大大超额完成了任务，而这又极大鼓励了我。

然而，热闹之后冷静下来，我意识到，我的困惑并没有得到解决。此时的困惑，不再能够通过单纯地和学生多次、反复交流，进而总结和分析学生的学习现象所能解决。带着未解的困惑，我开始有目的地研读了认知心理学、思维心理学等相关领域的二十多本书籍，重点是阅读相关的心理学实验和一些实证资料。此时，我隐隐感到，这么多的心理学实验和大量的学习现象尽管形式不同，但是有一个隐性的、共有的内在规律。这个规律似乎可以描述为大脑有一种神奇的组织信息的方式。

这样，我将这一规律连同得到这个规律的心理实验、学生的学习现象总结了出来。在此过程中，我又发现，这些规律其实在我们平时生活、娱乐中就已经表现得非常明显。由此，我就将它们一并分门别类地写在了我的“发现”中。当我怀揣这些东西找出版社、杂志社寻求出版、发表的机会时，除了无关痛痒的两篇被采纳，重要和核心的内容都被一一退回了。相关编辑给我的理由是出版方向不对口，这些东西和他们讨论问题的口径不一致。但我并没有因此而放弃，因为知道自己的这些东西可能对教育是有价值的，我就在一年多的时间里，尝试着将它们统一成一个完整的体系。

之后，怀着试一试的想法，我拨通了教育科学出版社的电话。接电话的是教师教育编辑部的谭文明老师。谭老师听完我的介绍，对我的东西很感兴趣，第一次通话，我们就谈了一个多小时。我随即将书稿发给了谭老师。毕竟没有出书经验，前面稿件被退回的问题实际上也没有得到系统的改正。但是，谭老师没有因为形式上的问题而否定书稿的内容价值，他不厌其烦地给予指导，提出修正意见。在谭老师的启示下，我突然发现波兰尼的默会认识论不恰是正对这些内容吗？刹那间，一切都豁然开朗了！我细细研究相关书籍和研究，发现自己书稿中的每个观点都可以从默会认识论中找到根据；同时，书稿的所有素材其实又都是对默会认识论的支撑，并且是来自课堂教学一线的支撑。这使我深刻认识到，中国的教育是多么需要这个理论！借助默会认识论，参照了中外学者的相关成果，我重新梳理了这些内容，形成了现在的这本书。

为了使书稿看起来更加活泼，山东省实验中学的祝瑞龙老师在百忙之中为本书创作了多幅精美的插图，使这本小书生色不少，在此向祝老师深表感谢！特别感谢编辑谭文明老师，他将出版这本书看成出版社应该担负的社会责任，这使他在处理书稿过程中兢兢业业、严谨认真，也令我着实感动。三年多时间里，谭老师与我一同反复揣摩、修改书稿的结构、文字内容，他的支持与鼓励是我能完成这本书的重要精神动力。特别需要说明的是，没有谭老师的引导，我或许就不知道波兰尼的默会认识论，这本书或许也就失去了灵魂。

丁际旺

2014年3月于济南

出 版 人　所广一
策划编辑　谭文明
责任编辑　谭文明
版式设计　徐丛巍　沈晓萌
责任校对　贾静芳
责任印制　叶小峰

图书在版编目(CIP)数据

怎么想，就怎么教：从默会知识到思维教学 / 丁际旺著.—北京：教育科学出版社，2015.10（2019.8 重印）

ISBN 978-7-5041-9858-7

Ⅰ.①怎…　Ⅱ.①丁…　Ⅲ.①课堂教学—教学研究　Ⅳ.①G424.21

中国版本图书馆 CIP 数据核字（2015）第 208732 号

怎么想，就怎么教——从默会知识到思维教学
ZENME XIANG，JIU ZENME JIAO——CONG MOHUI ZHISHI DAO SIWEI JIAOXUE

出版发行　教育科学出版社

社　址	北京·朝阳区安慧北里安园甲 9 号	市场部电话	010-64989009
邮　编	100101	编辑部电话	010-64981277
传　真	010-64891796	网　址	http://www.esph.com.cn

经　销　各地新华书店
制　作　北京金奥都图文制作中心
印　刷　保定市中画美凯印刷有限公司

开　本	720 毫米×1020 毫米　1/16	版　次	2015 年 10 月第 1 版
印　张	18.75	印　次	2019 年 8 月第 4 次印刷
字　数	281 千	定　价	49.80 元